Ali Can

Hotline für besorgte Bürger
Antworten vom Asylbewerber Ihres Vertrauens

Ali Can

Hotline für besorgte Bürger

Antworten vom Asylbewerber Ihres Vertrauens

Lübbe

Hinweise:
Sämtliche Namen und geschilderten Ereignisse wurden anonymisiert und verfremdet, um die Persönlichkeitsrechte der Anrufer/innen zu wahren. Und wenn in diesem Buch mehrheitlich die maskuline Form verwendet wird, so nur um der besseren Lesbarkeit willen. Ist von Lehrern, Bürgern, Politikern etc. die Rede, sind damit natürlich immer auch Lehrerinnen, Bürgerinnen und Politikerinnen gemeint, sofern nichts anderes aus dem Kontext hervorgeht.

Dieser Titel ist auch als E-Book erschienen

Originalausgabe

Copyright © 2017 by Bastei Lübbe AG, Köln
Textredaktion: Swantje Steinbrink, Berlin
Umschlaggestaltung: Sandra Taufer, München
Titelfoto: © Manfred Esser, Bergisch Gladbach
Satz: hanseatenSatz-bremen, Bremen
Druck und Verarbeitung: C. H. Beck, Nördlingen

Printed in Germany
ISBN 978-3-7857-2604-4

5   4   3   2   1

Sie finden uns im Internet unter www.luebbe.de
Bitte beachten Sie auch www.lesejury.de

Für meine Eltern

Inhalt

Prolog:
Bin ich hier richtig?

Mit besorgten Bürgern könne man einfach nicht reden – vor allem nicht mit jenen, die auf der Pegida-[1] oder AfD-Welle mitschwimmen. So oder so ähnlich höre ich es immer wieder in meinem Umfeld. Selbst der ehemalige Bundespräsident Joachim Gauck hat sich auf die Frage, ob Pegida-Demonstranten durch Gespräche zu erreichen seien, folgendermaßen geäußert: »(…) wer so gründlich und ausdauernd seinen Frust pflegt, dass er nicht mehr zuhört, den erreicht man auch mit noch so vielen Angeboten für Gespräche nicht.«[2] Als ich das las, fragte ich mich, ob er selbst denn zugehört hat und wie viele Gespräche er geführt haben muss, um so ein Urteil über tausende Menschen fällen zu können. Das Zitat verdeutlicht eine Haltung, wonach einem Pegida-Demonstranten, auch als besorgter Bürger bekannt, eine passive Zuhörerrolle zukommt. Er müsse zuhören, um überzeugt zu werden. Aber, so Gauck, der gemeine Pegida-Demonstrant wolle ja lieber seinen Frust äußern. Dabei will man ihnen doch Fakten vermitteln – vergeblich. Und so war der ehemalige Bundespräsident ebenso wie viele andere Menschen, die sich nicht zu den besorgten Bürgern zählen, der Meinung, dass Letztere nicht über Gespräche zu erreichen seien. Ich kann das verstehen, denn sobald ich selbst

---

[1] Rechtskonservative Bürgerbewegung »Patriotische Europäer gegen die Islamisierung des Abendlandes«, die in Dresden entstanden ist.
[2] SZ online, 11.12.2015: Pegida missbraucht den Ruf »Wir sind das Volk«

oberlehrerhaft daherkam, scheiterte jede Kommunikation zwischen mir und einem aufgebrachten Bürger. Und damit auch jeder Lösungsansatz mit Blick auf die Herausforderungen und Bedürfnisse der Betroffenen.

Ich glaube nicht, dass sich die Beweggründe der besorgten Bürger, die auf die Straße gehen oder rechtskonservative Parteien wählen, klären lassen, indem man einfach nicht mehr mit ihnen redet. Vielmehr wird sich die Lage zuspitzen. Denn dann begeben sie sich dorthin, wo ihr Frust einen Platz hat und wo sie sehr einfache Antworten auf komplexe Herausforderungen erhalten. Die Folge ist ein immer breiterer Riss durch die Gesellschaft, in der sich sogar Nachbarn, Familienmitglieder oder Arbeitskollegen aufgrund von Meinungsverschiedenheiten nicht mehr gemeinsam an den Tisch setzen. Stattdessen ist nur noch von »Gutmenschen« und »rechtem Pack« die Rede, als ob es keine Grautöne mehr gäbe.

Ich bin davon überzeugt, dass die wenigsten von uns wirklich Spaß daran haben, in einer Gesellschaft voller Missgunst und Groll zu leben. Im Grunde wollen wir alle in einer funktionierenden Gesellschaft leben, in der man sich respektiert fühlt. Wenn wir uns möglichst vorurteilsfrei und wertschätzend begegnen und austauschen, werden wir diesem Ziel deutlich näherkommen – und entdecken: Nicht jeder, der sich Migranten, den Auswirkungen der Globalisierung oder der Einwanderung von Asylsuchenden gegenüber kritisch bis ablehnend äußert, ist automatisch ein Rassist. Gleichzeitig werden besorgte Bürger merken, dass ein interkulturelles, friedliebendes Miteinander möglich ist und dass wir weniger zu befürchten haben, als manch nationalistischer Rechtspopulist kundtut.

Seit ich eine Haltung des Miteinanders eingenommen habe, ist mir klar, dass wir auch eine Wende in der Rassismus- und Vorurteilsbekämpfung brauchen:

Rassismus sollte man bekämpfen, Rassisten hingegen nicht.

Wie ich darauf komme? Alles fing kurz vor Ostern 2016 mit meiner ersten Reise in ostdeutsche Städte an …

Ich hätte nie gedacht, dass ich eines Tages nach Sachsen fahren und es dort richtig schön finden würde. Woher auch? In den Sozialen Medien kursieren seit Jahren unschöne Bilder, Videos und unzählige Berichte über fremdenfeindliche Straftaten – Schüsse auf Asylbewerberheime, Brandanschläge, Schlägereien, hasserfüllte Sprüche an Hauswänden … Die Liste ist lang, und für so jemanden wie mich war dieses Bundesland nicht sonderlich attraktiv. Die zahlreichen Artikel über den Rechtsextremismus in manchen ostdeutschen Städten hatten in mir ein Bild vom rassistischen »Osten« entstehen lassen, obwohl ich bis 2016 weder in Sachsen noch in Thüringen oder Sachsen-Anhalt gewesen war. Außerdem hatte ich aufgrund der negativen Presseberichte über AfD-Veranstaltungen und Pegida-Demonstrationen, bei denen auch Journalisten attackiert worden waren, den Eindruck, dass mit einer beträchtlichen Anzahl Menschen in Deutschland keine offene Kommunikation mehr möglich war. Eine unüberwindbare Gesprächsmauer sozusagen.

Als ich Anfang Februar 2016 das sogenannte Clausnitz-Video[3] gesehen hatte, war mein persönliches Fass übergelaufen: Ich war echt schockiert. Dieser wütende Mob, der einen Bus mit geflüchteten Menschen, die zu ihrer Flüchtlingsunterkunft gebracht werden sollen, blockiert. Die Männer, die aus der Meute »Ab nach Hause«, »Widerstand«, »Verpisst euch« brüllen oder chorisch »Wir sind das Volk« rufen. Und im Bus völlig verängstigte und weinende Frauen und Kinder. Gerade vor Krieg, Terror oder Diskriminierung geflohen, werden sie erneut damit konfrontiert.

---

[3] http://www.spiegel.de/video/fluechtlinge-rechte-bepoebeln-bus-mit-fluechtlingen-clausnitz-video-1651667.html

Auf die Frage, was Menschen antreibt, solche fremdenfeindlichen Parolen zu skandieren und sich gegen die Einwanderung von Schutz suchenden unschuldigen Menschen aufzulehnen, gibt es sicher viele verschiedene Antworten. Doch bei meinen Recherchen habe ich keine Initiative entdeckt, die eine Möglichkeit bietet, auf jene aufgebrachten Bürger zu- und einzugehen, um derartige Angriffe auf geflüchtete Menschen in Zukunft verhindern zu können ... Aber mit Blick auf die zunehmende Einwanderung von Asylsuchenden wollte ich wissen, wie ich mich als Einzelner für einen wertschätzenden Dialog in unserer Gesellschaft und für mehr Verständnis füreinander einbringen kann.

Während in meinem Umfeld ein großes Pegida-, AfD- und Sachsen-Bashing stattfand, hatte ich Hemmungen, tatenlos zuzusehen. Ich wollte aktiv werden. In meinem Kopf sprudelten die Fragen: Wie komme ich als jemand mit Migrationshintergrund und -vordergrund mit aufgebrachten Bürgern ins Gespräch? Wie kann ich an ihr Mitgefühl appellieren? Wie reagiere ich auf ihre Argumente und Sprüche? Schaffe ich es, ihre Feindbilder und Sorgen abzubauen? Hat es überhaupt einen Sinn, das Gespräch zu suchen?

Um Antworten zu finden, musste ich vor Ort sein, also jene Gegenden aufsuchen, die ich nur aus den negativen Berichten kannte. Und so beschloss ich, die aufgebrachten Menschen aus den Nachrichten zu treffen, um wenigstens miteinander und nicht übereinander zu sprechen. Denn ich war der Überzeugung, dass dies ein, wenn nicht sogar der einzige Weg zu gegenseitigem Verständnis sei. Voller Neugier begann ich, meine knapp einwöchige Reise in verschiedene sächsische Städte zu planen, ich wollte nach Leipzig, Dresden, Bautzen und Hoyerswerda ...

Eine Woche vor Reisebeginn warnten mich viele Freunde, fragten, ob ich mich wirklich mit den Rechten treffen wolle.

Auch meine Familie versuchte, mich von dem Risiko,»von Fremdenfeindlichen zusammengeschlagen zu werden«, abzuhalten. Wen wundert's, dass meine eigenen Bedenken umso größer wurden, je näher die Reise in den»Osten« rückte. Andererseits gab es aber auch immer mehr Menschen, die sich an den Kosten meiner Ostdeutschland-Tour beteiligten und mir Mut zusprachen.

Aus dem Internet stellte ich mir eine Liste mit Kneipen und Restaurants zusammen, die einen traditionell deutsch klingenden Namen hatten. Ich nahm mir vor, auch in entlegene Dörfer zu fahren, dorthin also, wo vermutlich wenige Migranten lebten. Ich wollte schließlich so viele Einheimische wie möglich treffen. Zum Teil lagen die von mir ausgesuchten Gaststätten so abgeschieden, dass Freunde mir rieten, wenigstens ein paar Sicherheitsvorkehrungen zu treffen. Deshalb machte ich mich vorher schlau, wie lange die Polizei bis in welches Dorf bräuchte, sollte es drauf ankommen. Eine Begleitung wollte ich aber nicht mitnehmen, erstens wollte ich nicht riskieren, dass sich jemand für mich in Gefahr begab, und zweitens ging es mir ja nun mal darum, realistische Begegnungen zwischen einem Zugezogenen wie mir und einem fremdenfeindlichen Menschen zu ermöglichen.

Zwei Tage vor der Abreise bekam ich dann doch etwas Muffensausen, weshalb ich mich mit Kickboxern traf und mir einige Techniken beibringen ließ, um mich beispielsweise aus einem Würgegriff befreien zu können. Darüber hinaus besorgte ich mir eine schuss- und stichsichere Weste, die ich allerdings – um es vorwegzunehmen – kein Mal getragen habe, weil man sie unter jedem Pullover deutlich erkennen konnte. Aber daran wird klar, welch fantasievolles Kopfkino mich vor der Reise in Atem hielt. Wie hätte ich auch ahnen sollen, dass ich mich mit diesem ganzen Schutzschnickschnack auf dem Holzweg befand. Tatsächlich hatten mehrere Berichte über Ausschreitungen meine Wahrnehmung »des Ostens« pauschalisierend gefiltert und mich verängstigt.

Meine Reise begann in Leipzig, wo ich schon im Untergeschoss des Hauptbahnhofs meine erste interessante Erfahrung machte. Als ich am Abend aus einem Supermarkt, der zum Glück noch geöffnet hatte, herauskam, wurde ich von einer kleinen Gruppe Jugendlicher mit »Deutschland den Deutschen« begrüßt. An ein Gespräch aber war nicht zu denken, denn die Jungs und Mädels wandten sich schnell wieder von mir ab, schwenkten ihre Alkoholflaschen herum und drehten die Musik voll auf. Sie hatten sichtlich Spaß daran, Sprüche auszuteilen, fühlten sich cool und waren eher in Feier- als in Politiklaune, hatte ich den Eindruck. Also entschied ich, sie nicht auf diesen Nazi-Spruch anzusprechen, weil das Drumherum einfach nicht passte. Was hätte es mir und ihnen gebracht, den alkoholisierten Jugendlichen die Laune zu vermiesen? Schließlich geht es ja auch darum, dass etwas hängen bleiben soll, und wenn jemand neben der Spur ist, sind die Chancen dafür fast null.

In Leipzig und Umgebung machte ich mehrere Erfahrungen mit Rassismus und stellte fest, dass der richtige Rahmen der Begegnung eine wesentliche Bedingung für ein gutes Gespräch ist. Wenn mir tagsüber im Vorübergehen rassistische Sprüche an den Kopf geworfen wurden, wies ich oft nur darauf hin, dass die Worte diskriminierend und verletzend seien. Einmal war ich dabei, als eine dunkelhäutige Frau massiv beleidigt wurde. Da war es mir vor allem wichtig, mich mit der Frau solidarisch zu zeigen. Ich stellte mich an ihre Seite und sagte den vorbeifahrenden Autoinsassen wiederum nur, dass ihre Worte verletzend seien und dass das nicht gehe. Die Frau fühlte sich nicht mehr so allein und bedankte sich bei mir für die Unterstützung.

Abgesehen von einzelnen schlechten Erfahrungen habe ich in Leipzig fast nur interkulturell aufgeschlossene und weltoffene Menschen getroffen. Ich musste meine Schubladen im Kopf also dringend aufräumen. So merkwürdig es klingen mag: Ich war wirklich verblüfft, wie schön Leipzig ist und wie offen die meisten Menschen dort sind. Zwar hören die Leipziger das nicht gern, aber ich fand, es lag schöne Berlin-Stimmung in der Luft.

Kurz vor meiner Weiterreise besuchte ich die Buchmesse, die gerade stattfand. Ich ging zum Junge Freiheit- und zum Compact-Stand und suchte das Gespräch. Ich erklärte, woher ich stamme, dass mir der Riss durch die Gesellschaft Sorgen bereite und ich gerne Berührungsängste abbauen würde, aber nicht wisse wie. Mein Gesprächsangebot wurde angenommen, und wir fingen an, über diverse Themen zu sprechen. Wir hatten kontroverse Meinungen, unterhielten uns aber auf Augenhöhe. Dabei wurde mir einmal mehr bewusst, welch großen Einfluss die Umgebung auf unsere Sprechsituation hatte. Ich konnte richtig sehen, wie meine Gesprächspartner von den Passanten, die neugierig an den Stand kamen, um unserer Diskussion zu lauschen, abgelenkt wurden. Beide Gesprächspartner, also mein Gegenüber und ich, rutschten sofort in eine Rolle und traten nervöser auf. Als wir zum Beispiel über die Grenzöffnung sprachen, wurden viele Themen vermischt, so war gleichzeitig von Islam, Terroristen, schlechtem Journalismus, Merkel und USA die Rede. Noch war ich ziemlich baff, wie man so verschiedene Punkte derart vermischen konnte. Entsprechend scheiterte ich bei fast allen Aspekten, die mein rechtskonservativer Diskussionspartner einbrachte, daran, näher auf diese einzugehen. Um das Kuddelmuddel an Themen aufzudröseln, hätten wir eine ruhigere Atmosphäre und definitiv mehr Zeit gebraucht. So manche Behauptungen hätte ich nur widerlegen können, wenn ich mich auf einen einzigen Punkt einer Aussage hätte konzentrieren können. Stattdessen blieb die Unterhaltung überwiegend oberflächlich. Danach war ich natürlich ziemlich unzufrieden, weil ich das Gefühl hatte, nicht überzeugt zu haben. Aber immerhin hatten diese Rechts-Sympathisanten auf der Buchmesse ein Interesse daran gezeigt, dass ich mich für eine friedliebende Gesellschaft einsetzen wollte.

Mit diesem positiven Signal im Gepäck machte ich mich auf nach Dresden. Auf der Busfahrt in mein Hostel überlegte ich, was genau ich von meinem Pegida-Besuch eigentlich erwartete. Diesmal wollte ich, dass beide Seiten etwas mitnahmen. Doch wo und wie waren nachhaltige Gespräche möglich?

Theaterplatz, Dresden. Kurz nach Einbruch der Dunkelheit waren bereits mehrere hundert Teilnehmer – vorwiegend Männer – eingetroffen. Mit meinem »südländischen« Aussehen fiel ich sichtlich auf – wie eine verirrte Seele auf der falschen Party. Die laufende Kamera in der Hand haltend, versuchte ich, mit einigen Teilnehmern ins Gespräch zu kommen. »Hallo, ich würde gerne ein wenig mit Ihnen sprechen.« Manche drehten sich einfach stumm weg, andere wiederum beschimpften mich mit »Lügenpresse«. Zweimal wurde mir erklärt, man habe es satt, falsch dargestellt zu werden. Die Leute dachten durchweg, ich würde sie bloßstellen und mich über sie lustig machen wollen. Egal, was ich sagte, ich kam an niemanden heran.

Nach einer kurzen Verschnaufpause mischte ich mich erneut unter die Leute – diesmal wohlweislich ohne Kamera. Nun wurde ich nicht mehr so angegafft und kam viel leichter ins Gespräch. Da es angefangen hatte zu nieseln, wählte ich als Aufhänger den aufkommenden Regen. Wetter ist eben ein klassisches Smalltalk-Thema: Jeder, den ich ansprach, hatte etwas dazu zu sagen. Aber ich erntete auch immer wieder sehr skeptische, teilweise befremdliche Blicke. Und den Bogen zum Flüchtlingsthema zu schlagen, wollte mir nicht gelingen. Es fehlte das gewisse Etwas, um Vertrauen aufbauen und ein gutes Gespräch führen zu können. Ich musste mir also etwas einfallen lassen.

Unterdessen hörte ich einem Pegida-Redner auf der Bühne zu, der behauptete, Zugezogene aus muslimischen Ländern würden die schöne deutsche Kultur nicht respektieren, weshalb die »Invasion« gestoppt werden müsse. War das die allgemeine Wahrnehmung? Offensichtlich, denn rings um mich wurde applaudiert und gegrölt, als hätte der Redner über den Feind gesprochen, der Schuld war an allen sozialen Problemen in Deutschland. So kam ich auf die Idee, die Worte des Redners aufzugreifen und den Demonstranten wertschätzend gegenüberzutreten. Doch wie sollte ich hier und jetzt meinen Respekt vor der deutschen Kultur beweisen? Ich hatte weder eine Deutschland-Fahne dabei, noch – Achtung: Klischee! – lief ich mit Socken in Sandalen herum, und Tugenden wie Pünktlichkeit und Ordnung konnte ich auf die Schnelle auch nicht unter Beweis stellen. Ich sah mich um, als mir die wunderschöne Semperoper förmlich ins Auge sprang. Das war's: deutsche Kultur pur. Noch dazu erinnerte mich das Gebäude ein wenig an das Gießener Stadttheater. Der Theaterplatz in Dresden ist meiner Meinung nach tatsächlich einer der schönsten Plätze in Deutschland, womit ich einen kleinen gemeinsamen Nenner zwischen den Dresdner Pegida-Anhängern und mir gefunden haben dürfte. Auch Goethe und Schiller mussten herhalten, damit ich mit den Demonstranten ins Gespräch kam.

Bei nächster Gelegenheit pokerte ich also drauflos: »Guten Tag, ich bin zum ersten Mal in Dresden. Ich interessiere mich für Pegida und wollte mal vorbeischauen. Dresden ist echt eine wunderschöne Stadt, vor allem der Blick auf die Semperoper … Herrlich. Ich war da noch nie drin. Sind die Vorstellungen immer ausverkauft?« Während manche Teilnehmer sagten, dass sie selbst angereist seien und deshalb keine Ahnung hätten, ließen andere sich auf eine Unterhaltung mit mir ein. So sprachen wir beispielsweise darüber, wie schön oft Theatergebäude sind und dass sie zu den wichtigsten kulturellen Institutionen zählen. Einer hatte eine große Deutschland-Fahne in der Hand und fand ebenso wie ich, dass Theater einen guten Beitrag zur Bildung oder – wie er sich ausdrückte – zur »moralischen Erziehung« leisten könne. Danach redeten wir unter anderem über die Vermittlung von Kunst, Kultur und Werten, also indirekt über gesellschaftspolitische Themen.

Ein etwas älterer Herr wiederum regte sich darüber auf, dass niemand mehr ins Theater gehe. Vor allem die Jugend klebe nur am Handy und besitze keinen Sinn für Tradition. Sie konsumiere lieber elektronische Medien als hohe Kultur. Ich musste schmunzeln, denn das mit der übermäßigen Handy-Nutzung kannte ich ja nur allzu gut von mir selbst. Manche Punkte, die der Herr ansprach, fand ich deswegen tatsächlich nachvollziehbar und legitim. Ich war nicht mehr nervös und fühlte mich in unserer Unterhaltung zunehmend wohl. Er offensichtlich auch, denn er machte keine Anstalten, unsere Unterhaltung abzukürzen ... Ich fragte ihn, wo die Digitalisierung seiner Ansicht nach hinführen werde, und wir erörterten gemeinsam, wie stark die Gesellschaft sich bereits dadurch verändert hat. Ich wollte natürlich auch auf die Globalisierung anspielen, doch unerwarteterweise berichtete er von seinen persönlichen Schwierigkeiten, mit der ganzen Technologie einfach nicht mehr mitzukommen. Manche Entwicklungen bedauere er – und plötzlich war er beim Thema Gendern gelandet. Ich hörte eigentlich nur noch zu, fand es aber sehr spannend, wie er von einem Thema zum nächsten wechselte und wie alles doch mehr oder weniger miteinander zusammenhing. Dann griff er das Jugendthema noch einmal auf. Die Jugend setze sich lieber mit »Welcome Refugees« statt mit Kultur und Geschichte auseinander. Ich hätte sofort etwas entgegnen können, zum Beispiel, dass ich viele Jugendliche kenne, die sich für Kultur und Geschichte interessieren. Dann wäre aus unserem Gespräch ein Wortwechsel à la »Ich habe recht. Nein, ich habe recht« geworden und vermutlich schnell zu Ende gewesen. Stattdessen fragte ich ihn unter anderem, wie sich Theaterbesuche und geschichtliche Themen für die Jugend seiner Meinung nach attraktiver aufbereiten ließen. »Gute Frage, junger Mann«, antwortete er. Ohne dass ich herausgefunden hatte, was der Herr gegen geflüchtete Menschen hatte, verabschiedete er sich nach einer guten halben Stunde, wies noch rasch auf den neuen Redner hin – »Der ist prima und lustig!« – und eilte zur Bühne … Er war mir irgendwie sympathisch, hätte gut »der nette Opa von nebenan« sein können. Was hatte ihn bewogen, bei Pegida mitzumachen? Was dachte er zur Flüchtlingspolitik? Das konnte ich leider nicht mehr fragen, doch endlich war ich mal zufrieden mit einem Gespräch.

Bevor ich mit neuen Gesprächspartnern über politische Themen sprach, warf ich erst noch etwas anderes in die Runde, zum Beispiel den Gesprächsöffner über das Theater, was allerdings mehrfach danebenging. So beklagte sich zum Beispiel eine alte Dame darüber, dass das Theater »links-grün-versifft« sei. Ich holte tief Luft und beschloss, ihr nur zuzuhören. Das Theater hetze gegen das Volk und setze sich für »diese Wirtschaftsflüchtlinge« ein. Ein Theater müsse aber absolut neutral sein, und die Schauspieler hätten gar nichts zu melden, weil »diese Volksverräter ihre Miete von unseren Steuergeldern bezahlten«. Immer wenn mir Hasstiraden wie diese entgegengeschleudert wurden, war ich erst mal sprachlos und machte mich dankend aus dem Staub.

Da stand ich nun inmitten der drei- bis viertausend Besucher, als plötzlich der nächste Sprechchor losbrach: »Abschieben, abschieben, abschieben.« Prompt gingen mir meine eigene Geschichte, das Schicksal mancher Freunde und die Bilder aus dem zerstörten Aleppo durch den Kopf. Wohin abschieben?

Warum? Ich konnte einfach nicht glauben, dass all diese Menschen den Schutz von geflüchteten Menschen infrage stellten. Von weitem erblickte ich den netten, älteren Herrn von vorhin. Auch er rief mit. Ich war fassungslos. War das Flüchtlingsthema womöglich ein Ventil für andere Probleme? Auf jeden Fall meinte ich zu spüren, dass alle um mich herum unzufrieden waren, wenn auch aus unterschiedlichen Gründen.

Von einer Demonstrantin erfuhr ich, dass sie ebenso wie ich zum ersten Mal bei einer Pegida-Demo sei. Sie sorge sich um ihre älteste Tochter, die demnächst von Sachsen zum Studium nach Frankfurt am Main ziehen wollte. Seit den Übergriffen auf Frauen in der Silvesternacht in Köln sei sie verunsichert und der Einwanderung von Muslimen gegenüber skeptisch. Es gebe eben keine andere Plattform als Pegida, um ihre Sorgen frei äußern zu können, ohne gleich als Rassist abgestempelt zu werden. Sie sagte, dass sie nichts gegen Flüchtlinge habe und in vielen Punkten nicht mit den heutigen Rednern übereinstimme. »Aber wenn ich über das Mann-Frau-Bild der Flüchtlinge rede, darüber, was die so mit uns deutschen Frauen anstellen, werde ich hier zumindest nicht blöd angeguckt. Hier sind auch andere besorgte Bürger.« Diese Bemerkungen stimmten mich nachdenklich: Offenbar gab es in ihren Augen keine vergleichbaren Angebote, die für ihre Bedenken infrage kamen.

Nachdem die deutsche Nationalhymne gesungen worden war, sprach ein Redner über das »christliche Abendland« und ging auf Ostern ein. Da fiel mir der Schokoladen-Osterhase in meiner Tasche ein, und ich holte ihn heraus, um ihn zu essen. Neben mir stand ein Pärchen, das beim Anblick des Hasen schmunzelte. Die Frau hielt mir ihre offene Hand hin und deutete auf die Schokolade. Da war jemand scharf auf die Schokolade, dachte ich und erinnerte mich an einen Zeitschriftenartikel, der davon handelte, dass Männer besonders gut bei Frauen ankommen, wenn sie Humor zeigen und die Frau neugierig machen können. Spontan zügelte ich meine Lust auf Schokolade und spazierte mit dem goldenen Schokohäschen durch die Menschenmenge auf dem Theaterplatz. Vielleicht hatte ich ja endlich das gewisse Etwas in der Hand. Demonstrativ hielt ich den Osterhasen hoch, dazu ein charismatischer Blick … Und? Hatte *ich* zuvor das Gespräch mit den Pegida-Anhängern gesucht, wurde ich nun auch mal von *ihnen* angesprochen. Einer fragte, ob das der Pegida-Hase sei. »Klar«, antwortete ich, »den habe ich geschenkt bekommen, weil ich für einen ehemaligen Asylbewerber ziemlich integriert bin.« Damit stieß ich auf offene Ohren. »Ah, echt? Wer bist du, woher kommst du?« Als klar war, dass sie nicht Gießen, sondern meine Herkunft, also die südöstliche Stadt in der Türkei meinten, konnte ich von mir und meiner Geschichte erzählen, und dann flutschte es.

Ein Mann kam einfach auf mich zu und wollte wissen, wieso ich einen Osterhasen in der Hand halte. »Ist doch bald Ostern«, sagte ich. Daraufhin nahm er an, ich sei ein christlicher Syrer. Er war begeistert von meinen Deutschkenntnissen und fragte, wie es denn »da drüben« – also in Syrien – momentan aussehe, ob ich dort nicht helfen wolle. Ich habe ihm erzählt, dass ich zwar kein Syrer sei, dennoch von verheerenden Folgen für Millionen von Menschen wisse. Er war sichtlich interessiert an dem Bürgerkrieg, der auch für mich undurchschaubar geworden war. Am Ende erklärte ich, dass Syrer, so gerne sie in der Heimat geblieben wären, nicht dort bleiben konnten, ohne sich in Lebensgefahr zu begeben. Um uns herum war es sehr laut, und er wollte mir freundlicherweise weitere Pegida-Teilnehmer mit Migrationshintergrund vorstellen. »Dann sind Sie hier nicht so allein. Weiter vorne ist zum Beispiel ein Schwarzer. Ganz netter Typ. Alle für Deutschland.« Wir gingen ein bisschen in der Menge umher, bis wir vor einer Hooligan-Gruppe landeten, vor denen tatsächlich ein dunkelhäutiger Pegida-Ordner stand und sich mit den Männern unterhielt. Ich verabschiedete mich von dem Herrn, der mich hierhergeführt hatte, und machte mich daran, die grölende Menge für einen Moment zu verlassen. Da gingen zwei Männer an mir vorbei und riefen:»Schaut mal … Der da kommt aus dem Orient und feiert mit uns Ostern.« Ich drehte mich zu ihnen und erwiderte:»Prima nicht? Damit habe ich die drei magischen O zusammen: Ich bin aus dem Orient, aber zu Ostern im Osten Deutschlands.«

Mit meinem Schokohasen in der Hand gelang es mir, viele Gespräche zu beginnen und die anfängliche Barriere des Misstrauens aufzulösen. Mit dem einen oder anderen konnte ich auch diskutieren, ohne dass wir uns gegenseitig verletzten. Die meisten verabschiedeten sich mit einem freundlichen Lächeln. Doch um die geballte Ladung an Vorurteilen und den Hass aufzufangen, der von den Rednern verbreitet wurde, wären sehr viel mehr Migranten des Vertrauens nötig gewesen. Klar war auch, dass auf einer so großen Veranstaltung keine günstigen Rahmenbedingungen für konstruktive Gespräche herrschen und dass ich von niemandem – und sei er noch so engagiert – erwarten konnte, mit einem Schoko-Osterhasen nach Dresden aufzubrechen, um Gespräche mit besorgten Bürgern zu führen. Wenn sich jedoch überall in Deutschland viele zugewanderte Jugendliche zu »Migranten des Vertrauens« erklärten, könnten Rechtspopulisten das Bild von Geflüchteten so verzerren, wie sie wollten: »Das Volk« wüsste selbst, wie die eingewanderten Menschen so drauf sind. Vornehmliche Aufgabe von jungen »Migranten …«, »Asylbewerbern …«, »Syrern …« oder wem auch immer »… des Vertrauens« ist es, den Zugang zu besorgten und rechtsgesinnten Bürgern herzustellen, um mit der Zeit Vorurteile auf beiden Seiten ab- und Vertrauen aufzubauen. So wird der zugewanderte Mensch nach und nach nicht mehr als

»Migrant« oder »Flüchtling«, sondern als deutscher Mitbürger wahrgenommen.

Auf dem Theaterplatz in Dresden hatte ich den Eindruck, in manchen Gesichtern zu lesen: »Flüchtling! Was? Osterhase? Integriert!«, bevor dann ernsthaftes Interesse bekundet wurde. Im Großen und Ganzen war es für mich ein Erfolg, dass ich mit meinem Schokohasen für so viel Neugier sorgen konnte, dass manch einer lieber mir zuhörte als dem Redner auf der Bühne. Dank des Osterhasen in meiner Hand nahmen die Demonstranten meine positive Haltung ihrer Kultur gegenüber wahr, so dass einige sich automatisch von dem Schubladendenken, das auf der Bühne fabriziert wurde, distanzierten.

Mein Fazit? Wer bei besorgten Bürgern wie Pegida-Demonstranten eine wertschätzende Haltung gegenüber Migranten anstoßen möchte, muss den Demonstranten erst einmal selbst mit Wertschätzung begegnen. Möchte man jene, die sich auf ein Gespräch einlassen, davon überzeugen, toleranter zu werden, so muss man selbst zunächst tolerant ihnen gegenüber sein – so schwer es anfangs fallen mag. Auf meiner »Osttour« habe ich jedenfalls Sorgen mitbekommen, die ich nachvollziehen kann. Und möchten wir das Feld nicht den Radikalen überlassen, so müssen wir mehr Plattformen für einen vorurteilsfreien Meinungs- und Erfahrungsaustausch schaffen. Wir werden leichter kritische Denkprozesse in Gang setzen, wenn wir mit entwaffnender und kreativer Herzlichkeit die Begegnung mit besorgten Mitbürgern suchen, denn, so der spanische Soziologe José Ortega y Gasset: »Überraschung und Verwunderung sind der Anfang des Begreifens.«

Der Junge aus Pazarcik

Ich habe bereits viel erzählt, Vermutungen geäußert, Thesen aufgestellt, zum Beispiel darüber, dass man sich vorurteilsfrei begegnen müsse, um einander zu verstehen. Darum möchte ich mich nun endlich selbst vorstellen …

Ich bin in der Türkei geboren und lebe seit meinem dritten Lebensjahr in Deutschland. Bis zu meinem 16. Lebensjahr habe ich nie ernsthaft über meine Herkunft nachgedacht. Unter den Jungs, mit denen ich damals auf dem Marktplatz, auf dem Schulhof oder im Jugendzentrum in Warendorf abhing, war völlig klar: Unter uns sind Türken, Kurden, Russen, Albaner, aber das geht in Ordnung. Hauptsache, du bist cool oder spielst gut Fußball.

Ein wichtiger Meilenstein in meiner Selbstwahrnehmung war unser erster Familienurlaub in Pazarcik, meiner Heimatstadt im Südosten der Türkei. Diese Reise vor acht Jahren hatte eine große Wirkung auf meine Identität und Integration.

Als ich in Pazarcik ankam, verschlug es mir die Sprache. Eine Berglandschaft, aber kaum Grünflächen, keine richtigen Straßen, niemand hielt sich an Verkehrsregeln (ohne die türkische Gelassenheit hätte ich die Taxifahrt bestimmt nicht überstanden). Die Bevölkerung ist sehr arm, die Häuser sind klein, oft ohne Fensterscheiben und Türen. Und überall laufen gackernde Hühner herum, Katzen und Straßenhunde wühlen in den unzähligen Müllhaufen … Hier also war ich geboren, hatte aber das Gefühl, im falschen Film zu sein. Über 3200 Kilometer weit musste ich reisen, um erstmals richtig zu begreifen, dass Deutschland meine Heimat ist.

Ich brauchte eine Woche, um mich an die vielen Reize und Menschen zu gewöhnen, die nach unserer Ankunft zu uns kamen, mich abknutschten und gerne ausschweifend davon erzählten, wie klein und pummelig ich früher gewesen war. Ganz offensichtlich hatte ich fast so viele Verwandte wie das Dorf Einwohner … Voller Stolz und Freude verkündeten meine Eltern dann, dass ich nun bald studieren würde. Ich selbst wusste damals zwar nicht genau, was das eigentlich bedeutete, dieses Studieren, aber an den großen Augen meiner Verwandten konnte ich ablesen, dass es etwas sehr Bedeutungsvolles sein musste. Aus jedem Mund kam ein »maşallah«, »maşallah«[4], und meine Oma drückte mich alle zehn Minuten an sich. Da meine Großeltern immer in der Türkei gelebt haben, fühlte es sich anfangs komisch an, *Oma* zu ihr zu sagen. Ich wusste nur, dass ich jahrelang etwas Köstliches verpasst hatte, denn meine Oma ist eine wunderbare Köchin und verwöhnte mich wie einen Prinzen.

Nach einer Woche war das ganze Tralala mit dem vielen Indie-Wange-kneifen vorbei, so dass ich wieder zu mir kam und meinen Vater bat, mir einiges über unsere Vergangenheit zu erzählen. Haben wir auch so gelebt? Wie war das damals? Eines Abends ging er mit meinem Bruder, meiner Schwester und mir auf einen Hügel, von wo aus wir einen weiten Blick zu entlegenen Dörfern hatten. Er zeigte in eine Richtung, in der man außer weitem Land nichts erkennen konnte.

»Wir haben dort, in Aşıklar, gewohnt. Es gehörte zu Pazarcik, doch das Dorf gibt es nicht mehr. Damals lebten außer uns noch viele kurdisch-alevitische Familien hier, die irgendwann ebenfalls ausgewandert sind. Ihr könnt euch nicht vorstellen, was wir durchmachen mussten …« Tatsächlich fiel es mir schwer, mir auszumalen, wie meine Familie hier gelebt haben soll. Es gab einfach nichts. Natürlich wusste ich schon von klein auf, dass wir sehr arm gewesen waren, immerhin lebten wir ja auch in Deutschland lange Zeit an der Armutsgrenze.

---

[4] deutsch: Großartig!

Wenige Tage später lieh mein Vater sich ein Auto, und wir fuhren auf schmalen Feldwegen in umliegende Dörfer. Mitten im Nichts zeigte er nach links und rechts in die leere Landschaft und erzählte, dass er auf diesen Feldern schon mit 14 Jahren als Hirte gearbeitet habe, um die Familie zu ernähren. Meine Mutter sei bei meiner Uroma in einem abgeschiedenen Dorf ohne Wasser- und Stromversorgung aufgewachsen. Schon als kleines Mädchen musste sie täglich mit Wassereimern auf Eseln kilometerweite Strecken zurücklegen. Ihr Opa war Landwirt und besaß Kühe, Schafe und Ziegen. Sie bauten ihr Obst und Gemüse selbst an und versorgten sich auf diese Weise ohne jeglichen Kontakt zu Pazarcik. Wenn ich heutzutage von Bio-Produkten schwärme, hält meine Mutter mir diese Geschichten von früher entgegen, schließlich war ihre Ernährung aufgrund der Lebensumstände bio pur.

Während wir im Schritttempo auf den holprigen Wegen fuhren, saß ich auf der Rückbank und wurde irgendwie melancholisch. »Was genau habt ihr hier durchgemacht, dass ihr irgendwann weg wolltet?«, fragte ich meinen Vater. Er seufzte tief, dann begann er zu erzählen: »Unsere Familie hat sehr viel erlebt. Das hat mit der besonderen Lage Pazarciks zu tun, das in der Provinz Kahramanmaras für die vergleichsweise vielen kurdischen und alevitischen Bewohner bekannt war. Wir sind schließlich sowohl Kurden als auch von Haus aus alevitischen Glaubens. Beides damals nicht die besten Voraussetzungen für ein friedliches Leben in dieser Gegend.«

Das kleine Dorf, aus dem mein Vater stammte, Aşıklar, war benannt nach jenen Dörflern, die als Musiker und Dichter ihr Geld verdienten. Jeder Haushalt, erzählte er, habe zum Beispiel mindestens eine Saz[5] gehabt. Und weil viele Bewohner des Dorfes ihr Geld mit dem Musizieren verdienten, wurden sie

---

[5] populäres anatolisches Saiteninstrument, eine sogenannte Langhalslaute

von den umliegenden Dörfern als »die Doofen« und »die Bettler« stigmatisiert. Sie wurden massiv diskriminiert, weil sie ungebildet und darüber hinaus kurdische Aleviten waren. Mehr als genug Gründe, um sie beispielsweise in Gemeinde- und Verwaltungsangelegenheiten zu benachteiligen.

In den 1980er Jahren waren um Pazarcik herum marxistische Gruppierungen und PKK-Einheiten organisiert, weshalb starke militärische Operationen das Geschehen in dem Gebiet beherrschten. Insbesondere von den vielen Ausschreitungen zwischen PKK-Kämpfern und türkischen Soldaten war die Familie meines Vaters stark betroffen. Fast täglich kamen die türkischen Soldaten in das Dorf meines Vaters. »Hast du die PKK gesehen? Nicht? Du lügst doch! Du Bauer, hältst du uns für dumm?« Die Soldaten glaubten fest, dass mein Vater und seine Brüder Guerilla-Kämpfer versteckten und ihnen heimlich Unterschlupf gewährten. Sie ließen nicht locker, nahmen immer mal wieder Verwandte von uns fest und brachten sie zur Befragung auf die Wache. Manchmal gaben sie den Kindern im Dorf Süßigkeiten, damit sie verrieten, ob hier kurdische Kämpfer beherbergt wurden. Die Kleinen bejahten das natürlich, damit sie die Bonbons bekamen. Daraufhin wurde meinen Großonkeln die Hölle heiß gemacht. Stundenlange Befragungen mit Misshandlungen folgten. Das türkische Militär wollte damals nämlich nicht nur Informationen und Zugeständnisse. Die Soldaten wollten vor allem ihre Macht beweisen, Angst einjagen und kurdische Familien einschüchtern. In so einer Situation konnten wir uns als kurdische Aleviten an niemanden wenden, zumal uns der Zugang zu Bildung und Gemeinwesen versperrt war.

Hin und wieder aber, so mein Vater, wurden wir tatsächlich nachts von kurdischen Guerillas, die hungrig und durstig waren, aufgesucht. Meine Oma hatte Mitleid und gab ihnen Brot. Sie glaubte, dass die Guerillas sich für die Rechte der

Kurden einsetzten. Die Kämpfer aßen und tranken nur rasch etwas, dann verschwanden sie wieder in der Dunkelheit.

»Hätten wir ihnen allerdings nichts zu essen und zu trinken gegeben, hätten wir ebenfalls mit Ärger zu rechnen gehabt. Die PKK-Community hätte es als Verrat verstanden, wenn wir als Kurden ihnen die Unterstützung verweigert hätten.« Meine Eltern wünschten sich immer Frieden, standen aber zwischen zwei sich bekämpfenden Fronten, die an ihnen zerrten. Eines Morgens wurde ein Bruder meines Vaters – er hatte, wie so üblich in dem Dorf, auf dem Dach unseres Hauses geschlafen – tot aufgefunden. Bis heute wissen wir nicht, wer ihn ermordet hat, aber sein Tod war für meine Eltern das Zeichen, nicht länger in ihrer Heimat bleiben zu dürfen.

Ich fragte meinen Vater, ob Deutschland die einzige Chance gewesen sei, dem Ganzen zu entkommen. »Ja, auf jeden Fall«, sagte er, als wir endlich in einem Dorf namens Incirli ankamen, wo wir in ein Restaurant einkehrten, um uns pappsatt zu essen – natürlich für einen Bruchteil dessen, was das Mahl in Deutschland gekostet hätte. Nach dem Essen spazierten wir durch das Dorf, und mein Vater erzählte, dass er hier in die Grundschule gegangen sei. Aber noch immer hatte ich so viele Fragen im Kopf, zum Beispiel: »Habt ihr euch bei eurer Abreise auf Deutschland gefreut?« »Vor allem waren wir sehr traurig, als du, deine schwangere Mutter und ich abreisen mussten, ohne zu wissen, was uns erwartete.« Als beispielsweise mein Opa 2003 gestorben sei, habe er aufgrund unseres unsicheren Aufenthaltsstatus im Asylprozess nicht in die Türkei zur Beerdigung seines Vaters reisen können. Selbstverständlich habe er seine Eltern nur sehr ungern allein gelassen. Doch auch ein Umzug in eine andere türkische Stadt wäre damals nicht viel besser gewesen, da es in den 1980er Jahren überall in der Türkei starke Anfeindungen gegen Kurden und Aleviten gegeben habe.

Die Aleviten haben wegen ihrer liberalen Religionsauffassung, die ohne Dogmen und religiöse Schriften auskommt, schon viel erleiden müssen. Obwohl das Alevitentum seinen Ursprung im Islam hat, beten Aleviten anders als zum Beispiel Sunniten nicht in einer Moschee und lehnen das islamische Recht, die Scharia, ab. Auch leben sie nicht nach den sogenannten fünf Säulen des Islam, und die Frauen, die mit Männern gemeinsam beten, verschleiern sich nicht – um nur einige Unterschiede zu nennen. Mein Vater erzählte, dass es vor dreißig Jahren keine alevitischen Gebetshäuser in der Türkei geben durfte. Bis heute sind Aleviten in der Türkei benachteiligt. Im April 2017 erklärten mir Bedienstete des Cem-Hauses[6] in Pazarcik auf meine Anfrage hin, dass nicht mal Strom- und Wasserkosten von der Stadt übernommen werden, obwohl in der Türkei 10 bis 12 Millionen Aleviten leben. Es sei sogar zu einem Gerichtsprozess gekommen, bei dem Richter die Ablehnung der Zuschüsse allerdings damit begründeten, dass die Aleviten nur 20 Prozent der Gläubigen ausmachten und ihr Gebetshaus ja eher ein Kulturhaus sei.

Je älter ich wurde, umso größer schien die Kluft zwischen Aleviten und Sunniten zu werden. Ich persönlich habe das jedoch nie so erlebt, immerhin sind sehr gute Freunde von mir sunnitisch. In der Türkei hingegen lieferten sich türkische Soldaten und kurdische Aktivisten jahrzehntelang schwere Gefechte. Die Geschichte meiner Familie ist dabei keineswegs ein Sonderfall, immerhin hat es im 20. Jahrhundert mehrere Massaker und Pogrome gegen Aleviten und Kurden gegeben, unter anderem 1978 in Kahrmanmaras, nur eine halbe Autostunde von Pazarcik entfernt, und in Sivas 1993, meinem Geburtsjahr. Die Hintergründe der Massaker an Aleviten, die hauptsächlich von radikalen Muslimen und fundamentalistischen Nationalis-

---

[6]Gebetshaus der Aleviten

ten verübt wurden, sind bis heute nicht hinreichend aufgeklärt. Und der türkische Staat weigert sich, die Verantwortung für die erwähnten Pogrome zu übernehmen. Aber auch viele andere Minderheiten wie Aramäer und Armenier sehnen sich nach einem kritischeren Umgang der türkischen Regierung mit ihrer Vergangenheit.

Als wir wieder nach Pazarcik zurückfuhren, überlegte ich: Wäre der Interessenunterschied zwischen dem türkischen Staat, kurdischen Aktivisten und Aleviten friedlich geklärt worden, hätten meine Eltern ihre Heimat wahrscheinlich nicht verlassen … Und wo und wie würde ich dann jetzt leben?

Nach vier Wochen hatte ich mich an die Ruhe der Landschaft und an die warmherzige Gelassenheit der Menschen gewöhnt. Mit einigen Dingen kam ich allerdings immer noch nicht ganz zurecht, zum Beispiel mit den Mahlzeiten im Schneidersitz. Insgesamt aber habe ich mehr aus diesen vier Wochen mitgenommen, als ich damals ahnen konnte. Ein Schalter war umgelegt worden. Zu sehen, wie unsere Verwandten lebten, und zu hören, wie es uns in den 1980er und 1990er Jahren ergangen war, hat meine Denkweise stark verändert. Kaum waren wir zurück in unserer Wohnung in Pohlheim, küsste ich als erstes die Hand meiner Eltern – eine türkische Geste der Achtung. Denn ich empfinde seither tatsächlich den allergrößten Respekt vor dem, was sie durchgemacht haben, habe auf der Reise aber auch gemerkt, wie deutsch ich selbst bin …

»Der war eigentlich ganz nett …«: Die Hotline geht an den Start

Wenige Wochen nach meiner Tour durch Ostdeutschland rief mich eine Frau an, die ich auf dieser Reise kennengelernt hatte. Wir hatten uns über muslimische Männer und die Silvesternacht in Köln unterhalten, darüber, dass ihr das, was man so in den Medien höre, sehe und lese, Angst mache. Nun, sagte sie, müsse sie mir von einer Begegnung berichten, die sie sehr bewege. »Neulich hat mich ein Flüchtling an der Bushaltestelle nach dem Weg gefragt. Ich habe ihm den Weg erklärt und bin auch ein Stückchen mitgegangen, weil er kaum Deutsch konnte. Er war mir dafür so dankbar, hat gar nicht mehr aufgehört, sich zu bedanken. Ich war richtig gerührt. Der war eigentlich ganz nett …« Diese positive Erfahrung wollte sie nun mit mir teilen. Die Reise zu Pegida und Co. trug also erste Früchte, worüber ich innerlich jubelte. Reden und zuhören, ohne zu bewerten – diese Wochen zuvor gezeigte Haltung im Gespräch zwischen dieser Frau und mir auf dem Theaterplatz in Dresden hatte dazu geführt, dass sie sich die Mühe machte, Kontakt mit mir aufzunehmen, um ihre Geschichte, ihr Erleben der Flüchtlinge weiterzuerzählen, möglicherweise auch weiter zu reflektieren.

Damit war die »Hotline für besorgte Bürger«-Idee geboren. Schließlich konnte ich ja nicht jeden Montag nach Dresden fahren, um der Migrant des Vertrauens zu sein.

»Besorgte Bürger« – das klingt für manche nach Schubladendenken, nach Schwarzweiß-Malerei und einer vorwurfsvollen Haltung. Ich verstehe den Begriff jedoch anders. Sich Sorgen zu machen ist ja erst mal etwas ganz Menschliches. Sorgen treten in den unterschiedlichsten Formen auf und sind sicher nicht gekoppelt an eine rechtsorientierte Haltung. Sorgen wollen ernst genommen werden, über sie muss man reden dürfen – und das in einem wertungsfreien Austausch. Das Wichtigste sind Wertschätzung und Menschlichkeit – auch jenen gegenüber, die zunächst skeptisch sind und Vorbehalte haben gegen Zugewanderte und/oder Muslime. Es ist auch nicht außergewöhnlich oder gar unmenschlich, zunächst in ein Schubladendenken zu verfallen und auf Populisten zu hören, wenn man noch nie Kontakt zu geflüchteten Menschen, Muslimen und Migranten hatte. Meine Mission ist es, einen Ansatz zu finden, wie man diese zwei Gruppen zusammenführen kann, um einer Spaltung in unserer Gesellschaft entgegenzuwirken. Ich möchte ein Brückenbauer sein. Erstaunlicherweise sind sich ja auch inzwischen fast alle darin einig, dass man die Sorgen der Menschen ernst nehmen soll. Nur die Zeit, sich die Sorgen wirklich anzuhören, scheint keiner zu haben. Mir ist es daher wichtig, auch mit denen zu sprechen, die von Integration scheinbar nichts wissen wollen. Wer bei der Hotline anruft, soll Fragen stellen, diskutieren oder einfach seine Meinung loswerden können.

Vor meiner ersten Sprechstunde war ich total nervös. Ich hatte mir einen verhältnismäßig ruhigen Platz im Treppenhaus der Gießener Universitätsbibliothek eingerichtet, weil ich kurz vorher noch Bücher zurückbringen musste.

Ein Blick auf mein Smartphone: Punkt 16 Uhr. Es war also soweit und ich so gespannt, dass ich in den ersten 15 Minuten nichts tat, außer auf mein Handy zu starren. Ob jetzt jemand da draußen ebenfalls sein Telefon in der Hand hält und mit sich ringt, mich anzurufen? Vielleicht will dieser Jemand eigentlich wählen, traut sich aber nicht, weil er oder sie nicht weiß, was passieren wird. Vielleicht denkt der besorgte Bürger, dass ich ihn bekehren möchte. Alle möglichen Szenarien reimte ich mir zusammen, um die Stille zu erklären. Vielleicht war mein Angebot auf taube Ohren gestoßen, weil es schlicht lächerlich ist. Kann doch sein, dass ich gar kein Vertrauen erweckt habe.

Dann klingelt es, ich bekomme Herzklopfen. Um nichts zu überstürzen, lasse ich es dreimal klingeln, während meine Gedanken sich überschlagen. Wer ruft da an? Ein Ossi? Ein Kritiker? Ein Freund, der mich veräppeln will? Durchatmen. Als ich schließlich rangehe, hat der Anrufer bereits aufgelegt. Das Gleiche passierte mir noch zweimal. Ich war perplex. Vielleicht wollte der Anrufer zwar mit mir telefonieren, war aber genauso nervös wie ich. Da die Anrufe anonym waren, konnte ich natürlich nicht wissen, ob es sich überhaupt um dieselbe Person handelte. Aber es fühlte sich so an. Und dann hatte ich endlich jemanden am Apparat. Es war allerdings nur eine Freundin, die mich auf diesem Wege fragen wollte, ob alles okay sei. Sie wolle mir Mut machen und noch mal sagen, wie gut ihr die Hotline-Idee gefalle. Sie sei eben auch eine besorgte Bürgerin – wenn auch auf eine andere Art. Sie habe die politische Entwicklung im Land beobachtet und finde es schade, dass da so viel Hass ist. Die Welt brauche Friedensstifter, die aufeinander zugehen. Sie klang pessimistisch, fast resigniert. Ich hätte nicht gedacht, dass ich auch jene erreichen und unterstützen würde, die schon tolerant und offen sind. Ich versuchte, sie zu motivieren, weiterhin Gesicht zu zeigen und den Dialog zu suchen. Auch in ihrer Familie habe es schon Streit wegen der Flüchtlingsfrage gegeben. Daraufhin sagte ich ihr, wie wichtig es meiner Meinung nach sei, dass wir uns die Vertrautheit mit unseren Verwandten bewahren. Nur wenn wir ihnen nah sind, können wir ihnen auch Gedankenimpulse mitgeben …

Ansonsten rief in der ersten Woche keiner der Bürger an, die ich ursprünglich erreichen wollte. Das hat sich aber zum Glück mit der Zeit geändert.

Denn Anrufe gab es inzwischen zahlreiche, auch einige überraschende wie der des türkischen Geschäftsmannes, der mit mir über seine Geschäftsidee sprechen wollte, oder der einer besorgten Mutter, die nicht mehr wusste, wie sie mit ihrer pubertierenden Tochter umgehen sollte. Flüchtlinge riefen an, um Verwandte nach Deutschland zu holen; Asylbewerber suchten nach Dolmetschern und Wohnungen. Auch ehrenamtliche Flüchtlingshelfer waren unter den Anrufern, zum Beispiel eine Frau aus meiner Umgebung, die neben einer Flüchtlingsunterkunft wohnt. Sie beklagte sich, dass die Asylbewerber mit ihren Kindern auf einen Spielplatz in der Nähe gingen und viel zu laut seien. Ich bot ihr an, zu diesem besagten Spielplatz zu fahren und mit den Leuten zu reden. Sie wolle es sich überlegen, rief dann aber eine Woche später an und nannte mir die Adresse des Spielplatzes. Mit einer libanesischen Freundin, die verschiedene arabische Dialekte spricht, fuhr ich zu dem Spielplatz. Die Asylbewerber hatten auch ihre Shisha dabei, die verbrannte Kohle aber einfach dort auf das Gras geschüttet genau wie ihren Verpackungsmüll. Nun sind Umweltschutz und Müllentsorgung wichtige Themen in Deutschland, und so setzten wir uns dazu und quatschten, spielten mit den Kindern und konnten auf diese Weise ein Mindestmaß an Vertrauen aufbauen. Irgendwann erzählte ich, dass es eine Nachbarin gibt, die es gut fände, wenn sie ihren Müll wieder mitnähmen, damit es sauber bleibe, und dass es wichtig sei, die Nachtruhe einzuhalten, weil die Menschen in Deutschland gerne abends ihre Ruhe zu Hause genießen wollten. Die Reaktionen waren überaus freundlich und verständnisvoll. Wertschätzung spielt eben in jeder Beziehung eine Rolle.

Während das Interesse der Zivilgesellschaft an der Hotline riesig war, es hat mich erst mal regelrecht überrollt, bekam ich aus der Politik nur eine einzige Rückmeldung, was ich zugegebenermaßen etwas schade fand. Auch war ich überrascht, auf wie viel Kritik mein Gesprächsansatz stieß, zum Teil sogar bei meinen Kommilitonen. Im Grunde wollten wir dasselbe, nämlich Rassismus eindämmen und Vorurteile abbauen. Ihre Methode aber war auf gnadenlose Verurteilung und Bekämpfung ausgerichtet. Bei manchen erweckte ich sogar den Eindruck, ich wolle mit meinem Dialogangebot rechte Parolen salonfähig machen und den Populisten eine Bühne geben. Zuhören heißt aber nicht zustimmen. Doch Vorurteile sind eben kein rechtes Phänomen, und mangelnder Respekt gegenüber Andersdenkenden ist in jeder politischen Partei zu finden.

Meinungsfreiheit erfordert Courage und Haltung. Anfangs hat es mich ziemlich viel Mut und Überwindung gekostet, mich auf radikal Andersdenkende einzulassen. Immerhin machte ich mich auch verletzbar. Doch was sonst bedeuten Offenheit und Demokratie in einer Gesellschaft? Jedenfalls bestimmt nicht, es sich nur in der eigenen Komfortzone gemütlich zu machen und anderen die Tür vor der Nase zuzuschlagen ...

Mittlerweile bekomme ich weniger Anrufe, dafür mehr E-Mails, zum Beispiel von Homosexuellen, die von Muslimen beschimpft wurden. Und obwohl sie sich gern für Vielfalt und Toleranz einsetzen, sind sie seither Muslimen gegenüber sehr skeptisch. Es haben sich auch rechtsgerichtete Bürger gemeldet, die wissen wollten, wie sie wertschätzend mit Familienmitgliedern umgehen können, die politisch ganz anders eingestellt sind. Schließlich möchten sie den Familienfrieden nicht gefährden. Und ein AfD-Funktionär aus dem Kreis Gießen, der von mir gehört hatte, kam in den Imbiss meiner Eltern und schenkte mir eine Chili-Pflanze: »Eine interkulturelle Geste an deine gut integrierten Eltern«, sagte er. Danach trafen wir uns mehrmals zum Diskutieren, und nach und nach stellte er fest, dass er in vielen Punkten eigentlich die Grünen wählen könnte. Seitdem isst er öfter Döner bei uns und unterhält sich gerne mit meinen Eltern. Erfahrungen wie diese zeigen mir, dass interkulturelle Begegnungen extrem wichtig sind, um Vorurteile abzubauen und Denkanstöße zu geben.

An einigen meiner Hotline-Gespräche lasse ich Sie auf den nächsten Seiten teilhaben, möchte Sie einladen, »zuzuhören«, mit- und weiterzudenken …

Im Gespräch mit ...

Wie Familie?

Frau Linde ist 64, lebt in Süddeutschland und engagiert sich ehrenamtlich in einer Flüchtlingsinitiative.

»Sollen wir später telefonieren? Ich meine, wenn Sie gerade am Essen sind, störe ich Sie doch.«

»Ach was, Sie stören überhaupt nicht.«

»Wirklich nicht? Ich meine, ich möchte ja etwas von Ihnen, und Sie sind so freundlich und bieten das hier an, wir können es auch verschieben. Essen Sie ruhig fertig.«

»Sie stören wirklich nicht, Frau ...?«

»Linde. Aber wirklich, es ist schon spät und ...«

»Frau Linde, ich esse in letzter Zeit sehr oft alleine, weil ich ständig unterwegs bin. Und wenn mich dann jemand anruft, bin ich immerhin in Gesellschaft.«

»Na gut.«

»Außerdem habe ich gerade richtig gute Laune, weil meine Mutter Lahmacun gemacht hat. Also, ich bin ganz Ohr.«

»Lamm-Atschun. Das ist doch dieses Teigtaschenähnliche mit Lammfleisch. Die machen das bei uns um die Ecke.«

»Sie meinen wahrscheinlich Börek. Das ist nämlich teigtaschenähnlich.«

»Könnte sein.«

»Börek ist aber oft mit Rinderhack oder Schafskäse und Petersilie gefüllt. Mit Lamm kenne ich es nicht.«

»Doch, wirklich. Bei uns gibt es Börek mit Lammhack.«

»Kann ich mir eigentlich auch gut vorstellen. Schließlich gibt es ganz verschiedene Sorten Börek – und die Dinger sehen teilweise sehr unterschiedlich aus. Es gibt Zigarrenböreks und solche, die wie Schiffchen oder Schnecken geformt sind. Aber dass es auch Böreks mit Lammfleisch gibt, wusste ich tatsächlich noch nicht. Gut, dass Sie mich über Gerichte informieren, die ich ja eigentlich von zu Hause kennen sollte.« (Ich lache.)

»Bei uns hier in der Freiwilligenagentur hat jeder schon mal Börek mit Lammhack gegessen … Wenn wir unsere Netzwerk-Treffen machen, kommen alle zusammen, Vereine, Institutionen und Initiativen. Und sobald auch Flüchtlinge teilnehmen, ist das sofort am Buffet zu sehen. Die bereichern es sehr, und wir können Speisen kosten, die bestimmt selbst Sie noch nicht kennen.« (Sie lacht.) »Und dann gibt es eben diesen türkischen Imbiss bei mir um die Ecke – schon über zwanzig Jahre –, bei dem wir ziemlich regelmäßig essen. Vor allem wenn die Enkel aus Berlin kommen, fragen die jedes Mal: ›Gibt es heute Gyros?‹ Die lieben das, sind ja sozusagen damit aufgewachsen.«

»Meinen Sie vielleicht Döner? Gyros gibt es eher beim Griechen.«

»Ah, richtig. Ich weiß ehrlich gesagt gar nicht genau, woher die Besitzer kommen.«

»Interessant, dass nicht jeder türkische Imbiss von einem Türken und nicht jedes griechische Restaurant von einem Griechen betrieben wird. Ich kenne Aramäer, die griechische Speisen in ihrem Restaurant ›Rhodos‹ anbieten. Und eine Pizzeria, die von einem Araber geführt wird, der bis auf ›Pasta‹, ›grazie!‹ und so etwas kein Wort Italienisch spricht. Aber schmeckt das Essen deshalb wirklich weniger italienisch? Ich glaube nicht.«

»Nein, natürlich nicht. Die Herkunft ist egal. Es soll ja einfach gut schmecken. Hauptsache, der Koch denkt mit dem Gaumen.«

»Absolut. Da geht es auch ein Stück weit um Identität. Der Imbiss meiner Eltern beispielsweise hieß ›Istanbul Kebaphaus‹, als wir ihn übernommen haben. Obwohl wir nicht aus Istanbul stammen, aber weil eben jeder Istanbul kennt, heißt der Laden immer noch so. Meine Eltern bieten übrigens auch nicht nur Döner an, sondern ebenso Pizza, Schnitzel und andere internationale Spezialitäten. In der Nähe von Gießen ist der übrigens.«

»Gießen? Da ist doch das Mathematikum. Mein Mann ist Physiker und besucht gerne die Ausstellungen dort. Er fand es sehr nett in Gießen.«

»Ihr Mann lebe hoch. Kaum eine andere Stadt hat so viele versteckte Perlen!« (Ich lache.)

»Sie sind aber nicht in Gießen geboren, sondern im Osten der Türkei, oder? Also, weil Sie ja Kurde sind.«

»Ja, aus dem Südosten. Kurden stammen aber auch aus den umliegenden Ländern wie Iran, Irak und Syrien, von wo inzwischen viele Schutzsuchende nach Deutschland kommen. Apropos: Was ist eigentlich der Grund für Ihren Anruf?«

»Nun, ja. Ich weiß gar nicht recht, wie ich anfangen soll.«

»Geht es um Flüchtlinge?«

»Um Syrer, ja. Eigentlich rufe ich an, weil ich stark verunsichert bin und nicht weiß, was ich tun soll. Ich stehe beziehungsweise stand mit einer syrischen Familie in Kontakt. Die Frau ist ungefähr in meinem Alter, trägt ein Kopftuch und ist letztes Jahr mit ihren zwei erwachsenen Kindern nach Deutschland geflohen. Die Tochter hat in Syrien studiert – ich weiß aber nicht genau was –, und der Sohn ist Elektriker und hat seine Lehre in Syrien gemacht. Fida, die Mutter, ist Analphabetin und hat keinen Beruf. Sie habe ich in einem Frauencafé für Flüchtlinge kennengelernt.«

»In einem Frauencafé?«

»Ja, ich habe Ihnen doch von der Freiwilligenagentur erzählt: Dort stellt man uns einen Raum dafür zur Verfügung. Wir – das ist eine gemischte Gruppe aus Rentnern, Berufstätigen und Studenten – engagieren uns für die Neuankömmlinge im Ort. Sie wissen ja, was die letzten zwei Jahre los gewesen ist und wie viele Flüchtlinge vor Hunger und Krieg geflohen sind. Bei uns wurde in der Hinsicht so einiges auf die Beine gestellt: Malkurse mit Flüchtlingen, Filmabende, Vorträge über verschiedene Kulturen und eben das Frauencafé, wo ich immer sehr gerne hingegangen bin. Zu diesem kleinen Kaffeetreff kommen nur Frauen, manchmal mit ihren kleinen Kindern, meistens aus dem muslimischen Kulturkreis, aber auch aus Russland und eben Alteingesessene aus der Weststadt. Sie haben in Gießen bestimmt einen ähnlichen Treffpunkt.«

»Mehrere sogar. Ab und an werden dort auch Expertinnen eingeladen, die über ein interessantes Thema reden …«

»Ja, und in dieser gemütlichen Atmosphäre fühlen sich alle wohl. Dort sprechen wir über dies und das, es wird gehandarbeitet und immer viel gelacht. Fidas Tochter Fatima kam auch hin und wieder mit. Sie ist allerdings sehr schüchtern, spricht kaum Deutsch, dafür aber ein ausgezeichnetes Englisch. Und sie kleidet sich absolut europäisch, trägt oft Stöckelschuhe und enge Hosen, nicht so traditionell wie ihre Mutter. Ich habe Fatima jedoch nie näher kennengelernt. Ganz anders Reza, Fidas Sohn: Er ist mir sofort als engagierter, fleißiger und sehr aufgeschlossener Mensch aufgefallen. Er spricht auch schon ziemlich gut Deutsch, A2-Niveau, was ich bewundere, denn die Familie ist ja erst seit einem Jahr in Deutschland. Davor haben sie sich zwei Jahre in Istanbul aufgehalten, eine Art Zwischenstation. Da Reza immer für Fida und seine Schwester übersetzte, durfte er auch ab und zu mit ins Frauencafé. Und so habe ich zu Beginn eigentlich hauptsächlich durch ihn mit der Familie gesprochen. Dann haben wir aber beschlossen, einen Sprachkurs bei uns zu Hause abzuhalten. Sehen Sie, mein Mann und ich sind ja allein in der großen Wohnung. Unsere Kinder sind schon lange ausgezogen. Als Fida, Reza und Fatima dann das erste Mal bei uns waren, saßen wir fast vier Stunden zusammen, und plötzlich war richtig Leben im Haus. Wir haben gekocht, gegessen, gemeinsam Formulare ausgefüllt, uns ›Tatort‹ angeschaut, auch wenn sie natürlich nicht alles verstanden haben. Völlig ohne Druck.«

»Das hört sich doch toll an! In der WG von Freunden treffen die sich auch immer zum Tatortschauen; ich war auch schon ein paar Mal dabei.«

»Ja, irgendwann gehörten die drei einfach dazu. Eines Abends rief Reza sogar bei uns an und fragte: ›Oma Gudrun, morgen Krimi-Abend bei dir?‹ Da wusste ich: Er ist integriert …« (Sie lacht.)

»Oma?«

»Ja, Reza und Fatima nannten mich sogar Oma. Wir waren wirklich fast wie eine Familie.« (Sie seufzt.) »Das waren die leichten, entspannten Momente. Dann wieder empfand ich die drei als sehr verschlossen. Ich glaube, sie hatten Angst, mein Mann und ich könnten das eine oder andere nicht richtig verstehen oder sie sogar verurteilen. Obwohl ich ihnen immer wieder sagte, dass sie mit uns offen über alles reden können und nicht so zurückhaltend sein müssen. Manchmal brauchten wir eine halbe Stunde, bis beim Tee eine ungezwungene Atmosphäre zustande kam. Ich kann mir schon denken, dass das an der Kultur oder Religion lag. Da ich ein ziemlich feinfühliger Mensch bin, habe ich immer sofort gemerkt, wenn sie irgendwelche Probleme hatten. Dann haben sie nämlich Arabisch und sehr gestenreich miteinander gesprochen. Irgendetwas sollte ich nicht mitbekommen. Weil ich mich aber für sie interessierte, fragte ich nach, sie meinten aber immer nur, alles sei gut.«

»Ich versuche gerade, mir die Situation vorzustellen.«

»Sehen Sie, dieses ›Alles gut‹ hat mich ganz kirre gemacht. Wenn ich sie zum Beispiel fragte, ob sie Hunger oder schon etwas gegessen hätten, antworteten sie immer erst mal mit ›Alles gut‹. Das klingt jetzt vielleicht komisch, aber das war echt blöd für mich. Denn wenn ich zur Familie gehöre, müssten wir uns eigentlich alles sagen können, oder? Und gerade in arabischen Ländern ist die Familie doch so wichtig … Kann es sein, dass Offenheit generell ein schwieriges Thema für Syrer oder Muslime ist? Haben die vielleicht ein größeres Problem mit Scham?«

»Hm. Sie wollen wissen, ob die syrische Kultur an sich verschlossener ist als die deutsche?«

»Na ja. Dass es für Flüchtlinge schwerer ist, Vertrauen aufzubauen, ist klar. Weil sie unsere Kultur nicht kennen und vieles nicht verstehen, ganz abgesehen von der Sprache. Ich kann mir schon vorstellen, dass man sich fremd fühlt, wenn man in ein Land geflüchtet ist, das so ganz anders funktioniert als die eigene Heimat, in der man sein bisheriges Leben verbracht hat. Und natürlich wissen die auch alle, dass es Deutsche gibt, die sie nicht hier haben wollen, die Flüchtlingsheime anzünden oder Schlimmeres. Das macht es natürlich nicht einfacher.«

»Ja, das denke ich auch. Außerdem ist es grundsätzlich schwierig, echtes Vertrauen zu anderen Menschen aufzubauen, auch für Nicht-Geflüchtete. Jedem ist irgendetwas peinlich oder unangenehm. Das braucht alles viel Zeit. Wir beide mussten uns ja auch erst mal über Böreks unterhalten.«

(Wir lachen.)

»Wissen Sie, Herr Can, es war nicht einfach herauszufinden, wie es um Fida und ihren Sohn steht … Also aus meiner Sicht stellt sich die Situation so dar: Fida möchte nicht, dass ihr Sohn mit seiner jungen Familie in eine eigene Wohnung zieht und die gemeinsame Flüchtlingsunterkunft verlässt. Reza hat oft mit mir darüber gesprochen, dass er ausziehen will. Eine Flüchtlingsunterkunft ist nicht unbedingt der beste Ort, um ein Kind großzuziehen.«

»Auch wahr.«

»Einmal habe ich zu seiner Mutter gesagt: ›Mensch, Fida, dein Sohn ist 24, und er wird Vater. Da ist es völlig normal, dass er ausziehen will. Du musst lernen loszulassen.‹ Aber es ist schwierig, mit ihr unter vier Augen zu sprechen. Sie kann ja kaum Deutsch. Und bei einem so persönlichen Thema konnte ich ja nicht einfach jemand anderen als Dolmetscher hinzuziehen.«

»Das sind wirklich sehr sensible Themen.«

»Deswegen dachte ich auch, es sei besser, erst mal mit Reza zu reden, weil er in Bezug auf solche Themen zugänglicher ist – und weil er so gut Deutsch spricht. Also habe ich ihn gefragt, warum er ausziehen möchte, um ihm so die Gelegenheit zu geben, alles aus seiner Sicht zu schildern. Wir haben dann auch darüber geredet, was seiner Mutter fehlen wird, wenn er auszieht. Reza ist ja auch gewissermaßen ihr Sprachrohr. Aber ich kann gut verstehen, dass er am liebsten längst weg wäre, zumal seine kleine Tochter, die vor zwei Monaten geboren wurde, oft sehr unruhig ist und weint, weil es in der Unterkunft so laut ist. Ach, die Kleine. Ich habe mich so gerne um sie gekümmert …«

»Das ist wirklich nett von Ihnen!«

»Es ist aber auch ein so goldiges Mädchen: die großen schwarzen Augen, die braunen Locken. Ach, es ist wunderbar, die Kleine in den Armen zu halten. Wenn sie dann zu einem hochguckt ... Kennen Sie das Gefühl? Vielleicht von einem Geschwisterchen?«

»Frau Linde, ich finde es rührend, wie sehr Sie sich über das Kind freuen und dass Sie von der Familie wie von richtig guten Freunden sprechen.«

»Ja, das ... waren sie ja auch.«

»Waren?«

»Nun ... Sehen Sie, deren Familienstruktur ist echt eine Herausforderung. Die ist eben ... anders. Da geht es viel mehr ums Gehorchen.«

»Empfinden Sie das so?«

»Ich glaube, die jungen Leute müssen vor den Älteren unerschütterlichen Respekt haben. Fatima zum Beispiel hat noch nie mit ihrer Mutter diskutiert oder sie hinterfragt, stattdessen nur immer das getan, was Fida ihr befohlen hat. Beim Kochen ist mir das besonders aufgefallen. Da ich mit Fatima noch nie ein Gespräch geführt habe, weiß ich natürlich nicht, ob sie sich wohl fühlt in ihrer Rolle. Aber Reza ist auf jeden Fall sehr unzufrieden, weil er gerne aus der Unterkunft ausziehen würde, es aber nicht darf. Ist das eher religiös oder kulturell bedingt?«

»Was meinen Sie genau?«

»Dass man die Eltern ehren und auf sie hören soll. In Deutschland sind wir im Umgang mit unseren Kindern ja wesentlich freier. Und ich habe den Eindruck, dass man sich bei den Syrern unter Erwachsenen gegenseitig nicht so viel Liebe zeigt – zumindest nicht zwischen der Mutter und den Kindern. Kennen Sie das denn auch von Ihren Eltern?«

»Ich denke, dass Eltern grundsätzlich in jeder Kultur ihre Kinder lieben und sie unterstützen. Die Eltern meiner deutschen Freunde hatten aber tendenziell eine freundschaftlichere Beziehung zu ihren Kindern als die Eltern meiner türkischen oder arabischen Freunde. Ich meine damit, dass die Familien hier in Deutschland beispielsweise öfter zusammen am Tisch sitzen, Spiele spielen, quatschen oder auch einfach mal rumalbern.«

»Ah, interessant.«

»Das Verhältnis zu meiner Mutter und meinem Vater war auch etwas anders als bei meinen deutschen Freunden und deren Eltern. Doch je älter ich wurde, desto öfter habe ich mich auch mal mit meiner Mutter und meinen Geschwistern in der Stadt getroffen. Nur so, um über verschiedene Themen zu plaudern.«

»Und mit Ihrem Vater?«

»Früher haben mein Vater und ich tatsächlich selten einfach mal zusammengesessen, Cay getrunken und geredet, zum Beispiel über Politik. Das heißt nicht, dass mein Vater es nie gewollt hätte. Er hat sich aber aus Gewohnheit lieber mit seinen Freunden oder gleichaltrigen Verwandten über gesellschaftspolitische Themen unterhalten. Wenn meine Verwandten zu Besuch kamen, saßen meine Cousins und ich oft einfach dabei, während die Großen sich unterhielten. Da hätte auch keiner von uns Kindern mal dazwischengeredet. Das hätte sich nicht gehört. Die Themen interessierten mich zwar oft, aber ich saß einfach daneben und aß Pistazien.« (Ich lache.)

»Das ist typisch für patriarchalische Kulturen, dass die Männer reden und Frauen und Kinder still sind, oder?«

»O, nein. Zumindest bei uns saßen die Frauen immer mit den Männern zusammen am Tisch und diskutierten rege mit. Aber die Eltern-Kind-Rollen waren schon traditionell …«

»Das ist ja auch in manchen konservativen deutschen Familien so.«

»Deshalb fällt es mir oft schwer zu sagen, in der einen Kultur ist dies und in der anderen jenes normal. Was ist eigentlich mit Rezas Vater, wenn ich fragen darf?«

»Das Thema habe ich lieber vermieden, Herr Can.«

»Hm.«

»Sehen Sie, der ist nämlich im Bürgerkrieg gestorben. Kurz vor der Ausreise eskalierte die Lage. Es gab einen Raketenangriff auf das Viertel, in dem die Familie wohnte. Der Vater war gerade unterwegs, um Brot zu holen. Und kam nicht wieder … Reza war sehr bedrückt, als er mir davon erzählte. Darum war es doch richtig, dass ich das Thema nicht vertieft habe, oder?«

»Ja, definitiv, vor allem weil die Erlebnisse so frisch und die Sprachkenntnisse noch so gering sind.«

»Dann ist es ja gut. Ach, Herr Can.«

»Ja?«

»Ich würde Fida trotzdem so gerne dazu bringen, Reza gegenüber herzlicher und einfühlsamer zu sein. Der Junge leidet darunter, dass er mit seiner Mutter nicht offen reden kann. Er hat mir anvertraut, dass ihm seine Freunde aus Aleppo sehr fehlen. Ich habe zu ihm gesagt: ›Reza, in deiner Unterkunft wohnen viele junge Menschen, die sich bestimmt auch einsam fühlen und keine Freunde haben.‹ Aber mit den Jungs aus der Unterkunft will er nichts zu tun haben, weil die kriminell seien und Drogen nähmen, sagt er. Es ist echt nicht leicht für Reza, und seine Mutter versteht das nicht.«

»Ja.«

»Zum Beispiel hat es neulich auch mal folgende Situation gegeben: Als ich gerade Rezas Tochter in den Armen hielt, schaute Fida mich skeptisch von der Seite an und nahm mir dann die Kleine ab. Ich weiß nicht, ob sie vermeiden wollte, dass ich die Kleine verhätschele. Vielleicht hatte sie auch Angst, dass ich sie fallen lasse. Das kann ja alles sein. Aber ich verstehe es einfach nicht.«

»Wie haben Sie sich denn danach gefühlt?«

»Dieses Verhalten mir gegenüber fand ich ein wenig undankbar! Aber ich habe da so eine Vermutung, warum Fida so reagiert hat.«

»Aha, und warum?«

»Es könnte doch sein, dass sie manchmal Angst hatte, ich könnte die Kleine zu deutsch erziehen ... Wissen Sie, was ich meine?«

»Hm.«

»Bestimmt war das Fida zu viel.«

»Ich frage mich, ob das wirklich die Erklärung ist. Sie sagten ja, wie sehr die Familie Ihre Hilfe angenommen und wie oft sie Sie besucht hat. Und ...«

»Ich dachte ja nur. Wissen Sie, ich will denen ja auch nicht unsere Kultur aufdrängen. Ich meine, es gibt ja keine Anleitung: So integrieren Sie Flüchtlinge.«

»Das stimmt. Außerdem finde ich, Sie machen das schon sehr gut. Trotzdem bin ich mir nicht sicher, dass Fida und Reza in diese Richting denken. Ich meine, die Kleine ist ja noch ein Baby. Da ist ein erzieherischer Einfluss Ihrerseits doch eher unwahrscheinlich.«

»Da haben Sie natürlich recht. Ich habe die Kleine ja auch nur sporadisch gesehen und dann eigentlich meist in Anwesenheit ihrer Eltern. Es muss tatsächlich an etwas anderem liegen. Ich meine, ich würde ja auch nicht schief gucken, wenn jemand meine Kinder liebkost.«

»Hm.

»Trotzdem kommt mir das Verhalten der Familie – wie soll ich sagen – manchmal etwas undankbar vor.«

»Sie meinen, weil Sie sich so sehr für die drei eingesetzt haben und im Grunde zur Familie gehören?«

»Ja. Dabei geht es vor allem um diese Gespräche. Um dieses ›Alles gut‹, wenn ich mal nachfrage. Die würgen das Gespräch damit einfach ab. Auf mich wirkt es irgendwie überheblich, mich zwar Oma zu nennen, von mir Hilfe anzunehmen, sich dann aber nichts sagen zu lassen.«

»Ich verstehe. Wäre es denn auch denkbar, dass es da Missverständnisse zwischen Ihnen gibt?«

»Natürlich kann das sein. Vielleicht können Sie mich ja aufklären.«

»Ich musste nur gerade an eine Freundin von mir denken. Sie engagiert sich seit einigen Monaten als Ankommenspatin für einen geflüchteten jungen Mann aus dem Irak. Die beiden treffen sich einmal in der Woche, um die Stadt zu erkunden, Veranstaltungen zu besuchen, mal einen Tee zu trinken oder um Deutsch zu üben. Als ich dieser Freundin neulich zufällig beim Eisessen begegnet bin, hatten sich die beiden allerdings erst dreimal getroffen. Wir haben über ihr Engagement gesprochen. Sie erzählte, dass der junge Mann bei den ersten beiden Treffen auf die Frage, was er trinken wolle, jedes Mal mit ›Nein, danke‹ antwortete, was sie verunsichert hat. Immer wieder habe es Situationen gegeben, in denen sie für sein Verhalten keine Erklärung fand. Manchmal nahm sie es auch persönlich. Zu dem dritten Treffen kam dann ihre beste Freundin mit, weil die sich auch für das Patenschaftsprogramm interessierte. Als sie zu dritt im Theaterpark auf einer Bank saßen, holte diese Freundin drei Pappbecher und eine Teekanne aus ihrer Tasche, und meine Freundin war gespannt, wie der Iraker nun reagieren würde. Ihre Freundin aber schenkte den Tee ein und drückte jedem einfach einen Becher in die Hand. Der Iraker nahm das Getränk dankend an. Meine Freundin war total erstaunt, dass er das Getränk nicht abgelehnt hat. Wissen Sie, was ihr erster Gedanke war?«

»Es könnte zum Beispiel sein, dass sie verstanden hat, dass der Geflüchtete gerne Tee trinkt, und zwar nur Tee. Vielleicht dachte er vorher, dass er Alkohol zu trinken bekommt, wenn er sich einladen lässt. Ist bei uns ja oft so, dass wir mal ein kühles Bier zusammen trinken. Ihre Freundin hat den Iraker wahrscheinlich, ohne es zu wissen, verunsichert. Wenn Sie mich fragen, höre ich da eine Verunsicherung auf beiden Seiten heraus.«

»Es könnte also gut sein, dass die beiden ihre Treffen völlig unterschiedlich erlebt haben?«

»Ja, es hört sich wie ein Missverständnis an. Bei den Muslimen ist es ja strengstens verboten, Alkohol zu trinken …«

»Echt interessant. Der erste Gedanke meiner Freundin war aber tatsächlich, dass der Iraker ihre Freundin einfach sympathischer fand und deshalb nicht abgelehnt hat. Sie hat es also wieder persönlich genommen. Inzwischen weiß sie allerdings, dass er ihre Einladungen zu einem Getränk nur aus Höflichkeit abgelehnt hat.«

»Wie? Wirklich?«

»Ja, ernsthaft. Für ihn und seine Leute ist es normal, zwei-, dreimal abzulehnen, wenn sie jemand auf ein Getränk einladen möchte. Allerdings hat er auch erwartet, dass sie öfter nachfragt. Hätte er das Getränk sofort angenommen, wäre er sich aufdringlich oder wie ein Schnorrer vorgekommen.«

»Das ist hoch interessant. Ja, so ist das, wenn verschiedene Kulturen aufeinandertreffen.«

»Ja. Beide wollten dasselbe, aber auf unterschiedlichem Weg.«

»Ob Fida und ich auch dasselbe wollen? Vielleicht ist es einfach Kultur, dass Fida sich so verhält, und hat mit mir persönlich gar nichts zu tun.«

»Sie haben ja erzählt, Frau Linde, dass Sie mit Fida die Wohnsituation besprochen haben, bevor sie Ihnen die Kleine aus den Armen genommen hat. Könnte es sein, dass Fida von dem Gespräch über Rezas Wunsch auszuziehen überfordert und ein wenig verletzt war? Immerhin wollte Fida ja nicht, dass ihr Sohn auszieht. Vielleicht hatte sie Angst, ihren Sohn zu verlieren. Einige meiner älteren Verwandten sind auch sehr anhänglich und fühlen sich schnell gekränkt, wenn ihnen die Kinder das Gefühl geben, dass sie als Eltern keine Kontrolle mehr haben. Und Sie hatten währenddessen Fidas kleine Enkelin im Arm …«

»Herrjemine, das hört sich so an, als wäre Fida eifersüchtig geworden und hätte mir die Kleine deshalb weggenommen. Aber ich zähle doch zur Familie. Fida hätte also gar nicht eifersüchtig sein müssen. Sehen Sie, da weiß man eben nicht, was Familie für die bedeutet.«

»Hm. Wie viele Personen zählen Sie zu Ihrer Familie?«

»Das sind schon einige. Meinen Mann, meine Kinder, dann deren Ehepartner und natürlich unsere Enkel. Ach ja, und die Eltern meiner Schwiegertochter. Also elf Personen. Und bei Ihnen?«

»Um die zweihundert. Bei uns ist Familie kein sehr enger Begriff, da sind Cousinen und Großtanten, Schwager, Nichten und deren Nichten. Da feiert man nicht unbedingt mit allen gemeinsam Weihnachten unterm Baum. Kennen tue ich die auch nicht alle.«

»Und die nennen sie alle Familie?«

»Ja. Emotional stehe ich denen natürlich nicht besonders nahe. Aber man kümmert sich umeinander, man unterstützt sich gegenseitig. Wir sind sehr solidarisch im Familienverbund. Aber nur weil jemand der Sohn des großen Bruders meiner Großtante ist, werde ich mit ihm nicht über Beziehungsprobleme oder so etwas reden.«

»Mit den Eltern aber schon, oder?«

»Das ist etwas anderes. Die haben noch jede meiner Trennungen mitbekommen. Zumindest oberflächlich.« (Ich lache.) »Nur mal so eine Idee: Könnte es Ihre Fragezeichen klären, wenn Sie noch mal mit Fida und Reza darüber reden?«

»Nun, die weichen mir ja aus. Ich weiß auch nicht. Es gab eigentlich gar keinen konkreten Anlass, sie wurden mir gegenüber bloß immer verschlossener im Frauencafé. Reza fing auch irgendwann damit an, die Kleine mit in den Integrationskurs zu nehmen, obwohl ich doch so gerne auf sie aufpasse. Ja, und inzwischen kommen sie gar nicht mehr zu uns.«

»Wie erklären Sie sich das?«

»Gar nicht. Das ist es ja, Herr Can! Wissen Sie, dieses Café
mit den Flüchtlingen ist für mich zu einem Anker im Leben
geworden. Es erfüllt mich zu wissen, dass ich mich in meiner
Freizeit für Flüchtlinge einsetze. Als ich im Fernsehen diese
schrecklichen Berichte über Aleppo gesehen habe, stand für
mich fest, dass ich mich von nun an für diese Menschen engagieren werde. Und jetzt kann ich nachts oft nicht schlafen
wegen der Funkstille zwischen uns. Das beschäftigt mich sehr,
Herr Can, und ich habe dafür keine Erklärung. Es ist furchtbar!«

»Das kann ich verstehen.«

»Wissen Sie, das letzte Mal, als sie bei uns waren, waren Reza,
Fida und ich zum gemeinsamen Kochen verabredet. Fida
brachte auch ein paar behördliche Briefe mit, die ich dann für
sie ausgefüllt habe. Am Anfang lief also alles wie immer, doch
dann fingen sie an, miteinander zu reden – immer lauter. Irgendwann haben sie sich förmlich angeschrien, und Fida hat
mit den Händen herumgefuchtelt und lauthals Inschallah gerufen. Sie müssen sich vorstellen: Ich saß völlig hilflos auf unserem Sofa und wusste nicht, ob die sich gleich an die Gurgel
gehen. Ich war wie unsichtbar, und dann fielen auch noch deutsche Begriffe wie ›Kaltmiete‹ und ›Bahnhof‹. In diesem Augenblick wurde mir klar, dass sie sich wieder über Rezas Wunsch
stritten, in eine eigene Wohnung zu ziehen. Da habe ich Reza
an der Schulter berührt und so etwas wie ›Das wird schon!‹ gesagt. In dem Moment stand Fida auf und ging unter Tränen in
die Küche. Reza brachte nur ›Es tut mir leid!‹ heraus. ›Magst du
mir sagen, was ihr besprochen habt?‹, habe ich ihn gefragt. Aber
Reza sagte nur wieder ›Alles gut‹, holte sein Handy heraus, es

vibrierte, und der Name seiner Verlobten Jamila erschien auf dem Bildschirm. Reza drückte den Anruf weg und steckte das Telefon zurück in die Hosentasche. Wieder legte ich ihm die Hand auf die Schulter und fragte, was denn los sei. Er hatte Tränen in den Augen, als er antwortete: ›Mutter will nicht, dass ich gehen. Aber ich muss haben Wohnung für meine Frau und meine Tochter, für meine Leben!‹ Dann ging er zu Fida in die Küche und zog die Tür hinter sich zu. Ich kam mir so fehl am Platz vor, Herr Can, in meiner eigenen Wohnung … Gut zehn Minuten später kamen beide mit gesenktem Blick heraus, Fidas Augen waren rot unterlaufen, sie verabschiedeten sich kurz und gingen. Ohne Erklärung.«

»O. Das lief wohl nicht so gut.«

»Überhaupt nicht. Und danach habe ich sie auch nicht wiedergesehen. Welche Sorgen und Vorwürfe ich mir gemacht habe … Nach zwei furchtbaren Wochen dachte ich, du musst etwas tun, und kam auf die Idee, Fida einen Brief zu schreiben. Dann hätte sie Zeit, in Ruhe darauf zu antworten. Ich konnte ja nicht einfach zu ihnen ins Heim gehen, das macht man ja nicht nach so einer Situation. Deshalb bin ich seitdem auch nicht mehr im Frauencafé gewesen. Der Brief ist fünf Seiten lang geworden. Alle meine Gedanken, Gefühle und Fragen habe ich aufgeschrieben und Fida um eine Erklärung gebeten. Ich will einfach wissen, woran ich bin, und mich mit ihnen versöhnen. Aber sie hat bis heute nicht reagiert. Nicht mal Reza.«

»Verständlich, dass Sie das alles sehr mitnimmt.«

»Ich habe mir so große Mühe gegeben, die Geschehnisse im Brief ganz freundlich zu reflektieren. Ich habe auch ausdrücklich erwähnt, dass sie mich wissen lassen sollen, wenn etwas zwischen uns nicht stimmt, damit wir wieder zusammenkommen können. Ich lese Ihnen den Schluss kurz vor, Herr Can …«

»Gerne.«

»›Ihr seid mir ans Herz gewachsen. Ich würde mich gerne um euch kümmern. Stille ist das Letzte, was ich mir für uns wünsche. Lasst uns uns aussprechen und wieder zusammen kochen!‹. Herr Can, ich möchte doch nur wissen, warum.«

»Das spricht für Ihren Wunsch, die Freundschaft aufrechtzuerhalten. Ich frage mich allerdings, ob ein Brief das beste Medium dafür war. Sie haben den Brief auf Deutsch geschrieben, nehme ich an.«

»Ja.«

»Für mich ist Ihre gute Absicht natürlich klar. Und ich finde es übrigens auch sehr schön, wie offen wir uns darüber unterhalten können.«

»Ja! Ich wünschte, ich könnte mit Fida genauso reden. Ich glaube, so unterschiedlich unsere Herkunft auch sein mag, wir haben vieles gemeinsam … Der Brief war also keine gute Idee. Ich hätte ihn auf jeden Fall ins Arabische übersetzen lassen sollen … Vielleicht habe ich Fida zu viel zugemutet. Ach, das tut mir jetzt leid.«

»Sie haben viel Energie und Kraft hineingesteckt und großes Wohlwollen bewiesen. Ich überlege gerade, was ein Brief für einen Menschen, der Analphabet ist und in seiner Heimat wenig Briefverkehr hatte, bedeuten kann. Ich denke zum Beispiel an das Dorf, aus dem ich stamme: Vor zwanzig Jahren lebten dort vor allem Landwirte und Bauarbeiter, von denen die meisten höchstens die Grundschule besucht haben. Post war dort immer etwas Hochoffizielles. Auch bei uns in der Familie hat noch nie jemand einen Brief an Freunde, Bekannte oder Angehörige verfasst. Das Einzige, was wir uns per Post schicken, sind Geschenke oder Einladungen zu Hochzeiten oder Beschneidungsfeiern. Und wenn ich mir Fidas Situation vor Augen führe, so kommen mir unsere ersten Jahre in Deutschland in den Sinn. Damals bekamen meine Eltern viele Briefe von den Behörden, und das war immer besorgniserregend wegen unseres unsicheren Asylstatus. Wir mussten erst lernen, dass es hier in Deutschland üblich ist, sich unter Freunden auch mal einen Brief zu schreiben, um zu zeigen, dass man sich Zeit füreinander nimmt und wertschätzt. Wir kannten Schriftverkehr eben nur im Zusammenhang mit Vereinbarungen, Kauf- oder Mietverträgen. Gut möglich, dass Fida deshalb denkt, dass Sie sie auf Abstand haben wollen. Während Sie also versucht haben, zu vermitteln und den Kontakt wiederaufzubauen, könnte es sein, dass genau das Gegenteil bei ihr angekommen ist, da der Brief für die syrische Familie etwas Förmliches hat und ein Gefühl von Distanz erweckt.«

»Oje, Sie meinen, ich könnte die Familie mit dem Brief nur noch mehr verunsichert und zurückgestoßen haben? Wieso bin ich denn nicht selbst darauf gekommen? Ich weiß ja gar nicht, ob die nun sauer oder enttäuscht sind. Vielleicht denken die auch, ich erwarte eine fehlerfreie schriftliche Antwort – und das überfordert sie.«

»Auch das ist möglich. Es könnte ganz unterschiedliche Gründe geben, weshalb sie auf Ihren Brief keine Antwort bekommen haben.«

»Ich wollte der Familie mit dem Brief doch nicht auf den Schlips treten.«

»Ich weiß. Aber vielleicht haben Sie sie ja auch gar nicht verärgert.«

»Soll ich denn nun den direkten Weg wagen? Also hingehen und mit ihnen sprechen?«

»Ich glaube schon, dass es helfen könnte, den Konflikt im Gespräch anzugehen, um mögliche Missverständnisse auszuräumen.«

»Ich hätte nie gedacht, wie kompliziert das alles sein kann. Dabei habe ich doch nur in bester Absicht geschrieben.«

»Das geht schon in Ordnung. Wir sind alle Lernende mit unserer eigenen kulturellen Brille auf der Nase; wir nehmen unsere Umwelt oft nur so wahr, wie wir es gelernt haben. Was man nicht kennt, ist erst mal schwer zu begreifen.«

»Ja, das leuchtet ein. Ich bin mir nicht sicher, ob Fida sich noch auf mich einlassen würde, nach alledem.«

»Haben Sie eine Idee, weshalb Fida den Kontakt zu Ihnen reduziert haben könnte?«

»Vielleicht habe ich nicht kapiert, was es für sie heißt, zur Familie zu gehören? Ich weiß es nicht.«

»Hätten Sie denn Lust auf ein kurzes Gedankenexperiment, Frau Linde?«

»Warum nicht.«

»Stellen Sie sich vor, ich hätte Ihnen vorhin gesagt, dass Sie mit Ihren Enkeln lieber nicht zum Döner-Imbiss gehen, sondern Ihnen stattdessen etwas kochen sollten, zum Beispiel mit nachhaltigen Bioprodukten …«

»Wie?«

»Viele an Ihrer Stelle würden das als persönlichen Angriff auffassen, auch wenn ich es in bester Absicht gesagt hätte, und denken, dass ich nicht das Recht habe, mich in Ihr Leben als Oma einzumischen.«

»Finden Sie es denn falsch, dass ich meinen Enkeln Fastfood kaufe?«

»Nein, Frau Linde. Es ist ja Ihre Sache, außerdem esse ich selbst gerne mal Döner, wie Sie wissen. Ich wollte damit nur zeigen, dass Sie in so einem Fall vielleicht nicht auf mich hören würden …«

»Sie meinen, Fida könnte sich daran gestört haben, dass ich ihr Ratschläge gegeben habe, wie sie mit ihrem Sohn umzugehen hat? Als ich ihr gesagt habe, sie solle loslassen, hat sie das wahrscheinlich falsch verstanden … Meinen Sie das, Herr Can?«

»Können *Sie* sich das vorstellen?«

(Kurzes Zögern) »Ja. Es leuchtet mir ein, dass Fida es als übergriffig aufgefasst haben könnte. Aber ich durfte doch nicht zulassen, dass sie sich derart zerstreiten!«

»Sie meinen das letzte Gespräch, das Sie mit der Familie hatten?«

»Gespräch? Die waren kurz davor, sich in der Luft zu zerfetzen.«

»Wissen Sie, Frau Linde, es ist recht schwierig, ein Gespräch einzuschätzen, wenn man die Geschichte davor, die Sprache der Betroffenen und ihre individuellen Charaktereigenschaften nicht kennt. Bei uns zu Hause kann der Umgangston auch manchmal ganz schön temperamentvoll sein. In der arabischen und der türkischen Kultur drückt man sich tendenziell lauter und emotionaler aus bei brisanten Themen. Und trotzdem gibt es natürlich auch dort wie überall ruhigere Naturen.«

»Ja. Selbstverständlich.«

»Dass Fida und Reza miteinander gestritten haben, ist klar. Aber ich frage mich, ob es zwangsläufig heißt, dass sie diesen Streit nicht untereinander hätten regeln und klären können, obwohl sie dabei ihren Gefühlen freien Lauf gelassen und wild gestikuliert haben.«

»Hm.«

»Ich kenne das nur zu gut aus meiner Kindheit: So mancher deutsche Freund, der mich zu Hause besucht hat und eine Diskussion zwischen mir und meinen Eltern mitbekam, war ziemlich irritiert, wenn es mal laut wurde. Meine Freunde wussten ja auch nicht, worum es konkret ging. So etwas wie ›Du musst jetzt schlafen gehen, Ali, es ist schon fast zehn, und morgen ist Schule! … Nein, du gehst jetzt sofort ins Bett, Ali, da will ich nicht diskutieren!‹ kann sich für ungeübte Ohren schon mal wie eine Morddrohung anhören. Wenn meine deutschen Freunde anwesend waren und meine Eltern sprachen so mit mir, war mir das extrem peinlich. Am liebsten wäre ich im Erdboden versunken. Vielleicht hat Reza sich ja nicht gemeldet, weil er sich dafür schämt, dass Sie mitbekommen haben, wie schwierig die Lage bei ihm ist. Ja, manche Familien diskutieren wirklich sehr laut und hitzig.«

»Ich muss gestehen, angenehm ist mir das nicht. So etwas beobachte ich oft im Bus, wenn sich nordafrikanisch aussehende Männer laut miteinander unterhalten. Ich finde es eigentlich frech, ja, geradezu respektlos den anderen Fahrgästen gegenüber, wenn die so rumschreien. Wissen Sie, was ich meine?«

»Stimmt. In der Öffentlichkeit sollte man prinzipiell Rücksicht auf andere nehmen, auch von der Lautstärke her. Auch mich stört das manchmal. Zum Beispiel nach einem Fußballspiel von Eintracht Frankfurt. Nichts gegen Eintracht-Fans … Ich habe ja selbst leidenschaftlich gern Fußball gespielt … Aber das Gebrüll und Gejohle kann ganz schön nerven.«

»Immerhin sprechen die Eintracht-Fans dann Deutsch.«

»In Ihren Augen ist also auch die fremde Sprache Teil des Problems, nicht nur die Lautstärke?«

»Verstehen Sie mich bitte nicht falsch, aber es ist doch unhöflich, in Gegenwart anderer Leute in einer fremden Sprache zu sprechen. Man könnte doch alles sagen, auch Ungebührliches.«

»Wenn Sie mit Ihrer Familie nach Spanien in den Urlaub fliegen, sprechen Sie dort dann miteinander Spanisch?«

»Nein, natürlich nicht. Wenn ich leise spreche und niemanden störe …. Niemand kann von einem Touristen erwarten, dass er die Sprache des Landes beherrscht, in dem er Urlaub macht. Immerhin wird ja auch die Wirtschaft dadurch angekurbelt, dass Touristen ins Land kommen, und viele Einheimische arbeiten schließlich in der Tourismusbranche. Insofern hat das Land ein Interesse an Touristen. Die sollen ja kommen. Flüchtlinge hingegen oder andere Immigranten nimmt man auf. Das sage ich jetzt, weil ich weiß, dass Sie mich richtig verstehen: Die Flüchtlinge *sollen* nicht kommen, die *dürfen* kommen. Und dafür sollten sie dankbar sein. Da muss man die Sprache lernen wollen und sich eingliedern.«

»Absolut, ich denke aber, dass das ein wenig dauern kann. Wie ist es denn mit einem Engländer, der hier in Deutschland lebt und öffentlich in seiner Muttersprache kommuniziert? Hätten Sie damit auch ein Problem?«

»Nein. Mit Englisch sind wir ja vertraut.«

»Und wie ist es mit Französisch?«

»Stören würde mich das persönlich wahrscheinlich auch nicht, obwohl ich kein Französisch spreche.«

»Müssen sich Engländer oder Franzosen nicht auch in die deutsche Kultur integrieren wollen, wenn sie hierherziehen?«

»Also, wenn ein Engländer oder Franzose hier mehrere Jahre lebt, fände ich es auch gut, wenn er Deutsch lernt.«

»Gleichzeitig würde es Sie nicht stören, wenn er sich in seiner Muttersprache unterhält, weil Ihnen diese vertraut ist?«

»Wissen Sie, es gibt ja sehr viele Deutsche, die Französisch oder Englisch beherrschen. Wenn ein Franzose schlecht über einen Deutschen redet, kann er das nicht auf Französisch tun, weil die Wahrscheinlichkeit, dass er verstanden wird, relativ hoch ist.«

»Sie haben also Angst, dass jemand, der mit seinem Freund auf Arabisch spricht, Sie beleidigen könnte, ohne dass Sie das mitbekommen?«

»Ja, die Möglichkeit besteht immer.«

»Gut. Ich kann verstehen, dass Sie das beunruhigt. Wir hatten ja festgestellt, dass es Ihnen egal ist, ob jemand Engländer oder Franzose oder Syrer ist, dass es Ihrer Meinung nach bloß darauf ankommt, dass die Person, wenn sie in Deutschland leben will, die deutsche Sprache lernt.«

»Ja, vollkommen richtig.«

Stellen wir uns mal vor, Sie müssten mit Ihrer Familie nach England ziehen. Vielleicht sprechen Sie schon ein wenig Englisch, aber sicher nicht so gut, wie Deutsch. Sie werden sich Mühe geben, die Sprache zu lernen, und bei jeder Gelegenheit versuchen, sich auf Englisch zu unterhalten, oder?«

»Ja, so würde ich es wahrscheinlich machen. Ich würde versuchen, in der Öffentlichkeit grundsätzlich Englisch zu sprechen.«

»Stellen wir uns vor, Sie würden nun mit Ihrem Sohn oder Ihrem Mann über etwas Privates, etwas Kompliziertes reden. Wären Sie dann nicht froh, Deutsch sprechen zu können, obwohl Sie gerade in der U-Bahn sitzen oder in einem Café? Es könnte ja auch sein, dass Ihr Gesprächspartner nur Deutsch spricht …«

»Natürlich. Eine Privatangelegenheit geht niemanden sonst etwas an. Der muss es ja auch gar nicht verstehen können.«

»Ja, und woher wissen Sie denn bei Leuten, die sich auf Arabisch unterhalten, dass die nicht bloß der Einfachheit halber in ihre Muttersprache gewechselt haben – vor allem, wenn Sie denen nur kurz im Bus oder auf der Straße begegnen?«

»Gute Frage.«

»Und Sie wissen ja von Fida und Reza, wie lange es dauert, bis man sich in der fremden Sprache richtig verständigen kann.«

»Ja, die wechseln auch oft ins Arabische. Aber sie bemühen sich, wo immer es geht, Deutsch zu sprechen, gerade Reza. Fida fällt es natürlich besonders schwer, aber der Versuch zählt.«

»Das sehe ich genauso.«

»Aber Sie haben schon recht, es geht mir wahrscheinlich viel mehr um dieses Gefühl, dass mir die arabische Sprache so fremd ist, weshalb ich sie anders als deutsche Unterhaltungen nicht einfach ausblenden kann. Eigentlich sollte mich nur die Lautstärke stören, nicht die Sprache.«

»Ja. Wie gesagt, ich kenne das auch. Wenn ich im Zug ein Buch lesen möchte und irgendjemand vor, neben oder hinter mir viel zu laut in sein Handy spricht – egal in welcher Sprache –, kann ich mich nicht mehr auf die Lektüre konzentrieren und ärgere mich über diese Rücksichtslosigkeit. Gleichzeitig weiß ich natürlich nicht, ob die Person überhaupt mitbekommt, wie sehr es mich stört.«

»Ach, Moment mal. Jetzt fällt mir etwas Spannendes auf: Wenn *Sie* neben mir im Bus säßen und zum Beispiel mit Ihrer Mutter auf Türkisch telefonieren würden, hätte ich Sie vermutlich böse angeschaut und mir meinen Teil gedacht, nicht? Woher sollte ich denn wissen, dass Sie ein so gutes Deutsch sprechen und so engagiert sind? Ich hätte Ihnen Unrecht getan.«

»Das wäre schade, dabei wollten wir doch noch Lahmacun zusammen essen.« (Ich lache.) »Übrigens ein sehr gutes Beispiel. Mit meiner Mutter spreche ich tatsächlich nur Türkisch, weil sie die deutsche Sprache nicht so fließend spricht, dass eine komplexe Unterhaltung möglich wäre.«

»Ich schätze, ich empfand Unterhaltungen auf Türkisch oder Arabisch bisher vor allem deshalb als respektlos, weil ich dachte, dass die Migranten sich keine Mühe geben, die deutsche Sprache zu lernen. Ich interpretiere da viel zu viel hinein.«

»Fremde Verhaltensweisen sorgen oft für Missverständnisse, weil wir sie nur nach dem beurteilen können, was wir aus unserem eigenen Leben kennen. In dem Moment nimmt man ja meist nur einen Bruchteil von dem wahr, was der andere gerade tun oder sagen will. Und wenn es dann auch noch in einer anderen Sprache passiert … In den seltensten Fällen kennen wir die wirkliche Absicht. Ich glaube, auch in Ihrer Situation mit der syrischen Familie spielt die gute Absicht und das anders aufgefasste Erlebnis eine Rolle.«

»Stimmt. Herr Can, das hat mir sehr geholfen. Darf ich noch mal kurz zusammenfassen, was wir besprochen haben?«

»Na klar.«

»Sie meinen also, ich sollte versuchen, wieder den Kontakt zu der Familie aufzunehmen, und zwar direkt und nicht per Brief oder Telefon, der besseren Kommunikation halber?«

»Ja, aber drängen Sie ihnen den Kontakt nicht auf. Vielleicht gehen Sie wieder mal ins Frauencafé. Es wäre ja gut möglich, dass die auch wieder dorthin gehen.«

»Und dann?«

»Zum Beispiel einfach freundlich lächeln, wenn Sie sie treffen. Signalisieren Sie Gesprächsbereitschaft.«

»Und soll ich ihnen sagen, dass ich mich nicht in ihr Privatleben einmischen wollte?«

»Ja, es wäre nur gut, wenn das nicht zwischen Tür und Angel passieren würde. Sie können Fida ja unter vier Augen sagen, dass Sie Rezas Wunsch, mit seiner Familie in einer eigenen Wohnung leben zu wollen, nachvollziehen können. Vielleicht hilft es Fida, ihren Sohn besser zu verstehen. Aber es ist auch wichtig zu zeigen, dass Sie Empathie für Fida haben. Das könnte der entscheidende Punkt sein. Lassen Sie sie unter vier Augen wissen, dass sie Reza darauf aufmerksam gemacht haben, was es für seine Mutter bedeutet, wenn er auszieht.«

»Ich verstehe. Wenn ich in eine Diskussion zwischen zwei Menschen eingreife, kann ich mich, trotz bester Absicht, versehentlich auf eine Seite schlagen. Vielleicht denkt Fida, dass ich ihre Bedürfnisse nicht respektiere, wenn ich Reza zum Beispiel meine Hand auf die Schulter lege und ihm Mut zuspreche … Das kam bestimmt nicht gut an bei Fida.«

»Genau, es ist immer wichtig, mal die Perspektive zu wechseln. Fida könnte auch denken, dass Sie sie für eine schlechte, undankbare Mutter halten. Ich vermute, dass Fida, wie viele andere arabische Mütter auch, eine sehr enge Beziehung zu ihrem Sohn hat und die Meinung einer dritten Person als ungerechtfertigten Eingriff empfindet.«

»Es könnte auf sie sogar so wirken, als wollte ich ihr den Sohn entreißen. Oje. Das wollte ich doch alles gar nicht.«

»Das weiß ich.«

»Wie soll ich denen je erklären, wie ich es wirklich gemeint habe?«

»Ich gehe nicht davon aus, dass die Familie mit Ihnen gebrochen hat. Wenn Sie vorsichtig Nähe suchen und signalisieren, dass Sie weiterhin für sie da sind, ohne sich einmischen zu wollen, werden die das merken. Die wissen ja im Grunde, dass Sie nur das Beste für sie wollen, nach all dem, was Sie schon getan haben.«

»Sie denken also, dass wir unsere Freundschaft retten können? Das wäre so schön!«

»Ich halte es auf jeden Fall für wahrscheinlich, auch wenn es noch ein paar Wochen dauern kann. Das Vertrauen ist ja auf beiden Seiten etwas angeknackst und muss sich erst wieder neu aufbauen.«

67

»Ach, Sie machen mir Mut, Herr Can. Wirklich. Sie haben mir sehr geholfen.«

»Das freut mich sehr.«

»Wenn man alleine über die Probleme nachdenkt, kommt man nicht so schnell darauf, wie der andere die Situation erlebt haben könnte. Ich danke Ihnen, dass Sie gemeinsam mit mir darüber nachgedacht haben. Haben Sie vielen, vielen Dank.«

»Und ich danke Ihnen für Ihr Vertrauen!«

»Ich wusste auch überhaupt nicht, wen ich fragen sollte. Jetzt werde ich ganz sicher wieder zum Frauencafé gehen … Ach so, eines noch, Herr Can.«

»Ja?«

»Wissen Sie, es ist so schwierig, eine Wohnung zu finden als Flüchtling. Haben Sie da vielleicht einen Tipp? Ich habe ja schon seit Monaten für Reza auf dem Wohnungsmarkt Ausschau gehalten. Umsonst.«

»Ja, das stimmt, es ist wirklich sehr schwierig für Neuankömmlinge, bezahlbaren Wohnraum zu finden. Aber denken Sie, dass es ein kluger Schachzug ist, jetzt schon für Reza nach einer Wohnung zu suchen, obwohl sein Auszug noch in der Familie diskutiert wird?«

»Ja, ich dachte nur, dass ich dann gut vorbereitet bin, wenn die drei und ich uns gut verstehen. Aber ja, wahrscheinlich will ich zu viele Schritte auf einmal.«

»Die Familie könnte etwas Freiraum gebrauchen, um die Entscheidung für sich selbst zu treffen. Sie können Reza natürlich anbieten, ihn bei der Wohnungssuche zu unterstützen, aber erst wenn feststeht, dass er überhaupt auszieht und wenn er den Segen der Mutter hat. Lassen Sie uns lieber viele kleine Brötchen nacheinander backen. Gerne können Sie mich noch einmal anrufen. Ich bin ja auch gespannt, wie sich alles entwickelt.«

»Wirklich, ich darf noch mal anrufen?«

»Es wäre mir eine Freude, der Migrant Ihres Vertrauens zu sein.«

(Wir lachen.)

»Unbedingt! Dann wünsche ich Ihnen noch alles Gute, Herr Can. Und nochmals großen Dank für das sehr schöne Gespräch!«

»Ich habe zu danken, Frau Linde.«

Was mich nach dem Gespräch bewegte

Nach dem Telefonat merkte ich, dass ich gerne noch länger mit Frau Linde gesprochen hätte. Ihr Engagement war bewundernswert und ihre Sorge verständlich. Anrufer wie sie führen mir vor Augen, dass sich mein Gesprächsangebot nicht nur an Menschen richtet, die der Aufnahme von Geflüchteten skeptisch gegenüberstehen, sondern auch an solche, die sich für sie einsetzen.

Wenn Menschen aus unterschiedlichen Kulturen aufeinandertreffen, ist das Potenzial für Missverständnisse groß. Immer wieder können Situationen entstehen, die ungewohnt und daher befremdlich sind. Das betrifft vor allem das Verhältnis von Nähe und Distanz. Manche ehrenamtlichen Helfer laden Geflüchtete früh zu sich nach Hause ein – eine wundervolle Geste der Gastfreundschaft. Auch meine Familie wurde manchmal zu deutschen Nachbarn eingeladen oder von den Eltern meiner Schulfreunde besucht. Jedoch empfiehlt es sich, sich bereits etwas kennengelernt, gegenseitiges Vertrauen aufgebaut und sich an zunächst befremdliche Verhaltensweisen des jeweils anderen gewöhnt zu haben, um sie einordnen zu können. Normalerweise dauert das mehrere Monate.

Der Familienbegriff beispielsweise wird oft von der Kultur geprägt, in der man aufgewachsen ist. Im Vergleich zu deutschen Verhältnissen wurden die Geflüchteten Frau Linde gegenüber sehr früh familiär – zum einen, weil dieser Begriff bei ihnen kulturell bedingt breiter gefasst ist, zum anderen nannten sie Frau Linde vermutlich »Oma«, um damit symbolisch ihre tief empfundene Dankbarkeit auszudrücken. Frau Linde jedoch, einmal zur Familie gezählt, handelt ganz selbstverständlich aus ihrem eigenen Verständnis heraus, weshalb sie davon ausgeht, sie könne wie ein Familienmitglied jederzeit alles sagen, Antworten einfordern und in einen Familienstreit eingreifen.

Auch ich habe in dem Gespräch gewagt, von meinem eigenen Familienbild auf die syrische Kultur zu schließen, um der Anruferin ein anschauliches Beispiel zu geben. Wir alle pauschalisieren hin und wieder und schließen von Bekanntem auf Unbekanntes. Wichtig ist vor allem, dass man sich dessen bewusst ist und nicht vergisst, dass man es immer mit Individuen und nicht mit archetypischen Vertretern einer Kulturgemeinschaft zu tun hat.

Dass Fida und Reza ausweichend auf Frau Lindes Fragen antworteten, muss nicht heißen, dass sie Probleme absichtlich herunterspielen wollten. Selbst Reza sprach ja nur Deutsch auf A2-Niveau. Wie soll man differenziert auf schwierige Fragen zur eigenen Lebenssituation antworten, wenn man die Sprache, in der man antworten muss, nur rudimentär beherrscht? Es ist fast unmöglich, einer solchen Frage ohne komplexes Vokabular gerecht zu werden. Die Ausflucht in ein »Alles gut!« wird somit nachvollziehbar, obwohl man der fragenden Person vielleicht vertraut und gerne ausführlich antworten würde. Von außen aber kann das ausweichende Verhalten als ablehnend oder desinteressiert gedeutet werden.

Aufgrund dieser vermeintlichen Verschlossenheit muss es für Frau Linde besonders verstörend gewesen sein, Diskussionen zwischen der syrischen Familie beobachten zu müssen. Die deutsche Kultur ist zwar recht direkt, was das Aussprechen von Gedanken betrifft, aber im Ausdruck tendenziell weniger emotional. Daher können bestimmte Gepflogenheiten unter Arabern oder Türken bei Menschen, die damit nicht vertraut sind, ein befremdliches Gefühl auslösen. Schon eine normale Unterhaltung kann wie ein Streitgespräch wirken und ein Streitgespräch wie der endgültige Bruch aller Beteiligten, nur weil die Kommunikation in einer ungewohnten Lautstärke und Emotionalität stattfindet, die für deutsches Empfinden bereits aggressiv wirkt. Frau Linde hatte deshalb das Bedürfnis einzugreifen, was der syrischen Familie wiederum vermutlich merkwürdig übergriffig vorkam.

Oft haben wir nur einen kurzen Einblick in Verhaltensweisen, die wir nicht kennen, schließen aber auf Motive oder sogar auf den Charakter der Handelnden, ohne eine ausreichende Informationsgrundlage zu haben. In Wirklichkeit sehen wir nur die Spitze des Eisbergs, während sich das tatsächlich Ausschlaggebende unter der Oberfläche abspielt. Umgekehrt merken wir natürlich oft selbst nicht, wie befremdlich unser eigenes, für uns vollkommen normales Verhalten auf andere wirken kann. Aber auch die anderen sehen nur die Spitze des Eisbergs, etwa Frau Lindes persönlichen Brief an Fida, der diese wiederum verunsichert, weil sie Briefe nur aus bürokratischen Vorgängen kennt …

Für mich zeigen Frau Lindes Erfahrungen, dass wir sowohl für Geflüchtete als auch für ehrenamtlich Engagierte verpflichtende Workshops zur interkulturellen Sensibilisierung brauchen, die staatlich gefördert werden, und dass die Integrationsarbeit selbst ebenfalls anerkannt und noch viel stärker unterstützt werden muss. Denn Helfende wie Geflüchtete haben enormen Wissensbedarf, um Missverständnisse ab- und Vertrauen aufbauen zu können. Es ist schließlich nicht nur die fremde Sprache, die den Neuankömmlingen Schwierigkeiten bereitet.

Wir müssen Menschen, die langfristig hier leben wollen oder müssen, einen Einblick in und ein Verständnis für die hier üblichen Gepflogenheiten und Werte vermitteln, wenn wir verlangen, dass sie diese respektieren oder sogar annehmen. Und wäre es dafür nicht sinnvoll, statt Broschüren über das Leben in Deutschland herauszubringen, die Engagierten entsprechend zu schulen, damit die Geflüchteten alle nötigen Informationen aus erster Hand bekommen?

In welcher Form diese Kompetenzen vermittelt werden sollten und welche es im Einzelnen sind, kann an dieser Stelle nicht beantwortet werden, da es sich um ein Aufgabenfeld handelt, für das es keine Patentrezepte gibt. Hier ist unsere Gesellschaft aufgerufen, sich den Lösungen im gemeinschaftlichen Diskurs anzunähern.

Dass Helfende verpflichtende Schulungen erhalten, ist nicht weniger wichtig, damit sie in der Lage sind, kulturelle Unterschiede einordnen und damit umgehen zu können. Missverständnisse wie zwischen Frau Linde und der syrischen Familie zementieren die gesellschaftliche Kluft zwischen den Migranten und der alteingesessenen Bevölkerung. Mit einer entsprechenden Schulung und Vorbereitung hätten die entstandenen Kommunikationsprobleme zwar nicht verhindert, aber doch deutlich leichter behoben werden können.

Viele Ehrenamtliche erwähnen in Gesprächen, dass sie mithilfe des Internets versuchen, die Eigenheiten muslimischer Kulturen herauszufinden, um nichts falsch zu machen. Obwohl es richtig und wichtig ist, sich über kulturelle Eigenheiten von Menschen zu informieren, halte ich es für nicht ganz ungefährlich, ausschließlich das Internet als Quelle für die Recherche heranzuziehen. Wie hilfreich wäre es da, wenn es kompetente Ansprechpartner gäbe, die interkulturell sensibel sind und/oder einen ähnlichen Migrations- bzw. kulturellen Hintergrund wie die Neuankömmlinge mitbringen …

Frau Linde rief übrigens tatsächlich zwei Wochen später erneut an. Inzwischen hatte sie sich mit der Familie ausgesöhnt und die Missverständnisse aus der Welt geschafft.

Anlass ihres Anrufs aber war, dass Fatima und Fida, ihre Schützlinge, wie sie sie nannte, während des Sprachtests beim Spicken erwischt worden waren. Ein solches Verhalten war in ihren Augen eine Unverschämtheit. Sollte das der Dank für ihre monatelange Hilfe gewesen sein? Erfolglos versuchten wir, mögliche Gründe für dieses Verhalten zu finden. Jegliche kulturelle Deutung schien uns nicht logisch: Niemand betrügt, weil er es »kulturell gewohnt« ist. Also verabredeten wir für ein drittes Telefonat, in dem Frau Linde erzählte, dass es auch nach einem Gespräch mit Reza keine nachvollziehbare Erklärung für das Schummeln gab.

Ein uns unverständliches Verhalten erklärt sich eben nicht immer aus der Herkunft der Person. Trotzdem ziehen wir oft den Schluss, bestimmte Verhaltensweisen seien typisch für bestimmte Kulturen. Dieser Fehlschluss wird dadurch befördert, dass solche Erklärungen für verstörendes Verhalten meist einfach übernommen werden. Schubladendenken lässt sich aber nur vermeiden, wenn bestimmte Eindrücke und Emotionen, die aus verschiedenen Beobachtungen folgen, hinterfragt werden.

Frau Linde sagte selbst, Fida und ihre Tochter hätten sich nicht gut vorbereitet gefühlt, sich aber nicht getraut, ihr das vorher zu sagen. Wem kommt das nicht bekannt vor? Es hilft, sich in solchen Momenten zu fragen, ob man das beobachtete Verhalten vielleicht aus dem eigenen Leben kennt. Nicht selten ist es nämlich so, dass eine Verhaltensweise, die uns negativ auffällt, im Grunde nur allzu menschlich ist und folglich überall vorkommt. Hier wünschte ich mir mehr Empathie und das Bewusstsein, dass kein Mensch, ob Schutzsuchender oder Helfender, stets und ständig ein bestimmtes Verhalten abliefern kann.

Frau Linde ruft bis heute immer mal wieder auf der Hotline an – und mittlerweile führen wir so etwas wie eine telefonische Brieffreundschaft. Reza wohnt inzwischen zusammen mit seiner Verlobten Jamila und der Tochter in einer kleinen Wohnung nahe der Flüchtlingsunterkunft, so dass er seiner Mutter auch weiterhin unter die Arme greifen kann. Bald steht die Hochzeit von Reza und Jamila an. Und Frau Linde, die mit der Familie schon ein paar Mal über mich gesprochen hat, meint, dass ich bestimmt dazu eingeladen werde.

Glaube, Gefühle und Gewissheit

Herr Seidel wohnt in Dresden, fühlt sich dem »christlichen Abendland« verbunden und macht sich Sorgen wegen der Zuwanderung muslimischer Asylbewerber.

»Ali Can? Sind Sie es wirklich?«

»Klar, schön, dass Sie anrufen. Was kann ich für Sie tun?«

»Ach du grüne Neune, kein Akzent. – Hör mal, Liese, er spricht wie ein Vertreter dieser Biogas-Firma. – Aber das sind Sie natürlich nicht, oder?«

»Nein, keine Sorge.«

»Wissen Sie, woher ich Sie kenne, Herr Can? Ich war neulich mit meiner Frau beim 90. Geburtstag ihrer Mutter in Lößnig. Auf dem Tisch lag die Leipziger Volkszeitung, und dort stand ein kleiner Artikel über Sie drin, über Ihre Arbeit, dass Sie die Einheit zwischen Ost und West stärken wollen.«

»Ja, so ähnlich. Schön, dass Sie den Artikel gelesen haben. Aber ist das nicht schon etwas her?«

»Zwei Monate, glaube ich. Den Artikel habe ich mir jedenfalls herausgeschnitten, denn das fanden wir alle sehr interessant, dass Sie mit uns Ostdeutschen sprechen möchten. Meine Schwiegermutter meinte, ich kann Sie ja mal anrufen. Die trifft immer mal wieder Muslime, weil sie ihr Obst und Gemüse in einem Lebensmittelgeschäft kauft, das von Türken betrieben wird. Da geht sie schon seit Jahren hin und ist absolut zufrieden, also wir haben keine Probleme mit denen. Das einzige Manko: Die können nicht so gut Deutsch sprechen, also habe ich mir gedacht, rufe ich Sie mal an und frage einiges. Ist das auch in Ihrem Sinne?«

»Gerne. Dafür bin ich ja da.«

»Also erst mal grundsätzlich ... Hut ab – wir finden es gut, dass Sie sich in unsere Kultur integrieren wollen. Aber Sie leben nicht in Sachsen, oder?«

»Ich lebe in Hessen, wohne zurzeit aber in Berlin.«

»Ach, wo denn da?«

»Kreuzberg. Sagt Ihnen das was?«

»Natürlich! Ich wohne zwar seit vielen Jahren in Dresden, aber ich bin gebürtiger Berliner, wissen Sie, aus dem guten alten Ost-Berlin. Damals stand aber die Mauer noch — und Sie waren noch nicht unterwegs.« (Er lacht.)

»Woher genau in Ost-Berlin?«

»Köpenick.«

»Da war ich noch nie, aber ich kenne natürlich Zuckmayers Theaterstück, ›Der Hauptmann von Köpenick‹.«

»Ja, mich laust der Affe. Das ist immer das Erste, was den Leuten in den Sinn kommt.« (Er lacht.)

»Das Stück ist ja auch sehr berühmt, Herr …?«

»Himmel, habe ich doch glatt vergessen, mich vorzustellen! Seidel, Michael Seidel. Entschuldigen Sie.«

»Ist mir eine Freude.«

»Und wie kommt es, dass Sie das Stück kennen? Hatten Sie das in der Schule?«

»Nein, aber als Jugendlicher war ich viel am Stadttheater Gießen, weil ich Schauspieler werden wollte, und ein Theatermitarbeiter hat mir den ›Hauptmann‹ geschenkt.«

»Und dann haben Sie den freiwillig gelesen?«

»Ja. Ich lese ziemlich viel und gerne. Damals natürlich vorwiegend Theaterstücke, weil ich Monologe gesucht habe, um mich an Schauspielschulen zu bewerben. Aber nicht nur. Eine meiner Lieblingsnovellen, ›Mario und der Zauberer‹, ist übrigens von Thomas Mann, der ja auch mehrmals Dresden besuchte und dort Lesungen hielt. Aber auch viel von Stefan Zweig, Kurt Tucholsky und Erich Kästner … Die habe ich förmlich verschlungen. Sind immerhin große deutsche Klassiker, die was zu sagen haben. Ich fand's jedenfalls eine schöne Geste, mir das Buch von Zuckmayer zu schenken, sonst hätte ich es vielleicht nicht kennengelernt. Moment, wie war der Satz gleich noch? ›Wat haste mit deinem Leben jemacht, Wilhelm?‹ (Ich lache.)

»Mensch, das ist großartig, wenn junge Leute so belesen sind und sich für die deutsche Kultur interessieren! Wir haben das Buch auch zu Hause. Ich selbst habe aber noch nicht reingeschaut. Bei uns daheim lesen lieber die Frauen. (Er lacht.) Übrigens: Falls Sie mal nach Köpenick fahren, können Sie vor dem Rathaus ein Denkmal des Hauptmanns finden. Könnte Sie interessieren.«

»Danke. Da gehe ich gleich morgen mal hin. Ich habe hier in Kreuzberg auch schon eine Köpenicker Straße entdeckt. Aber ich sehe schon, bei Ihnen bin ich richtig, wenn ich Fragen zur deutschen Kultur habe. Sie scheinen sich gut auszukennen.«

»Deutsche Kultur. Ja, das ist schon das richtige Stichwort. Darüber würde ich gerne mal gemütlich mit Ihnen sprechen.«

»Klar.«

(Er zögert.) »Sie meinen doch, man kann die Kulturen vermischen, so dass wir uns nicht vor Flüchtlingen fürchten müssen. Ich habe nichts gegen Asylanten, aber ich habe ein Problem mit dem Islam, wissen Sie?«

»Verstehe.«

»Ich bin nun schon seit 27 Jahren in Dresden. Wenn man in Deutschland aufgewachsen ist, bekommt man ja mit, wie sich alles verändert: das Stadtbild, die Menschen, die Arbeitssituation. Ich bin damals für eine neue Stelle umgezogen und habe dann `98 meine eigene Schreinerei in Dresden eröffnet. Und selbständig zu sein bedeutet ja, man ist man selbst und das ständig, hat viel zu tun und ist großer Konkurrenz ausgesetzt. Damals war das sehr gefragt, wissen Sie. Aber junge Menschen, die interessieren sich nicht so für handwerkliche Berufe, oder?«

»Kann schon sein. Dabei ist es eine wertvolle Arbeit, die meiner Meinung nach nicht ausreichend geschätzt wird. Handwerk heißt ja auch immer Qualität, und die hat ihren Preis. In Zeiten von Ikea und Online-Shops sind leider nur die wenigsten bereit, den zu zahlen. Gerade Sie als Schreiner werden das wissen.«

»Allerdings. Das schadet der ganzen Branche. Da sprechen wir auch über Kultur in gewisser Hinsicht. Die ändert sich. Die Menschen hier haben sich verändert, sind sehr bequem geworden, wollen alles gleich jetzt und schnell haben. Und wegen dieser unkontrollierten Globalisierung importieren wir Billigwaren aus dem Ausland … Und keiner kommt mehr zum Schreiner um die Ecke.«

»Ein Freund von mir hat auch mal in einer Schreinerei gearbeitet. Ich war fasziniert: Da fängt man mit dem Holz an, und nachher hat man ein fertiges Möbelstück, das man selbst hergestellt hat.«

»Ganz so ist es heutzutage auch nicht mehr, denn vieles wird mit Maschinen gemacht, aber ja, es kommt immer etwas dabei heraus, das stimmt schon, das ist schön.«

»Man darf nur keine zwei linken Hände haben wie ich.«

»Besser ist's, sonst treiben Sie sich schnell 'nen Nagel durch, und dann sehen Sie nachher aus wie der Herrgott am Kreuz, und das als Muslim.« (Er lacht.)

»Ich mag mich auch lieber ohne Löcher in den Händen.«

»Sind Sie denn ein Muslim? Ich meine, ich habe das gerade einfach behauptet.«

»Nun, meine Familie hat schon einen muslimischen Hintergrund, da sie alevitisch ist. Ich selbst bin da noch mal etwas speziell.«

»Alevitisch? Beim Barte des Propheten, das habe ich noch nie gehört. Das ist jetzt aber kein Salafist, oder?«

»Keine Sorge.«

»Das war auch ein Scherz. Was ist denn nun Ihre Religion?«

»Menschlichkeit.«

»Glauben Sie denn an Gott?«

»An etwas allgemein Übersinnliches glaube ich schon. Ich bin noch nicht so richtig dazu gekommen, verschiedene Religionen zu studieren, und lasse mich bisher schwer einordnen, doch eins ist sicher: Ich glaube an das Gute im Menschen.«

»Dann sind sie gutgläubig.«

(Wir lachen.)

»Fast.«

»Ein Gutmensch?«

»Sollten wir nicht alle gute Menschen sein? Aber ich weiß, der Begriff meint etwas anderes. Ich selbst bin auch Buddhist und Evangele. Vielleicht ist es so, dass ich verschiedene Elemente unterschiedlicher Glaubensrichtungen in mir trage. Wie ist das bei Ihnen, Herr Seidel, sind Sie Christ?«

»Ja, klar, ich gehe Weihnachten in den Gottesdienst.«

»In welchen Gottesdienst? In den christlichen nehme ich an …«

»In den evangelischen natürlich.«

»Stimmt, es gibt ja verschiedene Arten von Christentum. Welche kennen Sie?«

»Na uns Lutheraner, die Katholiken, und dann gibt es noch Orthodoxe, nicht? Und diese amerikanischen Christen, Baptisten nennt man die, glaube ich. Es gibt noch eine Menge unterschiedlicher Konfessionen innerhalb des Christentums.«

»Ja, so ähnlich ist das auch im Islam.«

»Also reden Sie nicht von *dem* Islam?«

»Auch da gibt es sehr unterschiedliche Bekenntnisse.«

»Schiiten und Sunniten, das habe ich auf jeden Fall schon mal gehört. Die einen sind im Iran und die anderen sonst überall, oder?«

»Ja, Schiiten sind im Iran sehr verbreitet, aber auch im Irak und im Libanon sind sie in der Mehrheit. Bei den Aleviten selbst ist nicht immer klar, ob sie sich nun den Schiiten zuordnen oder ob sie sich als eigenständige islamische Glaubensgemeinschaft definieren. Meine Familie stammt jedenfalls aus dem Südosten der Türkei und betrachtet sich als alevitisch.«

»Und was ist mit diesen Salafisten?«

»Das ist gar nicht so einfach zu beantworten, Herr Seidel. Ich selbst kenne auch keinen … Jedoch weiß ich, dass die sich bemühen, ihren Glauben ganz genau so auszulegen, wie es zur Zeit des Propheten Mohammed üblich war. Alle Muslime, die ich kenne, lehnen übrigens diese Rückbesinnung auf das Leben der ersten Muslime total ab, und wenn Muslime heutzutage eins zu eins so leben wollen, wie die damals, dann haben sie laut befreundeten Islamtheologen ein Problem mit der Hermeneutik des Islams. Mit den Salafisten kann ich persönlich aber auch nichts anfangen. Die lehnen zum Beispiel auch spätere Entwicklungen des Islams und die mystische Dimension – den Sufismus – ab. Im Großen und Ganzen kann man sagen, dass zwischen Salafisten und Nichtsalafisten ein großer Unterschied in der Interpretation von Koranversen besteht.«

»Ach so, und was ist mit den Schiiten?«

»Schiiten wiederum betrachten Ali, einen Schwiegersohn Mohammeds, als dessen rechtmäßigen Nachfolger. Die Sunniten hingegen erkennen Ali zwar als Kalifen an, vertreten aber die Meinung, dass ein anderer Kalif als Erster eingesetzt wurde.«

»Das ist alles ganz schön kompliziert.«

»Ja, Herr Seidel, ich blicke da auch nicht vollständig durch. Mir geht es da sicher wie Ihnen, wenn Sie erklären sollten, welche unterschiedlichen christlichen Konfessionen es gibt, wie die sich voneinander abgespalten haben und was sie inhaltlich unterscheidet.«

»Richtig. Ich könnte Ihnen das mit dem Luther und so erklären, aber wie das mit Calvinisten ist und was die von uns unterscheidet, weiß ich auch nicht genau. Oder warum die Orthodoxen in Russland nicht katholisch sind. Haben die nicht auch Heilige und so? Sind das andere als bei den Katholiken? Das weiß ich alles nicht. Aber trotzdem haben wir doch die meisten Werte gemein als Christen. Nächstenliebe. Vergebung …«

»Nächstenliebe?«

»Ja, Familie. Gottvertrauen. Und so weiter.«

»Interessant. Das gibt es im Islam auch alles.«

»Wirklich? Entschuldigen Sie bitte, aber das glaube ich Ihnen nicht ganz. Bei euch wird doch zum Beispiel die Frau unterdrückt. Wenn ich mir vorstelle, dass meine Liese die ganze Zeit verschleiert herumläuft, zwei Meter hinter mir, dann wird mir ganz anders.«

»Mir auch, Herr Seidel.«

»Ja? Ach stimmt, Sie sind ja kein gläubiger Muslim.«

»Es gibt auch gläubige Muslime, die ein ganz anderes Frauenbild haben, oder sagen wir es so: Der Islam ist sehr vielschichtig, und Muslima ist nicht gleich Muslima.«

»Sie meinen, weil es Muslimas gibt, die keine Burka tragen müssen, sondern nur ein Kopftuch?«

»Genau. Es gibt erhebliche Unterschiede in der Praxis. Schließlich trägt auch nicht jede Muslima ein Kopftuch. Das steht übrigens nicht einmal eindeutig im Koran, dass Frauen so ein Kopftuch tragen müssen. Meine Mutter zum Beispiel trägt wie die allermeisten alevitischen Frauen keins.«

»Aber die glaubt schon richtig an den Islam, oder? So mit Überzeugung.«

»Schon, sie glaubt an Gott beziehungsweise an Allah, aber eben auf ihre Art.«

»Interessant.«

»Mir kommt es manchmal so vor, dass die Auslegung des Glaubens auch immer ein Stück weit vom Charakter eines Menschen, seiner Kultur oder allgemein der Sozialisation, die er erlebt hat, abhängt. Entgegen meinen Erwartungen habe ich vor mehreren Jahren überzeugte Christinnen gesehen, die Kopftuch tragen. Da war ich auch verwundert.«

»Ja, ja. Das weiß ich. Das ist aber etwas anderes. Vor vierzig Jahren hat meine Oma ein Kopftuch getragen, aber nicht aus Zwang oder religiösen Gründen. Damals waren meine Vorfahren in der Landwirtschaft. Die Arbeit mit Maschinen war gefährlich für Frauen mit langen Haaren. Meine Oma hat aber auch viel auf dem Feld gearbeitet und trug es, um sich vor Sonne und Schmutz zu schützen. Aus praktischen Gründen also.«

»Ich verstehe. Neulich hat mir ein Freund, der Theologie studiert, eine Bibelstelle geschickt, in der Frauen dazu aufgefordert werden, ein Kopftuch zu tragen. Ich könnte aber jetzt nicht die Bibel zitieren. Aber ich kann ja mal im Internet nachschauen, da bin ich jetzt auch neugierig. Kann ich kurz …?«

»Unbedingt.«

(Nach einer Weile.)

»Aha. Paulus schreibt im ersten Korintherbrief, dass die Frau mit verhülltem Haupt beten soll.«

»Paulus?«

»Soll ich Ihnen die Bibelstelle einfach mal vorlesen?«

»Ja, da bin ich gespannt.«

»›Jede Frau aber, die mit unverhülltem Haupt betet oder prophezeit, schändet ihr Haupt; denn sie ist ein und dasselbe wie die Geschorene. Denn wenn sich eine Frau nicht verhüllt, dann soll sie sich doch gleich die Haare abschneiden lassen!‹[7] Erstaunlich. Ein Satz steht da noch.«

»Und zwar?«

»›Wenn es aber für eine Frau schändlich ist, sich die Haare abschneiden oder sich scheren zu lassen, so soll sie sich verhüllen.‹

---

[7] http://www.welt-der-bibel.de/bibliographie.1.2.erste_Brief_Paulus_Korinther.42.html

Herr Seidel: »Sapperlot, da bringt mir der Migrant was über meine eigene Religion bei! Der Alevit liest mir sozusagen die Leviten.«

(Wir lachen.)

»Und tragen richtige Christinnen ein Kopftuch?«

»Nein, natürlich nicht. Meine Liese trägt ja auch keins. Das muss man historisch betrachten. Und das ist ja auch nicht die Aussage des Christentums. Da geht es hauptsächlich darum, dass Jesus für unsere Schuld am Kreuz gestorben ist und von den Toten auferstanden und dass er uns liebt und verzeihen kann, wenn wir bereuen und uns anstrengen, ein gottgefälliges Leben zu führen. Darum geht es, nicht um ein Stück Stoff auf dem Kopf.«

»Und im Islam? Geht es da vielleicht auch im Kern nicht um das Tuch auf dem Kopf, sondern um den Glauben an den einen Gott, der den Menschen liebt und ihm verzeiht, wenn er bereut und sich anstrengt, ein Leben zu führen, das Gott gefällt? Kann man die Stellen, die zum Töten von Ungläubigen auffordern, und alle anderen, die im Licht unserer aufgeklärten Welt abstrus sind, nicht genauso im historischen Kontext lesen, wie man das beim Christentum auch macht?«

(Er zögert.) »Also sind Sie gegen das Kopftuch?«

»Nein, das nicht. Ich finde, wenn die Frau es tragen möchte, sollte sie es tun können. Manchmal frage ich mich, ob man in einer freien und offenen Gesellschaft jemandem Vorschriften machen kann, was er anziehen darf und was nicht.«

»Natürlich nur solange das, was er oder in diesem Fall sie trägt, niemand anderen angreift oder beleidigt, hätte ich jetzt gesagt.«

»Klingt gut.«

»Vielleicht fühlen sich einige Deutsche durch das Kopftuch aber beleidigt, wer weiß. Ist es denn nicht so, dass die Frauen von ihren Männern und Vätern gezwungen werden, sich zu verschleiern?«

»Ich persönlich kenne keine Muslima, die dazu gezwungen wird, aber das heißt natürlich nicht, dass es nicht vorkommt. Immerhin tragen auch Kleinkinder manchmal Kopftuch, da frage ich mich schon, inwieweit das die eigene Entscheidung gewesen sein kann.«

»Allerdings.«

»Aber aufgrund dieser Bedenken das Kopftuch einfach ganz verbieten? Finde ich nicht sinnvoll. Sie?«

»Dann könnte wenigstens niemand gezwungen werden.«

»Ich verstehe Ihren Gedanken. Es ist immer schlecht, wenn jemand zu etwas gezwungen wird. Doch ob ein Verbot die richtige Lösung wäre? Denken wir mal an so manche amerikanischen Christen, Freikirchler, die wollen, dass ihre Töchter jungfräulich in die Ehe gehen. Da gibt es diese Keuschheitsringe. Die tragen die jungen Frauen am Finger, um der ganzen Welt zu zeigen, dass sie auf die Ehe warten.«

»Das ist ja affig, können die Mädels doch selbst entscheiden. Entschuldigen Sie den Ausdruck.«

»Ich persönlich würde diese Tradition auch nicht übernehmen. Aber sollte man Keuschheitsringe deshalb verbieten, weil einige Eltern ihre Töchter mehr oder weniger nötigen, diesen zu tragen? Bestimmt gibt es viele junge Frauen, die einen solchen Ring aus eigenem Antrieb heraus tragen, weil sie stolz darauf sind und wollen, dass jeder sieht, wie wichtig ihnen Keuschheit vor der Ehe ist.«

»Ja, bestimmt. Wenn es sie glücklich macht … Kann ja jeder handhaben, wie er will. Aber da gibt es doch einen Unterschied zu einer Muslima.«

»Und welchen?«

»Die Frau, die den Ring nicht tragen will, muss keinen Ehrenmord fürchten. Aber in muslimischen Familien wird die Tochter vom Bruder oder Vater kaltblütig beseitigt, wenn sie sich auf eine Romanze mit einem Nichtmuslim einlässt.«

»Auch ich finde es grausam, wie einige Menschen mit Unstimmigkeiten innerhalb ihrer Familie umgehen. Furchtbar. Haben Sie Zahlen darüber, wie oft das passiert?«

»Es gibt genügend Reportagen, die das belegen.«

»Ich weiß, Herr Seidel. Nur frage ich mich, ob das wirklich so häufig passiert, wie wir annehmen. Es gibt schließlich ungefähr 4,7 Millionen Muslime in Deutschland. Es wäre gegenüber muslimischen Familien unfair zu sagen, dass mit den Frauen grundsätzlich so abscheulich umgegangen wird.

Gleichzeitig kann ich bei meinen Freunden allerdings auch einiges beobachten, was selbst mir nicht gefällt. Sie wundern sich vielleicht, dass ich das erzähle, aber ich versuche einfach neutral zu sein.«

»Würden Sie mir erzählen, was genau?«

»Einige sehr gute Freunde von mir sind praktizierende Muslime, und ich bin mit ihnen aufgewachsen. Was ich mir vorstellen kann, ist, dass die Mehrheit der muslimischen Eltern zum Beispiel ziemlich sauer wären, wenn ihr Sohn zum Christentum konvertieren oder die Tochter sich einen Liebhaber schnappen würde, der nichts mit Gott anfangen kann. Ich habe mehrere muslimische Mädchen kennengelernt, die sich nie im Leben getraut hätten, ihren Eltern von ihrer Beziehung zu einem deutschen Jungen zu erzählen, der christlich oder Agnostiker ist. Sie treffen oft ihren Freund in anderen Städten, wo sie keiner erwischen kann. Eine hat mir sogar gesagt, ihre Eltern würden sie umbringen, wenn sie wüssten, dass ihr Freund Atheist ist. Wollen sie heiraten, muss der Partner meist zum Islam konvertieren, sonst findet die Beziehung in den Augen der Eltern keine volle Anerkennung. Konvertiert der Partner nicht, kann die Tochter sogar verstoßen werden, sagte mir eine libanesische Freundin mit strenggläubigen Eltern. Das finde ich sehr, sehr traurig. Denn Glück misst sich an dem, was wir für richtig halten und wen wir selbst lieben. Das sollten nicht die Eltern für einen bestimmen!«

»Deswegen habe ich auch noch nie eine gemischte Beziehung gesehen. Das kann ja dann auch nicht gut gehen, oder?«

»Doch, ich kenne einige, die das super gelöst haben. Und ich möchte Ihnen noch von einem meiner Lieblingsschauspieler erzählen: Shah Rukh Khan, der ist so ein großer indischer Bollywoodstar und hat gezeigt, dass es auch anders geht: Er selbst ist muslimisch und seine Frau Hinduistin. Die regeln es so, dass ihre Kinder einfach beide Religionen kennenlernen. Außerdem beobachte ich, dass muslimische Familien grundsätzlich viel höhere Erwartungen an ihre Kinder stellen als christliche Eltern.«

»So ähnlich habe ich mir das gedacht.«

»Ja, in der Tendenz gebe ich Ihnen auch vollkommen recht, Herr Seidel. Aber zum größten Teil resultieren meine Schlussfolgerungen aus Erfahrungen mit den meisten muslimischen Familien, die ich kenne. Insofern muss mein subjektiver Eindruck überhaupt nicht das Gesamtbild widerspiegeln.«

»Na, Sie werden es schon wissen, wenn Sie selbst aus der Ecke kommen und muslimische Freunde haben.«

»Mir persönlich fällt es trotzdem schwer, alle Muslime pauschal zu beurteilen, nur weil ich bestimmte Erfahrungen gemacht habe. Vor allem was das Frauenbild im Islam angeht, reden wir Männer doch manchmal über mehr, als wir wissen können. Als ob ein Fischer aus Sibirien über Kokosnüsse philosophiert. Verstehen Sie, wie ich das meine?«

»Und was ist mit all den schrecklichen Taten gegen Frauen? Die christliche Frau wird nicht öffentlich gedemütigt oder muss Körperstrafen fürchten. Schon mal etwas von Genitalverstümmelung gehört?«

»Ja.«

»Gibt es im Islam. Schon mal etwas von Polygamie gehört?«

»Ja.«

»Gibt es im Islam. Ehen, wo minderjährige Mädchen mit teilweise fünfzig Jahre älteren Männern verheiratet werden?«

»Ja, das kommt in muslimischen Familien vor.«

»Ganz genau. Deswegen sehe ich einen Unterschied darin, wie Frauen im Islam behandelt werden.«

»Das alles lehne ich genauso ab. Und: Ja, tendenziell beobachte ich selbst große Unterschiede zwischen Christinnen und Muslimas.«

»Aber eben solche Muslime wollen doch auch in Deutschland leben, mein Gott. Warum müssen wir das gutheißen? Wo hört die Toleranz denn mal auf?«

»Vollkommen egal, wer mit einem solchen Frauenbild leben will, zumindest in Deutschland ist das nicht zu dulden. Ganz klar!«

»Aber wenn wir das sagen, heißt es, wir seien Rassisten, Islamophobe, die keine fremde Religion dulden. Das kann doch nicht sein!«

»Es ist sogar sehr wichtig, dass wir Religionen kritisieren dürfen. Da bin ich bei Ihnen.«

»Es geht mir darum, die Hintergründe dieser Religion deutlich zu machen. Wäre sie friedlicher, dann hätte ich auch kein komisches Bauchgefühl, wenn ich bärtige Männergruppen in der Innenstadt sehe. Man ist doch kein Nazi, nur weil man seine Kinder und seine Frau schützen möchte. Unglaublich, wie da verallgemeinert wird.«

»Dass wir beide Klarheit statt Pauschalurteile wollen, gefällt mir. Und dass wir einander zuhören und auch mal die Gosch halten können …«

»So schaut's aus. Ich bin zwar älter als Sie, aber genauso fit im Kopf. Deswegen habe ich Sie angerufen, weil ich mir dachte, dieser Ali Baba wird mir vielleicht einiges erklären können. Ich habe ja auch nicht die Weisheit mit Löffeln gefressen. Ich lerne immer dazu, auch im hohen Alter.«

»Und ich nehme viel von Ihnen mit. Ein guter Deal, Herr Seidel.«

»Da ist was dran. Jetzt muss ich aber trotzdem noch mal auf dieses blöde Kopftuch-Thema zu sprechen kommen. Liese meint, dass das ein Symbol dafür ist, dass Frauen nichts zu sagen haben.«

»Glauben Sie das?«

»Für uns sieht es so aus, dass die Frau damit minderwertiger ist, weniger Rechte hat und unter dem Mann steht. Wieso tun die sich das an? Für mich ist das ein Relikt aus dem Mittelalter. Und das wird man ja wohl noch sagen dürfen. Und wie ist das für Sie?«

»Für mich fühlt sich das gerade so an, als ob wir zu sehr von außen draufschauen und deuten.«

»Wie meinen Sie das?«

»Ich habe den Eindruck, dass wir *über* die betroffenen Frauen reden, aber nicht mit ihnen.«

»Und?«

»Da wir beide kein Kopftuch tragen und auch nicht wollen, dass unsere Partnerinnen eines tragen, wäre es doch eigentlich großartig, wenn ....«

»Wenn was?«

»Na, wenn wir eine Kopftuch tragende Dame mal ganz offen fragen könnten, weshalb sie es trägt.«

(Er lacht.) »Ist das ein Scherz? Als ob sich eine mit mir zusammensetzen würde. Wie nennen die uns? Ungläubige.«

»Hm?«

»Und Ossi bin ich ja auch noch. Das würde nicht funktionieren.«

»Und wenn doch?«

»Na ja, bei uns in Dresden bekommen Sie so schnell keine zu Gesicht.«

»Oh, okay. Und warum spricht Pegida dann von der Islamisierung, obwohl es so wenige Muslime in Dresden gibt?«

»Das ist anders gemeint. (Er zögert.) Die gibt es wohl, und die vermehren sich ja auch sehr schnell. Außerdem wird da noch für vieles andere demonstriert.«

»Hm?«

»Auf mich ist jedenfalls noch keine Muslima zugekommen!«

»Verstehe. Mal angenommen, eine junge Frau trägt ein Kopftuch, studiert hier und würde auf ein Käffchen bei Ihnen vorbeikommen wollen.«

(Er lacht.) »Nettes Angebot, aber das muss nicht unbedingt sein.«

»Ich an Ihrer Stelle wäre ja neugierig und würde mich tierisch freuen, die Motive für das Kopftuch aus erster Hand zu erfahren.«

»Ja, stimmt schon, aber deshalb habe ich ja Sie angerufen.«

»Das ist auch wunderbar. Ich freue mich sehr, dass Sie mir vertrauen, aber ich bin eben auch nur ein Mann, der kein Kopftuch trägt und damit nicht wirklich etwas zu tun hat.«

»Stimmt auch wiederum.«

»Aber wir beide interessieren uns so für diese fremde Tradition und ihre Hintergründe. Mal angenommen, diese kopftuchtragende Dame spricht ein astreines Deutsch und fühlt sich wohl in Dresden. Sie erfährt von mir, dass es interessierte Menschen wie Sie gibt, die noch nie mit einer Muslima gesprochen haben, und möchte Sie nun ihrerseits auf einen Kaffee einladen – sie bezahlt sogar, apropos Emanzipation.«

»Das wären schon mal gute Voraussetzungen.«

(Wir lachen.)

»Sie können ja mal darüber nachdenken. Rein zufällig kenne ich nämlich eine aufgeschlossene junge Frau, die interessiert wäre.«

»Vermitteln Sie oft Kopftuch-Trägerinnen an Ostdeutsche? Hört sich ja fast an wie eine Partneragentur.«

»Immer doch. Momentan schreibe ich ›Romeo und Julia‹ um in ›Ronny und Yasmina‹. Wenn Sie Flirttips brauchen, sagen Sie Bescheid, ich kenne da jemanden, der ...«

»Wirklich witzig, aber nein, danke. Bezüglich des Treffens muss ich mal eine Nacht drüber schlafen und mit Liese reden. Kann mich ja deswegen immer noch melden, oder?«

»Klaro.«

»Und Sie sind sich sicher, dass die meisten Mädels das aus Überzeugung tun?«

»Davon gehe ich persönlich aus. Die meisten tragen es aber auch unter anderem deshalb, weil sie es so gewohnt sind und nicht anders kennen. Sie tragen ja auch nicht aus innerer Überzeugung Hosen, sondern weil Sie es so kennen. Es wäre einfach ungehörig, keine zu tragen, oder?«

»Verstehe. Ja, die Leute würden sie schief anschauen, denn das wäre sehr peinlich.«

»Ich würde mich ja schon unwohl fühlen, wenn ich mit nacktem Oberkörper durch die Stadt laufen müsste.«

»Das ist richtig.«

»Vielleicht ist es mit dem Kopftuch ähnlich. Vielleicht fühlen sich die muslimischen Frauen nackt, wenn sie in der Öffentlichkeit keins tragen.«

»Ich wollte mich ja gar nicht für ein generelles Kopftuchverbot aussprechen.«

»Und ich mich nicht dafür, dass alle Kopftücher tragen müssen.«

»Ne, das muss auch nicht sein. Wissen Sie, bei uns Deutschen hat sich über die Jahre ein anderes Frauenbild entwickelt. Bei den Muslimen ist alles doch eher altmodisch geregelt. Wenn ich mir vorstelle, in ein Schwimmbad zu gehen, in dem keine Frauen sind, weil die einen anderen Badebereich haben. Oder dass es Straßenbahnen mit getrennten Männer- und Frauenabteilen gibt, bloß damit zwei Menschen unterschiedlichen Geschlechts nicht allein in einem geschlossenen Raum sind. Wenn man sagt, der Islam gehört zu Deutschland, dann fordert man doch auch getrennte Schwimmbäder, oder?«

»Nein, sicher nicht. Und ich bin auch gegen diese Geschlechter-Apartheid.«

»Na also.«

»Schauen Sie, es gibt ja auch Christen, die daran glauben, dass die Welt in sechs Tagen erschaffen wurde. Manche wollen sogar, dass ihre Kinder gar nicht erst mit der Evolutionstheorie in Berührung kommen, sondern nur den Kreationismus lernen. Trotzdem wird den Schülern an deutschen Schulen beigebracht, dass Schimpansen und Menschen einen gemeinsamen Vorfahren haben. Und das, obwohl das Christentum zu Deutschland gehört.«

»Ja, aber verzeihen Sie, nicht jeder Christ glaubt so einen Stuss.«

»Das ist wahr. Genauso wenig will jeder Muslim getrennte Badebereiche. Und falls doch, dann müssen wir darauf hinweisen, dass es hier andere Gepflogenheiten gibt.«

»Es gibt eben solche und solche. Ich verstehe schon. Wissen Sie, ich habe auch nichts dagegen, wenn eine erwachsene Muslima nicht in die Gemischtensauna geht. Wenn sie das nicht möchte, dann soll sie halt nicht hingehen. Liese, meine Frau, mag das auch nicht so gerne und bleibt lieber daheim. Aber wo Sie gerade von der Schule geredet haben … Da gibt es ja diese Eltern, die ihre Töchter nicht in den Schwimmunterricht schicken wollen. Was sagen Sie denn dazu?«

»Sportunterricht ist verpflichtend, daher sollten alle Schülerinnen und Schüler daran teilnehmen.«

»Auch die Kinder von streng muslimischen Eltern?«

»Ich finde, Religion sollte keine Entschuldigung dafür sein, dem Sportunterricht fernzubleiben.«

»Bravo, dem stimme ich zu.«

»Nichtsdestotrotz sollten die Schulvertreter mit den Eltern reden, damit die das besser verstehen. So friedlich und tolerant, wie wir uns hier gerade austauschen, ohne Feindseligkeiten.«

»Und worüber sollen die reden? Der Lehrer kann doch nur die Schulpflicht auf den Tisch klatschen und sagen, so ist es, wenn Sie das nicht akzeptieren, fällt Ihr Kind durch. Basta.«

»Die Eltern könnten Verständnis aufbringen, wenn sie wissen, wieso es wichtig ist, dass die Kinder schwimmen lernen. Und es gibt bestimmt Alternativen, die man aufzeigen kann. Den Burkini zum Beispiel. Das könnte ein guter Kompromiss sein. Man kommt der religiösen Überzeugung der Eltern so weit entgegen, wie es in unserer sonst offenen Gesellschaft möglich und praktikabel ist. Wenn die Eltern auch darauf nicht eingehen wollen, dann können sie zumindest nicht behaupten, dass über ihren Kopf hinweg entschieden wurde.«

»Na, wenn die Eltern es dann einsehen, wäre es schon mal sinnvoll. Aber halten Sie einen Burkini wirklich für eine gute Idee? Überlegen Sie doch mal. Es sollte um das Wohl des Kindes gehen. Wenn ich mir vorstelle, Simone, unsere Jüngste, hätte so etwas tragen müssen. Die wäre doch von allen anderen Kindern ausgelacht worden.«

»Sie befürchten also, dass die Kinder gehänselt werden.«

»Ganz genau!«

»Das ist ein schöner Gedanke.«

»Mit dem Kopftuch ist das nicht anders da. Die Eltern bestimmen, was die Kinder anzuziehen haben, und dann werden die deswegen ausgelacht.«

»Geht es Ihnen auch darum, dass die Eltern nicht über die Kleidung ihrer Kinder bestimmen sollten?«

»Ja, auch. Die Kinder merken doch nicht, wenn sie in ihrer Freiheit eingeschränkt werden. Ein Mädchen würde sich seinem Vater in dieser Kultur kaum widersetzen.«

»Ich halte es auch für schwierig, wenn Eltern bestimmen, wie ihre Kinder sich anzuziehen haben. Das war bei mir damals auch nicht immer einfach. Aber wie ist das mit Marken-Klamotten? Man hört ja immer wieder, dass Schüler gehänselt werden, weil sie keine, was weiß ich, Nike-Schuhe oder so etwas tragen, vielleicht weil die Eltern es sich einfach nicht leisten können. Letztlich bestimmen da also auch die Eltern beziehungsweise deren Einkommen, ob das Kind anders aussieht als die anderen und deswegen gehänselt wird. Eine Lösung dafür wäre es, Schuluniformen zu fordern. So könnte kein Kind aufgrund seines abweichenden Kleidungsstils aufgezogen werden.«

»Ich weiß nicht, ob das notwendig ist. Und außerdem ist es etwas anderes, wenn jemand seinem Kind aus *religiösen* Gründen vorschreibt, wie es herumlaufen soll.«

»Andererseits ist es doch auch gerechtfertigt, wenn man seiner zehnjährigen Tochter sagt, sie solle sich nicht schminken und bauchfrei tragen.«

»Ist ja auch zu früh mit zehn.«

»Für eine muslimische Mutter oder einen muslimischen Vater könnte sich das unter Umständen genauso anfühlen, wenn die Tochter das Haus ohne Kopftuch verlässt.«

»Meinen Sie?«

»Ich halte es für möglich. Deswegen muss es aber nicht zwangsläufig erlaubt sein, dass die Mutter die Kinder dazu zwingen kann. Da bin ich ganz bei Ihnen. Wenn die Tochter aber 14 oder älter ist, muss man davon ausgehen, dass sie ihre Religionszugehörigkeit frei gewählt hat. Schließlich hat sie dann ein Recht auf religiöse Mündigkeit. Ich wäre also auf jeden Fall dafür, es Jugendlichen ab 14 zu erlauben, ein Kopftuch zu tragen.«

»Schon, kann man machen. Aber was ist mit den Kindern unter 14?«

»Die meisten muslimischen Familien, die ich kenne, stellen es ihren Töchtern schon vor dem 5. Lebensjahr frei, ein Kopftuch zu tragen. Es kann ein Wunsch des Kindes sein, Hijab zu tragen, selbst wenn es erst 12 oder 13 ist. Ein schwieriger Punkt. Ich frage mich auch, wann man wirklich selbstbestimmt ist ...«

»Aber was, wenn ich Sie jetzt persönlich frage? Sie müssen ja auch eine Meinung dazu haben.«

»Nun, dann bin ich dafür, den Hijab auch für jüngere Mädchen zu erlauben.«

»Selbst wenn die anderen Kinder sie ständig auslachen?«

»Ich denke, dass es nicht die Schuld des Kindes, der Eltern oder der Kleidung ist, wenn es gemobbt wird, sondern die Schuld der anderen Kinder. Man kann eine Kleidung nicht deshalb verbieten, weil jemand, der sie trägt, deswegen belächelt wird. Ein guter Lehrer wird einem Mobbingopfer nicht sagen, es sei selbst schuld und solle die Kleidung wechseln, damit sich niemand mehr daran stört, sondern wird mit den anderen Schülern reden und sie zu Toleranz auffordern. Stellen wir uns vor, eine sächsische Familie zieht mit ihren Kindern nach Hannover, und die Kinder würden in der Schule aufgrund ihres Dialekts gehänselt werden – da wäre ich der Erste, der einschreitet.«

»Ich glaub', mein Schwein pfeift. Ein ausländischer angehender Lehrer, der unseren Ossi-Dialekt schützt.« (Er lacht.)

»Und nicht nur den. Wenn ich mir vorstelle, dass ich Lehrer bin, und eines Tages käme ein Mädchen mit Dirndl in den Unterricht und die anderen Kinder äffen sie nach und jodeln … Ich würde mich darüber aufregen. Nicht die Kleidung einer Schülerin ist das Problem, sondern die anderen, die das zum Anlass für Spott nehmen. Und davor würde ich auch ein Mädchen, das ein Kopftuch trägt, schützen wollen.«

»Das finde ich sehr löblich von Ihnen. Und ja, Sie haben schon recht. Trotzdem kann ich das mit dem Hänseln verstehen. Einfach, weil man die Art der Kleidung nicht kennt. Dialekte sterben aus, traditionelle Kleidung trägt kaum noch einer und dann auch noch Asylanten und Muslime. Das ist schon befremdlich für viele Leute.«

»Und dann lacht man das Unbekannte weg, vielleicht auch, damit es einem keine Angst macht. Es ist immer gut zu verstehen, warum jemand hänselt, auch wenn es deshalb noch lange nicht besser wird.«

»Also haben Sie mit einem Kopftuch im Klassenraum kein Problem?«

»Bei Schülerinnen auf gar keinen Fall.«

»Ah, das wird jetzt interessant. Was ist mit den Lehrerinnen?«

»Was soll mit denen sein?«

»Na ja, wenn eine muslimische Frau dann auch noch Lehrerin werden möchte, wissen Sie?«

»Dann müsste sie studieren.«

»Und wenn sie dann studiert hat?«

»Müsste sie noch das Referendariat machen, wenn sie verbeamtet werden will.«

»Genau, dann ist sie im Staatsdienst. Nun, was ist, wenn die mit Kopftuch unterrichten will? Bei aller Toleranz, die wir vorhin besprochen haben: Eine Kopftuch-Beamtin auf unsere Kinder loszulassen, das ist doch schon ein starkes Stück, oder? Das kann man doch nicht machen. Das widerspricht doch unseren Grundwerten.«

»Was sind denn unsere Grundwerte, Herr Seidel?«

»Das kann ich Ihnen natürlich erklären. Zunächst ist eine Frau genauso viel wert wie ein Mann – Stimmt's Liese? Sag doch auch mal was! – Sie hat ›Ja‹ gesagt. Ein anderer Punkt ist, dass ein Lehrer neutral bleiben muss. Ich will nicht, dass eine Lehrerin den Kindern ihre Religion aufdrängt, indem sie sie jeden Tag mit ihrem Kopftuch konfrontiert. Beamte machen so etwas nicht.«

»Das mit der Neutralität sehe ich ähnlich.«

»Dann sind Sie also gegen Beamte mit Kopftüchern. Wusste ich's doch. Außerdem wollte ich noch wissen, ob …«

»Warten Sie bitte kurz. Ich würde gerne noch etwas dazu fragen. Sie sagten eben, eine Lehrerin solle vor den Kindern keine religiösen Symbole wie den Hijab tragen. Weshalb?«

»Ein Lehrer darf seine Position nicht ausnutzen, um die Kinder zu beeinflussen. Ich finde, es liegt auf der Hand, dass ein Kopftuch die Neutralität beeinträchtigt. Die Kinder werden dadurch quasi zum Islam erzogen. Zumindest ein Stück weit.«

»Ein Kopftuch beeinträchtigt die Neutralität, da es ein deutlich religiös aufgeladenes Symbol ist, richtig?«

»Ganz genau.«

»Ich gehe davon aus, dass Sie nicht beabsichtigen, eine Kopftuch-Trägerin damit zu diskriminieren, es also der Lehrerin nicht deshalb verbieten wollen, weil sie muslimisch ist, oder?«

»Genau, es geht mir vielmehr darum, dass sie mit einem Kopftuch eine deutliche religiöse Botschaft an die Schulkinder vermittelt und daher auffällt. Wenn sie privat ein Kopftuch tragen möchte, das haben wir ja geklärt, das darf sie tun.«

»Anfang des Jahres habe ich mein Schulpraktikum als angehender Lehrer gemacht und bei mehreren Kolleginnen eine Halskette mit einem Kreuz entdeckt. Wenn Sie mögen, suche ich uns eine Petition heraus, damit religiöse Beeinflussung durch Lehrkörper im Unterricht vollständig verboten werden kann. So etwas gibt es bestimmt im Internet.«

»Moment, ich sprach vom Kopftuch, nicht vom Kreuz.«

»Eine Frau, die ein Kopftuch trägt, will die Welt wissen lassen, dass sie eine Muslima ist. Jemand, der ein Kreuz trägt, will zeigen, dass er oder sie ein Christ ist. Mal angenommen, wir verbieten einer Lehrerin, religiöse Symbole zur Schau zu stellen, weil sie die Schüler damit beeinflussen könnte. Müssten wir dann nicht auch christliche Symbole verbieten? Fairness ist wichtig, oder?«

»Na ja, sicher. (Er zögert.) Aber ein Kreuz und ein Kopftuch … Das ist was anderes. Die Liese sagt immer, ein Kopftuch schränkt die Freiheit der Frau ein, weil sie sich verhüllen muss. Sehen Sie, sowohl Männer als auch Frauen tragen Kreuze, aber der Mann trägt kein Kopftuch. Da gibt es keine Gleichberechtigung. Deswegen ist das ein Verstoß gegen die freiheitlichen Rechte.«

»Mal angenommen, eine Frau entscheidet sich selbst dazu, ein Kopftuch zu tragen, weil sie erblich bedingten Haarausfall hat. Wäre das in Ordnung?«

»In so einem Fall ja. Aber das hat dann nichts mit dem Islam zu tun.«

»Wäre es in Ordnung, wenn eine Nonne unterrichtet und ihre Ordenstracht trägt? Diese dunklen Oberteile, Sie wissen schon. Habit nennt man das, glaube ich.«

»Guter Punkt. Aber warum nicht, schadet doch niemandem, so eine Nonne.«

»War unser Argument gegen den Hijab im Unterricht nicht, dass es die Schüler religiös beeinflussen würde? Tut das die Nonne in ihrer Ordenstracht nicht?«

»Nicht, wenn sie katholischen Religionsunterricht gibt. Da sind doch schon alle überzeugt.«

»Also würde Sie das Kopftuch einer muslimischen Religionslehrerin nicht stören.«

»Ich … Nein, das geht schon in Ordnung.«

»Und was ist, wenn die Nonne ein anderes Schulfach unterrichtet, Mathematik zum Beispiel? An einem katholischen Mädcheninternat?«

»Das ist ja dann eine Privatschule. Die wird nur zu einem Bruchteil von der öffentlichen Hand finanziert, oder? Dann ist das auch vollkommen in Ordnung.«

»Obwohl die Lehrkräfte ihren Glauben offen zur Schau stellen?«

»Ja, das ist schon was anderes, der Islam und der Katholizismus.«

»Wieso denn?«

»Schauen Sie mal, allein das Frauenbild. Da wird keine Frau gezwungen, sich auf eine bestimmte Art zu kleiden.«

»Doch: die Nonnen. Die tragen ja auch so etwas wie ein Kopftuch. Ein Mönch muss seinen Kopf nicht so verhüllen.«

»Aber das sind ja nur besondere Frauen, also nur solche, die ein besonderes Gelübde abgelegt haben. Nicht jede Frau muss Nonne werden. Zölibat für alle, das wäre ja eine blöde Religion. Da könnte sich doch niemand mehr fortpflanzen.«

»Ja, bei Nonnen ist das freiwillig, das stimmt. Aber wie ist es eigentlich mit den Priesterinnen?«

»Priesterinnen? So etwas gibt es bei den Katholiken doch gar nicht. Priester zu werden ist Frauen verboten, weil … weil … (Pause.) Herr Can, sind Sie noch dran?«

»Ja.«

»Ich habe verstanden, worauf Sie hinauswollen. So modern ist das Frauenbild im Katholizismus also auch nicht in allen Punkten.«

»Hätten Sie denn etwas gegen muslimische Privatschulen, an denen die Lehrerinnen Kopftücher tragen dürfen?«

»Ach, ich kann Ihnen nicht erklären warum, aber das fühlt sich ganz falsch an, muslimische Privatschulen. Am Ende wird da noch islamisch gesprochen den ganzen Tag, und die Kinder lernen kein ordentliches Deutsch.«

»Arabisch, meinen Sie?«

»Ja, ja, genau. Oder Türkisch. Und wissen Sie, ob eine muslimische Lehrerin deutsche Werte vermittelt?«

»Jede Lehrkraft in Deutschland sollte sich grundsätzlich zu den freiheitlich-demokratischen Werten bekennen.«

»Genau. Diese stehen ja im Grundgesetz.«

»Und diese Werte würden, um auf unser Beispiel zurückzukommen, auch von einer Frau, die eine Nonnentracht trägt, vermittelt, wenn sie vor der Tafel steht?«

»Ja.«

»Aber nicht von einer Frau mit Hijab? Herr Seidel, ich schätze Ihre Position. Ich frage mich nur gerade, ob wir wirklich fair sind, wenn eine Lehrerin kein Kopftuch tragen darf, aber ein Kreuz. Es wäre schade, wenn wir hier mit zweierlei Maß messen würden.«

»Gut, ich gebe zu, dass ich ein wenig diskriminierend klinge. Aber es ist doch auch irgendwo verständlich, wenn in einer mehrheitlich christlichen Gesellschaft Lehrer zeigen, dass wir Christen sind. Es muss doch erlaubt sein, dass wir ein Kreuz an der Wand haben, weil es schon immer so war. Der Islam aber dringt in Deutschland ein und ist neu. Er ist uns Mitteleuropäern gegenüber feindlich eingestellt. Und nur weil Ausländer zu uns kommen, müssen wir uns doch nicht verändern.«

»Nein, keiner sollte sich verändern müssen, bloß weil andere Menschen ins Land kommen. Ich fand es nur so gut, als wir uns vorhin darüber einig waren, fair zu sein, was bedeuten würde, dass auch Andersgläubige mit religiösen Symbolen unterrichten dürfen. Ich selbst habe noch keine gefestigte Meinung zu diesem Thema, möchte aber immer möglichst gerecht sein in meinen Ansichten.«

»Irgendwie will ich das einfach nicht, dass eine Frau mit Kopftuch unterrichten darf. Aber ich werde noch einmal darüber nachdenken. Trotzdem verstehe ich nicht, warum Sie das Kopftuch verteidigen, wo doch Ihre Mutter keines trägt?«

»Das Ding ist, ich verteidige weder das Kopftuch noch den Islam, sondern gleiche Rechte. Auch in Religionsfragen. Meine Religion ist Menschlichkeit und wie gesagt, selbst meine Familie steht Verhüllungen und traditionellen Bräuchen im Islam sehr kritisch gegenüber.«

»Ich habe auch den Eindruck, dass Sie liberal eingestellt sind.«

»Ja, stimmt. Wissen Sie, ich muss ja auch keine Frau sein, um mich für Mädchenrechte einzusetzen. Ich möchte einfach, dass wir aufgrund von gleichen Voraussetzungen und Chancen uns selbst verwirklichen können.«

»Da stimme ich zu, sofern diese Selbstverwirklichung mit unseren Werten übereinstimmt.«

»Ja. Und bei Entscheidungen für oder gegen das Kopftuch kommt es mir persönlich nur darauf an, gute Argumente anzuführen, die im Einklang mit dem Grundgesetz und den sich daraus ergebenden Rechten und Pflichten stehen.«

»Auch Deutsche können sich diskriminiert fühlen.«

»Das weiß ich, und das ist genauso wenig zu dulden.«

»Na dann … Was sagen Sie denn dazu, dass der Sankt Martinstag jetzt in Lichterfest umbenannt werden soll?«

»Obwohl das ja nur ein Name ist, hängt da eine Tradition dran, die viele nicht so leicht loslassen möchten. Sankt-Martin betont ja auch den christlichen Zusammenhang, nicht wahr?«

»Eben. Und weil man die Tradition aufrechterhalten will, wird man gleich als Nazi abgestempelt.«

»Dann regt es Sie bestimmt auch auf, dass Weihnachten manchmal Winterfest genannt wird, oder?«

»So ist es, mein Junge. Das ist wie in der DDR damals. Da hat man Weihnachten ›Jahresendzeitfest‹ nennen müssen und den Weihnachtsmann den ›Endzeitmann‹.«

»Wie bitte?!«

»Ich lüge Sie nicht an. Engel wurden auch ›Jahresendzeitfigur mit Flügeln‹ oder ›Endflügelpuppen‹ genannt. Wirklich wahr.«

»Krass. Das wusste ich ja noch gar nicht.«

»Man wollte die ganze Kultur von religiösen Einflüssen säubern. Es war eben nicht alles gut in der DDR. Und wenn das jetzt wieder so gemacht werden soll, und man plötzlich damit anfängt, alle christlichen Feiertage umzubenennen, weil hier auch Muslime wohnen, dann gehe ich dagegen auf die Straße. Dafür habe ich kein Verständnis.«

»Kann ich verstehen, und zu demonstrieren ist Ihr gutes Recht.«

»Gott sei Dank.«

»Vielfalt bedeutet für mich, dass Unterschiedliches gleichwertig nebeneinander existieren kann. Ich war auch damals beim Sankt Martinsfest der Grundschule, und meine Familie hat der Name nicht gestört. Wichtig ist doch, was für eine Bedeutung ein Fest hat. Es ist ja möglich, dass wir uns gegenseitig kennenlernen und besuchen. Ich kenne viele interreligiöse Programme und Initiativen, die den Austausch fördern.«

»Da wünschte ich mir mehr Interesse von den Asylanten. Die haben ja eh nichts zu tun. Die können mal zum Adventssingen gehen und müssen dafür nicht mal gläubig sein. Vielleicht singt man ja auch nur gerne und mag die Gemeinschaft? Ich singe auch bei uns im Kirchenchor, obwohl ich es kaum einen Sonntag zum Gottesdienst schaffe.«

»Dann bin ich vielleicht sogar öfter als Sie in der Kirche. (Ich lache.) Ein Freund von mir nimmt mich hin und wieder in die Kirche mit. Vor allem zu Heiligabend.«

»Wirklich? Sie gehen auch in die Kirche?«

»Ja, weil ich die christlichen Werte schön finde, das Singen, das Beisammensein, die Atmosphäre und die Gastfreundschaft derer, die mich einladen. Ich finde es toll, wenn Menschen mir Einblick in das Christentum und ihre Traditionen geben. Sie kennen die ganzen Traditionen ja …«

»Natürlich, ich bin Deutscher. Da weiß ich, wie wir was in unserem Land feiern.«

»Auch ich versuche, christliche Bräuche und Feste besser kennenzulernen. Man sollte diese Feste kennen, wenn man in Deutschland wohnt. Ich habe vor acht Jahren in einer Gemeinde in Pohlheim einfach mal nachgefragt, ob es in Ordnung sei, wenn ich an einer ihrer Veranstaltungen teilnehme. Der Pfarrer war sehr herzlich und hat mich dann direkt eingeladen. Seitdem schaue ich hin und wieder in verschiedenen Gemeinden vorbei. Neulich erst habe ich mich so richtig damit auseinandergesetzt, was an Weihnachten eigentlich gefeiert wird. Das hat mich aber eher verwirrt.«

»Wieso waren Sie verwirrt?«

»Ein Pfarrer hat mir gesagt, dass die Geschichte Jesu auch eine Flüchtlingsgeschichte ist. Er musste ja mit seinen Eltern – wie heißen die noch mal?«

»Maria und Josef.«

»Richtig. Maria und Josef. Die mussten ja wegen einer Volkszählung nach Bethlehem, wenn ich mich recht erinnere. Aber nicht nur die beiden, sondern auch ganz viele andere Menschen … Und weil jede Herberge schon belegt war, musste die hochschwangere Maria auf der Straße übernachten, oder?«

»Nicht ganz. In einem Stall waren die.«

»Ach so, ja, stimmt. Weil sie doch jemand aufgenommen hatte.«

»Ja. Aber eben nur in einem Stall bei den Tieren durften sie schlafen.«

»Das klingt echt hart. Jesus' Eltern kamen also als arme Menschen und waren darauf angewiesen, dass man sie aufnimmt, nicht?«

»Ganz so fremd waren die aber nicht, glaube ich. Josef und Maria, das waren Juden, genauso wie die Leute in Bethlehem. Und ich glaube, die haben auch dafür gezahlt, in dem Stall zu schlafen, weil der ja zu einer Herberge gehörte.«

»Das kann sein. Aber die Geschichte geht noch weiter. Da gab es ja noch diese weisen Sterndeuter aus dem Morgenland, die den Kometen am Himmel gesehen hatten, der ihnen verkündete, dass der König von Israel bald geboren wird.«

»Da haben Sie sich wirklich gut integriert. (Er lacht.) Sie meinen Caspar, Melchior und Balthasar. Das war so: Die haben dem kleinen Jesus Gold, Weihrauch und Myrrhe gebracht. Dann standen sie alle im Stall mit den Hirten und den Tieren um die Krippe herum. Es ist nicht unüblich, dass in deutschen Haushalten an Weihnachten ein kleines Krippenspiel aufgebaut ist. Wir machen das auch jedes Jahr.«

»Bei Freunden habe ich schon mal eins gesehen. So etwas strahlt auf mich Ruhe und Frieden aus. Auf jeden Fall kamen die Weisen auf ihrem Weg nach Bethlehem auch zu Herodes. Der hat ja für die Römer die Provinz verwaltet. Und dem haben sie erzählt, dass der König der Juden in Bethlehem zur Welt kommen soll. Und Herodes dachte, dass dieser König die Juden von der römischen Herrschaft befreien würde, und das musste er natürlich verhindern. Deshalb soll er dann befohlen haben, dass in der ganzen Region um Bethlehem herum alle Kinder unter drei Jahren ermordet werden. Ein Engel hat die junge Familie aber rechtzeitig gewarnt. Wenn ich mich nicht täusche, sind Maria und Josef dann mit dem kleinen Jesus nach Ägypten geflohen und kamen erst wieder, als Herodes gestorben war. Dann waren die also jahrelang Geflüchtete in der Fremde? Stimmt das so?«

»Ich war zwar nicht dabei, aber wahrscheinlich ja. Steht so auf jeden Fall in der Bibel.«

»So ein Schicksal muss echt schwer sein. Und wenn wir glauben, was in der Bibel steht, war Jesus ein Flüchtling. Sogar ein politisch Geflüchteter, wenn man so will. An Weihnachten feiern wir also die Geburt eines Menschen, der ein besonderes, aber schweres Leben hatte.«

»Das haben Sie richtig erkannt. Vergessen Sie nicht, noch heute werden Christen verfolgt. Das Schicksal Jesu ist auch heute aktuell.«

»Finde ich auch.«

»Und das ist doch das Merkwürdige: Zu uns kommen Muslime, leben ihren Islam, aber Christen werden Opfer von religiös motivierten Anschlägen.«

»Sie haben recht, das passiert leider noch immer. Zum Glück aber gibt es wie in der Jesusgeschichte Menschen, die Geflüchtete beheimaten, ihnen Schutz geben und dafür sorgen, dass sie ihren Glauben leben können. Niemand sollte aufgrund seiner religiösen Überzeugung verfolgt werden.«

»Das ist wahr.«

»Der christliche Gott kam als Flüchtling in ein fremdes Land und musste dort aufgenommen werden. Beeindruckend.«

»Stimmt.«

»So, wie ich das gelernt habe, bedeutet Christ zu sein also auch, dass man zu anderen nett und gastfreundlich ist.«

»Das will ich meinen.«

»In Deutschland zu leben bedeutet in einem Land zu leben, das von christlichen Werten geprägt ist, richtig?«

»Äh, ja.«

»Wer christliche Werte vertritt, wird Geflüchteten helfen. Herr Seidel, mir fallen manche Menschen ein, darunter auch Pegida-Aktivisten, bei denen ich mir nicht sicher bin, ob sie dasselbe christlich-abendländische Denken vertreten.«

»Also ich glaube, dass die meisten da nicht anders denken.«

»Sie meinen, dass sie diese Werte verinnerlichen und nach außen hin vertreten?«

»Bin mir aber nicht bei allen sicher. Das ist ja auch schwierig, über jemand anderen zu sagen, welche Werte er vertritt. Man sieht ja nur, was die tun und sagen, und nicht, was sie glauben.«

»Da haben Sie recht.«

»Sie müssen zu Pegida einfach mal hingehen und mit den Leuten reden, die beißen schon nicht.«

»Ich war ja mehrmals da. Mit den Menschen selbst kann man wunderbar reden. Viele waren sehr freundlich, fanden meine Initiative für mehr Dialog in der Gesellschaft gut. Einer hat mich sehr positiv überrascht und für meine Friedensinitiative gespendet. Wenn ich mir aber die Parolen anhöre, die dort gerufen werden, bin ich mir nicht mehr so sicher, ob jeder von denen Geflüchteten helfen würde.«

»Na, das ist schwierig. Ich denke schon. Aber eben nicht sofort.«

»Wie meinen Sie das?«

»Die Leute sind frustriert, und Sie haben vermutlich den ganzen Dampf abbekommen. Da sind ganz bodenständige Leute dabei. Die helfen gern. Aber fragen Sie die mal, wie es aussieht: Asylanten hier, Asylanten da. Die Gäste kommen in Massen, keiner hat einen Überblick, und die Polizeiberichte sprechen Bände. Pegida-Demonstranten, ich zähle mich auch dazu, sind sauer auf die Politiker, die über unsere Köpfe hinweg entscheiden. Hätten die mich gefragt, ich hätte denen was erzählt in ihrem Schloss Bellevue. Aber so bekommen die Asylanten unter dem Strich einfach mehr als die Liese und ich. Wir müssen hart arbeiten für unser Auskommen, und die kriegen alles einfach so hinterhergeworfen.«

»Ich verstehe Ihre Bedenken und …«

»Die Spaziergänger bei Pegida haben ja nichts gegen Flüchtlinge, aber es kommen einfach zu viele. Wir wollen richtigen Flüchtlingen Schutz geben. Keine Frage! Aber wir müssen doch noch immer das Gefühl haben, dass wir in Deutschland sind. Früher hat keiner seine Wohnung abgeschlossen hier bei uns. Die Mädels sind auf die Straßen, auch nachts. Heute gibt es da zu viele Sorgen. Und dann sind ja noch die fremden Werte. Keiner weiß, wer kommt da, was wollen die, und passen die zu unseren Werten? Ich gebe zu, manche Pegida-Demonstranten laufen mit, wissen über die christlichen Traditionen aber nicht mehr als Sie. Manche saufen auch. Ist ja schließlich ein Großereignis. Manche – das gebe ich zu – sind vielleicht sogar Nazis. Mit denen habe ich aber nichts am Hut. Nazis braucht keiner. Die haben genug Schaden angerichtet. Die verurteile ich auch scharf. Doch die meisten sind einfach nur liebe Menschen, die für ihre Meinung demonstrieren wollen. Die für etwas auf die Straße gehen, was ihnen wichtig ist. Wir laufen gerne mit, denn wo sollen wir denn sonst hingehen, um uns Gehör zu verschaffen?«

»Gute Frage.«

»Woanders würde mir keiner glauben, dass ich nur ein Patriot bin. Ich bin für mehr Schutz vor kriminellen Asylbewerbern, aber kann ja richtigen Flüchtlingen trotzdem helfen. Das muss doch kein Widerspruch sein. Man hat das Gefühl, dass alles den Bach runtergeht, und der einfache Bürger, der hart arbeitet, kann nur zusehen, wie das Establishment hier die Fäden zieht. Von den Politikern müssen wir erst gar nicht reden. Die machen eh, was sie wollen, auch die sogenannte Alternative. Die macht nur Politik für Besserverdienende. Aber ich kann schon verstehen, dass manche von uns die wählen. Die schwingen eben nicht sofort die Nazikeule, wenn wir unseren Mund gegen die da oben aufmachen, so wie alle anderen. Warum ist das nur so, dass die Leute Heimatgefühle mit Rassismus gleichsetzen? Vielleicht können Sie mir das erklären.«

»Ich könnte mir vorstellen, dass manche, die von Heimatgefühlen sprechen, in anderen Kontexten auch rassistische Äußerungen tätigen, wobei das ja nie zwangsläufig so sein muss. So, wie Sie bisher reden, würde ich nicht auf die Idee kommen, dass Sie ein Rassist sind. Ihnen geht es ja um die liberalen Werte und ein friedliches Zusammenleben. Ich habe sogar das Gefühl, dass Sie helfen würden. So ein bisschen höre ich das heraus.«

»Aber natürlich. Wir sind für eine Obergrenze, das leugne ich auch nicht. Das heißt aber nicht, dass wir niemandem helfen würden. Unser Ältester, der Dennis, ist letztes Jahr ausgezogen. Jetzt haben wir ein leerstehendes Zimmer. Da könnte man unter Umständen jemanden aufnehmen.«

»Ein toller Gedanke.«

»Wir würden ja einen Syrer aufnehmen, wenn wir wüssten, dass er wirklich geflohen ist. Ich habe das mit meiner Frau noch nie richtig besprochen, aber wir könnten einer vom Krieg geflohenen Familie helfen. Wenn das nur so einfach wäre … Man kann sich ja nicht sicher sein, ob ein Flüchtling wirklich aus Syrien ist oder ob er aus Afghanistan oder aus dem Irak kommt und nur einen falschen Pass hat. Selbst unsere Bundesregierung blickt da doch gar nicht durch.«

»Ich finde das super, dass Sie darüber nachdenken, einem Geflüchteten aus Syrien zu helfen. Sie zeigen mir, dass man hinter die Parolen blicken sollte. Das macht mich richtig froh. Ich schaue mal, ob es für Sie eine Anlaufstelle in der Nähe gibt, an die Sie sich wegen der Aufnahme eines geflüchteten Menschen wenden können.«

»Danke. Aber ich weiß nicht. Ich will ehrlich sein. Ja, eine junge Christin oder eine christliche Familie, die wegen ihrer Religion verfolgt wird, das kann ich mir schon vorstellen, die mal einzuladen oder, was weiß ich, ein Jahr lang aufzunehmen. Im schlimmsten Fall.«

»Aber warum nur christliche?«

»Ja, das ist mir lieber.«

»Verstehe.«

»Da geht es um Kultur. Bei denen weiß man ja, dass die keine schlechten Absichten haben. Muslime aber, herrje, das ist anders. Sie wissen selbst am besten, was ich meine. Da würde ein Treffen mit einem Ungläubigen wie mir vielleicht gar nicht erst zustande kommen, ohne dass eine Axt fliegt, wenn wir über Religion sprechen.«

»Und ein Treffen, das friedlich abläuft, wäre das nicht möglich?«

»Sie kennen die Religion besser als ich. Ich habe nichts gegen Muslime, aber der Islam passt einfach nicht in mein Haus.«

»Das hört sich für mich fast so an, als wäre es nicht so ganz einfach, wenn ein muslimischer Nachbar trotzdem auf die Idee käme, mit Ihnen gemeinsam Zwetschgenkuchen zu essen? Natürlich zur Kaffee-und-Kuchen-Zeit.«

»Ich schließe das ja nicht ganz aus, aber …«

»Ich kann mir schon vorstellen, dass man zusammen Kuchen essen kann. Meinetwegen auch Käsekuchen.«

»Ja mei, dann wäre ich dabei.«

(Wir lachen.)

»Wundervoll. Das wäre auch schön. Ich meine, Käsekuchen würden Muslime sehr gerne essen. Auch ich würde mit Ihnen ja Kuchen essen und so friedlich über Religionen und Kulturen sprechen wie jetzt auch.«

»Ist mir noch nie passiert.«

»Aber friedlich wäre es in Ordnung?«

»Das wäre was anderes.«

»Ich glaube, dazu sind viele in der Lage. Das Einzige, woran es scheitern könnte, wäre die Kuchenauswahl. Ich zum Beispiel mag lieber Schokoladenkuchen.«

»Meine Frau backt einen sehr guten Schokoladenkuchen.«

»Super. Solange sie keinen Speck in den Kuchen mischt … (Wir lachen.) Spaß. Ich habe schon oft Schweinefleisch gegessen. Weißwurst, Leberwurst, und so weiter.«

»Und jetzt?«

»Versuche ich, Vegetarier zu sein.«

»Das auch noch.«

»Aber ich glaube, die wenigsten Muslime sind Vegetarier.«

»Ja. Und wenn dann so einer kommt und wir nur Schweinshaxe essen wollen und er nicht? Wir können doch unser Essen nicht einfach umstellen. Schweinefleisch gehört zur deutschen Kultur.«

»Ja, ich kann diese Diskussion verstehen, nur sind Vegetarier jetzt nicht weniger deutsch. Manche Freunde, also deutsche Freunde, sind Vegetarier geworden und essen nur noch selten zu Hause, weil dort kaum vegetarisch gekocht wird. Das ist auch schade irgendwie. Aber Sie könnten nachfragen, was man gemeinsam essen könnte.«

»Und dann?«

»Was dann?«

»Was ist, wenn wir dann einen bei uns auf dem Sofa sitzen haben, und wir trinken Tee und essen Käsekuchen, und der entpuppt sich dann als Terrorist und will sich in die Luft sprengen und uns gleich mit? Auch solche Leute sind in unser Land gekommen.«

»Verstehe.«

Ich hoffe sehr, dass das nicht passiert. Wie viele solcher Fälle sind denn in Ihrer Umgebung bereits vorgekommen?

»Na, bisher keiner. Ich habe aber auch nichts mit Muslimen zu tun, eigentlich sehe ich auch ganz selten welche.«

»Woran erkennt man die denn? Vielleicht haben Sie doch einen getroffen.«

»Am Kopftuch?«

»Die Frauen ja, und die Männer?«

»Am Bart?«

»Rasierte Muslime gibt es aber auch.«

»In der Innenstadt gibt es auf jeden Fall diese Muslime mit ihren langen Bärten.«

»Vielleicht waren das Hipsters.«

»Wat für'n Ding?«

»Na, hippe Leute. Es ist doch gerade Mode, den Bart wachsen zu lassen.«

»Na ja, wenn die meinen. Aber vielleicht ist das auch gut so, dass es bei uns hier nicht so viele Muslime gibt. Ich meine, wenn Islamisten plötzlich Anschläge verüben … Man sollte sie einfach ohne langes Gerede abschieben.«

»Keine Frage. Es sollte harte Maßnahmen geben, aber nur im Rahmen des gesetzlich Möglichen.«

»Ich persönlich muss mir keine langen Verfahren mit Terroristen ansehen. Wer uns etwas Böses will, sollte dorthin verfrachtet werden, wo er uns nicht schaden kann. Und damit meine ich nicht unbedingt unsere Gefängnisse … Wir müssen für diese Leute keine Steuergelder verschwenden.«

»Es heißt, in Deutschland sei jeder vor dem Gesetz gleich.«

»Stimmt, aber diese Leute kennen aus ihren Heimatländern miserable Gefängnisse und schlimme Folter, deswegen schrecken die hier nicht zurück. Für unsere Sicherheit ist mir ein rigoroses Abschieben mehr als recht.«

»Ich finde auch, dass wir bei Terror sehr sensibel und gut gewappnet sein müssen, um ihn zu verhindern. Gleichzeitig sollten wir unsere rechtsstaatlichen Prinzipien nicht über Bord werfen. Faire Prozesse sind ja etwas, was Deutschland unter anderem ausmacht. Zum Beispiel das Recht auf einen fairen Prozess mit Anhörung und Pflichtverteidiger. Wissen Sie, wie ich das meine?«

»Ja, schon klar. Aber jeder Islamist, der hier lebt und irgendwann einfach um sich schießen kann, ist einer zu viel.«

»Ich möchte auch in einem friedlichen Staat leben.«

»Vielleicht wäre es deswegen sinnvoll, diesem Islamisten-Schwachsinn einfach den Raum zu entziehen? Das ist doch nicht zu viel verlangt, um dem Volk einen gewissen Schutz zu geben, oder?«

»Ich verstehe und teile Ihre Sorge um unsere Sicherheit. Nun, zunächst hat man ja trotz Straftaten gewisse Rechte. Wir können nicht willkürlich Menschen einsperren oder sie foltern. Das wäre doch schlimm.«

»Genau, wir sind ja in Europa.«

»Ein friedlicher Staat wie Deutschland hat ja zum Glück Gerichte, in denen die Rechte aller beachtet werden.«

»Ich weiß nicht, ob die Gerichte uns da schützen können, wo doch so viele Terroristen schon mitten in der Gesellschaft leben. Eigentlich ist es ja schon viel zu spät, erst einzugreifen, wenn die Leute die Bombe fertig haben.«

»Was könnten wir Ihrer Meinung nach tun?«

»Ich vermute, wir müssen das Problem an der Wurzel packen.«

»Prävention ist ein sehr zentrales Stichwort in der Terrorismusbekämpfung.«

»Ganz genau. Man muss sich fragen, wo all dieser Terror herkommt.«

»Von bösen Menschen.«

»Und auf was berufen die sich dabei?«

»Nun, das ist schwer zu sagen. Für mich sieht es folgendermaßen aus: Die berufen sich beispielsweise auf radikale Autoritäten wie Hassprediger, auf skurrile Aufklärungsvideos, oder sie kommen durch negativen Einfluss, wie auch immer, zu Fehlinterpretationen.«

»Das kann alles sein, aber der Koran taucht ständig auf. Ich habe ein Video gesehen, wo Attentäter islamische Verse lesen und dann die Menschen köpfen. Die stützen sich ja auf ihre Religion bei dieser scheußlichen Tat.«

»Die Videos sind grauenvoll. Ich frage mich, was die unter Religion verstehen. Denken Sie, dass eine Religion das Morden befiehlt?«

»Ehrlich gesagt, denke ich das schon. Das behaupten die Islamisten ja schließlich selbst alle und erzählen, was in irgendwelchen heiligen Schriften steht und was irgendwelche Propheten befohlen haben.«

»Sie gehen also davon aus, dass ihr Glaube ihnen Schlechtes befiehlt?«

»Ja, der Islam ist eine aggressive Religion, die zum Töten auffordert.«

»Derartige Formulierungen finden sich durchaus. Aber ich bin mir nicht so sicher, ob die Mehrheit der Muslime in Deutschland das will.«

»Wieso? Die Islamisten sind doch auch Muslime.«

»Ja, gewissermaßen schon. Nur für mich gibt es nicht *den* Islam und auch nicht *den* Muslim, genauso wenig wie es *den* Christen gibt und *das* Christentum. Jeder hat letztlich sein eigenes Bekenntnis. Hinzu kommt der historische Kontext.«

»Ja, richtig. Aber einer versteht seinen Glauben falsch, entweder der Gemäßigte oder der Gewaltbereite. Es können doch nicht beide recht haben. Der Glaube hat doch seine Grundsätze. Ein Freund von mir sagt immer, die stillen Muslime werden auch noch ihr wahres Gesicht zeigen, und sobald sie die Mehrheit sind, werden sie Deutschland übernehmen.«

»Da müssten die ja erst mal das Grundgesetz über Bord werfen, in der die Trennung von Staat und Kirche verankert ist. Genauso wenig, wie es *den* Moslem oder *die* Muslima gibt, gibt es die eine richtige Formel für die Auslegung des Korans. Menschen bringen immer ihre individuellen und kulturellen Facetten mit hinein. Was den Terroraspekt angeht, ertappe ich mich selbst manchmal dabei, wie ich Terror und Islam zu oft zusammendenke. Hat wahrscheinlich damit zu tun, dass wir vom ›Islamismus‹ reden, und schon der Begriff verknüpft den radikalen Aspekt mit dem Glauben. Aber wir unterhalten uns gerade über mehr als zwanzig Prozent der Weltbevölkerung. Wenn das alle Terroristen wären – und wir reden hier über 1,6 Milliarden Muslime –, dann sähe die Welt schon längst anders aus.«

»Das sind viele, und ich weiß einfach nicht, wie diese Muslime insgeheim so denken. Man kann denen ja nicht in den Kopf schauen.«

»Das stimmt. Vor allem, wenn man noch nie so richtig Kontakt mit ihnen hatte.«

»Es gibt Interviews, in denen sie Klartext reden. Manchmal, da lassen sie doch die Katze aus dem Sack. Es gibt einen Vortrag von so einem Guru, der die Gewalt an Frauen rechtfertigt. Kennen Sie dieses Video?«

»Nein. Aber ich glaube Ihnen, dass es das gibt. Ich bedauere sehr, dass manche Muslime oder irgendwer häusliche Gewalt rechtfertigt. Gewalt gegen Frauen oder irgendwen möchte ich nicht dulden. Es ist bekannt, dass in einigen Ländern außerhalb von Mitteleuropa, in denen die Mehrheit der Menschen muslimisch ist, Gewalt gegen Frauen sogar teilweise staatlich toleriert wird. Und – nein – ich behaupte nicht, dass der Islam nichts damit zu tun hat. Das wäre schlicht und einfach gelogen.«

»Haben Sie gerade gesagt, dass der Islam etwas mit dem Terror zu tun hat?«

»Habe ich zwar nicht gesagt, aber in gewisser Weise würde ich dem zustimmen.«

(Er zögert.) »Huch. Das habe ich nicht erwartet.«

»Wieso?«

»Ich hätte nicht gedacht, dass Sie das zugeben würden.«

»In meinen Augen hat der islamistische Terror natürlich mit dem Islam zu tun, weil er sich auf Stellen im Koran bezieht, die dann aber auf eine grausame Art missbraucht werden. Gleichzeitig gibt es im Koran aber auch Stellen, wo die Gewalt, auch gegen Ungläubige, stark verurteilt wird. Beides steht im Koran … Und wenn sich jemand auf Stellen im Koran bezieht, hat das sehr wohl mit dem Islam zu tun. Genauso wie es mit dem Christentum zu tun hat, wenn sich jemand auf die Bibel bezieht. Im Neuen Testament finden sich Stellen, die zu Nächstenliebe und Toleranz auffordern, im Alten Testament sind Stellen, die Züchtigung predigen. Da ist von Steinigung die Rede. Das hat beides mit dem Christentum zu tun, weil man diese Dinge aus den Heiligen Schriften dieses Glaubens herauslesen kann.«

»Die Bibel ist ja heilig, ich verstehe.«

»Genau, und daher kann man das Alte Testament nicht einfach ignorieren, finde ich.«

»Woran denken Sie als Erstes bei Terror?«

»Dass er keine Religion kennt. Wer seinen Glauben, egal welchen, so auslebt, dass er anderen Menschen schadet oder sie sogar tötet, hat zudem ein massives psychisches Problem, leidet vielleicht unter mangelnder Anerkennung und ist an die falschen Leute geraten. Es könnte sein, dass auch andere Faktoren eine Rolle spielen ...«

»Das macht schon Sinn. Entschuldigen Sie meine Neugier, gibt es denn nichts in dem Koran, das Sie zur Weißglut treibt?«

»Klar, einiges. Abgesehen von der Sprache ist da zum Beispiel die Stelle, wo gesagt wird: ›Nehmt euch die Juden und Christen nicht zu Freunden.‹[8] Auch wenn ich gehört habe, dass der Freundschaftsbegriff hier ein anderer sein soll, teile ich die Sichtweise dahinter trotzdem nicht. Ich glaube, dass Christen, Juden und Muslime sogar phänomenale Freunde werden können. Die können sich in jeder erdenklichen Hinsicht nahe sein – ob jetzt verwandt, verschwägert, verliebt oder befreundet. Die Grenzen entstehen erst in unseren Köpfen. Wichtig ist doch nur, dass jede gläubige Person einen Freiraum für die eigene Religionsausübung hat. Gemeinsamkeiten verbinden Menschen, und da gibt es viele zwischen diesen Religionen!«

»Wenn ich das jetzt so wie Sie kritisieren würde, wäre ich gleich der Nazi. Letztens, da habe ich mit Nachbarn hier nebenan im Stehcafé gesprochen, über die Zustände in Saudi-Arabien, den Islam ... Da war so ein Artikel in der BILD ... Plötzlich haben sie mich komisch angeschaut und sind gegangen. Ich werde einfach abgestempelt.«

---

[8] Koran, Vers 5:51

»Schade, dass das so verlaufen ist. Ich finde, wenn Sie über reale Zustände sprechen, ohne zu pauschalisieren und vorschnell Schlüsse zu ziehen, dann machen Sie erst mal nichts verkehrt.«

»Eben. Man wird doch noch wohl sagen dürfen, wie es ist. Selbst die Presse zeigt hin und wieder, dass dort menschenverachtende Gesetze herrschen. Sie wissen ja, was ich meine. Ich habe mal eine Dokumentation über das Recht zur gleichartigen Körperstrafe bei den Saudis gesehen. Da wird eine uralte arabische Praxis wie die Blutrache noch im 21. Jahrhundert fortgeführt. Darüber will ich schimpfen können, ohne dass man mich einen Rassisten nennt.«

»Und solange wir uns konkret und sachlich über bestimmte Gefahren und unmenschliche Zustände unterhalten, bin ich der Letzte, der Sie abstempelt. Im Grunde betonen Sie ja auch die Dringlichkeit von Menschenrechten und einem gewaltfreieren Rechtsverständnis. Es gibt ja tatsächlich erhebliche Unterschiede in den Gerichtsverfahren, und Sie vertreten eben die deutsche beziehungsweise mitteleuropäische Bedeutung von Rechten.«

»Sie haben mich verstanden, Herr Can. Ich habe nichts gegen Muslime, aber wenn Leute mit einem uralten Rechtsverständnis und Menschenbild nach Deutschland kommen, dann mache ich mir große Sorgen um die Zukunft unserer Gesellschaft.«

»Und jeder muss sich in Deutschland, ob es ihm oder ihr passt oder nicht, an die hier geltenden Gesetze halten.«

»Aber man hat das Gefühl, dass die alle ihren Allah über das Gesetz stellen.«

»Von den ungefähr 4,7 Millionen Muslimen in Deutschland hat zum Glück nur ein verschwindend geringer Anteil so eine Sichtweise. Gut, oder?«

»Na ja, nur 4 Millionen? Woher haben Sie Ihre Zahlen denn?«

»Vom Bundesinnenministerium.«

»Ach so. Na dann … O, es gibt gleich Abendessen. Aber eins noch.«

»Ja, bitte?«

»Wo Sie sich doch so gut mit Zahlen und Statistiken auskennen, dann wissen Sie bestimmt auch, dass alle, meinetwegen fast alle, Selbstmordattentäter auf der Welt Muslime sind. Ich kann mir jetzt nach unserem Gespräch vorstellen, dass Sie sagen, dass das keine richtigen Muslime sind.«

»Ich weiß nicht genau, wer richtige Muslime von falschen unterscheiden kann und ob das überhaupt geht. Befreundete Islamtheologen meinen, im Islam darf keiner die Deutungshoheit für sich beanspruchen. Und was Selbstmordattentate angeht, so weiß ich von allen Muslimen, die ich kenne, dass sie aufs Schärfste verurteilt werden.«

»Das müssen die mehr zeigen. Ich meine, sie können wahrscheinlich wenig machen, aber mir geht ständig durch den Kopf, dass sich alle auf denselben Glauben berufen und Allah schreien. Sowohl die westlichen Muslime als auch die Terroristen.«

»Mich schockiert es ebenfalls, dass es Muslime gibt, die über Nichtmuslime und Atheisten herabwürdigend sprechen oder

Gewalt gegen sie anwenden. Das passiert nicht nur in Saudi-Arabien, sondern auch woanders, zum Beispiel in Pakistan. Ich war in mehreren Moscheen in Deutschland, und wir haben dort gemeinsam erörtert, inwiefern Selbstmordattentate im Islam verteufelt werden. Die Antwort schien eindeutig.«

»Ich habe keine Ahnung.«

»Alle Muslime, die ich kennengelernt und gesprochen habe, lehnen jegliche Terror-Organisationen komplett ab. Das Fazit der Muslime war oft, dass man im Grunde davon ausgehen kann, dass es sich bei den Attentätern um kranke Menschen mit einem ihrer Meinung nach falschen Islamverständnis handelt.«

»Und was denken Sie?«

»Ich persönlich kann mich da anschließen und glaube an den Menschen und damit an das Gute. Es wäre schön, wenn wir es schafften, durch Bildung und Erziehung den moralischen Gesetzen in uns mehr Raum zu geben. Hass wird gelernt, und da wo keine Liebe ist, keine Perspektive, wächst der Hass umso schneller.«

»Woran machen Sie fest, dass diese in die Irre geführte Schafe falschliegen?«

»Ich habe den Eindruck, dass bei nahezu allen Muslimen auf der Welt, zumindest bei den liberalen, Konsens herrscht, dass der Menschenkörper als etwas Besonderes, etwas Heiliges anzusehen ist. Er wird – um es in den Worten von Freunden zu sagen – als eine Leihgabe Allahs verstanden, die sorgfältig und vorsichtig behandelt werden soll, und wenn jemand seinem Leib Schaden zufügt, verletzt er somit den von Gott gegebenen Körper. So in etwa wird auch argumentiert, wenn Muslime sich gegen Sterbehilfe oder Tattoos aussprechen. Wenn nun einer meint, sich im Namen Allahs in die Luft jagen zu müssen – dann vernichtet er Allahs Geschenk, seinen Körper und den zig weiterer Menschen. Für mich klingt das sehr plausibel, aber bis ins Detail kann ich das auch nicht erklären.«

»Ja, dann ist das doch – entschuldigen Sie – total dämlich! Dann müssten Sie den ganzen Muslimen mal klarmachen, dass die ihren Allah verärgern. Haben Sie keinen Papst oder so, der mal eine ordentliche Ansage macht? Tacheles reden!«

»Leider haben Muslime keinen Papst, aber Sie haben völlig recht, dass gute Aufklärung und Prävention wichtig sind, um bestimmte Grundwerte zu vermitteln, alte Schriften zeitgemäß auszulegen und negative Entwicklungen zu vermeiden. Ich habe mich schon immer gefragt, wie jemand, der meint, den Islam zu praktizieren, Gewalt ausüben kann. Sätze, die jeder Muslim oft benutzt, sind ja ›Möge Allah uns rechtleiten‹ und ›Allah wird das richten.‹ Die meisten Muslime sind sich darüber einig, dass kein Mensch das Recht hat, über Leben oder Tod eines anderen Menschen zu entscheiden. Nach der muslimischen Lehre würde allein Allah über solche Dinge entscheiden, sagen meine Freunde. Dennoch gibt es Muslime, die die Todesstrafe befürworten oder eben selbst morden. Dabei predigt der Islam, so wie ich ihn kennengelernt habe, an sehr vielen Stellen die Barmherzigkeit. Wer barmherzig ist, vergibt. Wie im Christentum, da lernt man doch auch unter anderem das Vergeben. Da gibt es große Gemeinsamkeiten, finde ich.«

»Die hängen ja auch zusammen, die Religionen. Also erst gab es das Christentum, dann den Islam.«

»Eben.«

»Aber sagen Sie mal, finden Sie das alles nicht völlig absurd?«

»Ja, die Welt ist voller Widersprüche. Ich wünsche uns Bildung und Liebe.«

»Die Liebe wird nicht helfen, wenn einer so feindselig ist. Ich gebe Ihnen an dieser Stelle mal einen besseren Tipp: Sie haben definitiv große Probleme in Ihren Traditionen und muslimischen Schulen.«

»Interessant. Welche Probleme meinen Sie?«

»Die ganze Islam-Denke braucht Aufklärung. Noch wichtiger ist aber, dass da Klarheit in eure Lehren gebracht wird, weil Sie ja meinen, dass dadurch die meisten Selbstmordattentäter gestoppt werden könnten … Oder wenn ich mir anhöre, was die Saudis da im ganzen Land machen. Das ist das Gegenteil von unseren Gesetzen.«

»Sie meinen wahrscheinlich, dass in Staaten wie Saudi-Arabien ein anderes Strafrecht gilt.«

»Ja, grausam!«

»Ich verurteile es zutiefst, wenn man ein Strafrecht aus früheren Jahrhunderten anwendet, das fordert, einem Dieb die Hand abzuhacken, oder eine Frau, die Ehebruch begangen hat, zu steinigen. Solche mittelalterlichen Strafen haben im Zeitalter der Menschenrechte nichts verloren.«

»Darf ich ehrlich zu Ihnen sein?«

»Ja, bitte?«

»Die Muslime haben sie nicht mehr alle.«

»Hm. Darf ich auch ehrlich sein?«

»Joar, gern.«

»Wenn Muslime weltweit ihre Gebete mit folgendem Spruch einleiten: ›Im Namen Allahs, des Erbarmers, des Barmherzigen‹[9], ist es dann denkbar, dass sie ihren Gott oder Allah grundsätzlich als friedfertig ansehen?«

»Das hört sich so an, ja. Aber ist euer Gott wirklich barmherzig?

»Ich gehe stark davon aus, dass das die Bedeutung dieses Verses ist, der fast jede Sure einleitet und damit an diese Eigenschaft erinnert.«

»Ich könnte mich jetzt wieder aufregen. Wieso leben Muslime denn nicht diesen meinetwegen barmherzigen Glauben? Dann hätte doch kein Mensch was gegen sie.«

»Gute Frage.«

»Und wer kennt die Antwort?«

»Ich weiß nur, dass die meisten Muslime, vor allem die, die in Europa leben, den barmherzigen Glauben leben.«

---

[9] 1. Sure, 1. Vers

»Wie wäre es, eine Hotline für Muslime zu gründen? Sie müssen schließlich mit den Scheichs in Saudi-Arabien reden. Die sollen weniger Minarette und Moscheen und stattdessen mehr Schulen bauen sowie vernünftige Lehrer ausbilden. Imame könnten bei Ihnen anrufen, mit denen Sie dann gemeinsam überlegen, wie Sie das mit der Barmherzigkeit den Knaben beibringen. In Deutschland spielt Aufklärung ja auch eine wichtige Rolle. Wir setzen stark auf Bildung, Bücher, Naturwissenschaften und Autobau, also weniger auf den Bau von Bomben. Wissen Sie, ich habe auch gehört, es gibt in diesen muslimischen Ländern nicht immer Schulpflicht, anders als bei uns. Hier muss jeder, ob er will oder nicht. Die Schüler müssen unsere deutschen Werte und aufgeklärte Kultur kennenlernen und wissen, wie wir in der Gesellschaft zurechtkommen, ohne uns die Köppe einzuschlagen. Deswegen habe ich das mit dem Kopftuch thematisiert. Wenn die Muslime ihre muslimischen Knaben aber von irgendwelchen importierten Imamen betreuen lassen, die kein Wort Deutsch sprechen geschweige denn lesen können, ist der Schiffsbruch doch schon vorprogrammiert. Die Muslime haben einfach keine Kontrolle über das Schiff, wissen Sie?«

»Man braucht einen Kompass.«

»Und einen Kapitän, der den Ton angibt.«

»Jeder packt mit an. Schöne Metapher, Herr Seidel. Wenn ich nun konkret werden darf, hört sich das alles nach einer stärkeren Zusammenarbeit zwischen muslimischen Gelehrten und deutschen Behörden an.«

»Zusammenarbeit ist sehr weich ausgedrückt, aber Sie haben verstanden. Wenn wir es nämlich nicht schaffen, dass die gan-

zen Muslime in Deutschland und die Asylanten, die jetzt dazu-
gekommen sind, lernen, was heutzutage in Europa erlaubt ist
und was in die Steinzeit gehört, wird das nichts.«

»Bildung ist der Schlüssel. Und dafür braucht es gute Lehrerinnen und Lehrer. Und Sie haben völlig recht, Transparenz in
den Prozessen und Strukturen ist genauso notwendig. Ich mag
unser Gespräch …«

»Kommen ein Ostdeutscher und ein Osttürke zusammen und
schreiben einen gemeinsamen Brief an die Regierung.«

»Und dann?«

»Nichts. Das war schon der Witz.«

»Ach so. (Wir lachen.) Wussten Sie eigentlich, dass ich fast genauso lange in Deutschland wohne wie Sie?«

»Sie sind schon ein komischer Kauz.« (Er lacht.)

»Es wäre schlimm, in einem Land zu leben, in dem es keinen
Humor gibt …«

(Es rauscht im Hintergrund.)

»Liese, ich brauche noch ein Momentchen. – Dürfte ich Sie
noch etwas fragen, Herr Can?«

»Wenn Sie mögen.«

»Vorhin haben Sie erwähnt, dass es schwer sei, richtige von falschen Muslimen zu unterscheiden. Gleichzeitig haben Sie eine

Vorstellung davon, wie der Islam gelebt werden soll. Mir erscheint das immer noch etwas sinnlos.«

»Ich selbst habe keine direkte Vorstellung, und ich räume auch ein, dass ich mich in meinen Vorschlägen und Ansichten dazu irren kann. Vielleicht betrachte ich den Islam falsch oder zu verzerrt, wenn ich mich nur auf die mehrheitlich mir angenehmen Werte fokussiere und diese zum Maßstab mache. Vielleicht sehen viele Muslime in Deutschland den Islam nur aus einer von vielen Perspektiven, die im Vergleich zu anderen Interpretationen zu modern ist. Das wäre am Ende des Tages jedoch vollkommen in Ordnung, denn …«

»Gut, wir lassen die Katze aus dem Sack: Die Muslime in Deutschland picken sich auch nur die besten Eigenschaften heraus. Im Grunde ist das eine brutale Religion.«

»Das habe ich nicht gesagt. Ich distanziere mich von jeglicher Gewalt, egal wie sie begründet ist. Ich weiß nicht, ob eine Gewalt duldende Form des Islams in unserer modernen Zeit überhaupt ansatzweise begründet sein kann. Jedenfalls habe ich bisher die Erfahrung machen können, dass die meisten Muslime in Deutschland einen Islam leben möchten, der vollkommen im Einklang mit der deutschen Verfassung steht. Auch ich habe für mich festgelegt, dass es in Deutschland nur einen Islam oder überhaupt eine Religionsausübung geben kann, die nichts über das Grundgesetz stellt, denn das ist das Fundament des gesellschaftlichen Lebens, das jeder – unabhängig von seinem Glauben und Weltbild – zu akzeptieren und zu leben hat.«

»Das sollten sich mal alle Muslime durch den Kopf gehen lassen.«

»Eigentlich alle Menschen, die langfristig in Deutschland leben wollen, oder?«

»Ja, auf jeden Fall. Vor allem aber, meine ich, die Muslime, die in Ghettos wohnen und in dubiose Moscheen gehen!«

»Kennen Sie die?«

»Nein, nicht persönlich. Wir tauschen uns in einer Facebook-Gruppe über feindliche Strömungen aus, und da hat Kevin mal ein Foto hochgeladen mit so einem Spruch von einem Moschee-Leiter, der sagte, nur Allah könne Befehle erteilen und kein anderes Gesetz binde ihn.«

»Ach, Herr Seidel.«

»Ja, mein guter Migrant. Solche Menschen leben unter uns.«

»Ich möchte ja hier nicht ablästern.«

»Das dürfen Sie. Ist doch anonym, oder?«

»Ja, ist es. Ich meine, ich möchte niemandem Unrecht tun oder pauschalisieren. Aber ich würde echt sehr gern solchen Mitbürgerinnen und Mitbürgern wie dem Moschee-Leiter unsere gesellschaftliche Prämisse – die Verfassung – zur Lektüre empfehlen, so abends zum Einschlafen, damit eine gewisse integrierte Haltung entsteht. Nichts steht über dem Grundgesetz, außer vielleicht der gesunde Menschenverstand. Aber das hatten wir ja schon.«

»Ich sehe das genauso. Wenn Migranten hier leben wollen, friedlich und integriert, bin ich der Letzte, der was sagt. Doch wenn die nicht mal das Grundgesetz über den Glauben stellen, dann steht diesen Personen die Möglichkeit offen auszuwandern.«

»Ja, das steht jedem offen. Wie wäre es mit: Nichts darf über den freiheitlich-demokratischen Grundwerten stehen, damit jeder so viele Werte, Rechte und Freiheiten hat, wie nötig sind, so dass Vielfalt und Integration gelingen.«

»Solide. Kann ich unterschreiben.«

»Gut. Könnte es sein, dass wir die gleichen säkularen Ansichten haben, Herr Seidel?«

(Er zögert.) »Sie meinen, dass Staat und die Religion getrennt sein sollten?«

»Genau.«

»An sich ist das vernünftig. Auch die Kirche hat einiges verbrochen, und ich bin mit einigem nicht einverstanden. Doch wenn Sie mich fragen, darf das nicht zu weit gehen. Kennen Sie diese Gutmenschen, die die christlichen Werte gänzlich verdrängen wollen? Denn eines will ich mal bei aller Trennung und Moderne klarstellen: Ob ich jetzt sonntags in die Kirche gehe oder nicht, ändert nichts daran, dass Deutschland mehrheitlich christlich ist. Deshalb sollte es sich von seinen Bräuchen und Symbolen nicht trennen.«

»Verstehe.«

»Wir müssen die Kirche im Dorf lassen. Unsere Wurzeln sind da, wo sie sind … Im christlichen Abendland. Deswegen bin ich gegen die Islamisierung.«

»Verstehe. Wie läuft die Islamisierung denn ab? Kann man sich das so vorstellen, dass sich die 1,6 Milliarden Muslime in einer WhatsApp-Gruppe absprechen und ihre Reise nach Deutschland planen?«

»Das kann ich Ihnen nicht sagen. Es ist zumindest statistisch erwiesen, dass es weltweit immer mehr Muslime gibt.«

»Das habe ich auch gelesen.«

»Wenn die sich so schnell wie jetzt fortpflanzen, ist die Welt bald nur islamisch. Es muss doch möglich sein, dass die Kirche im Dorf bleibt.«

»Ja, das muss unbedingt möglich sein. Letztens habe ich eine tibetische Frau kennengelernt. Eine Buddhistin, die auch oft meditiert. Sie hat mir von ihrer Familie erzählt, dass sie die noch nachholen möchte. Wieder zu Hause habe mich dann gefragt: Wenn in Zukunft immer mehr Menschen aus Tibet nach Deutschland kämen und langfristig hier leben würden, ob wir dann von einer Buddhaisierung sprechen würden?«

»Gute Frage.«

»Also, wie ist das noch mal mit der Islamisierung?«

»Na ja, ich bin dagegen. Ich möchte keine Überfremdung und schon gar nicht, dass sich Orte wie Berlin-Neukölln bilden. Sie werden diese Orte ja kennen. Wissen Sie, die Muslime gebären sehr viele Kinder, um schneller zu expandieren. Meinetwegen können sie sich ja auch wie die Karnickel vermehren, aber nicht in Deutschland. Ich weiß schon, dass Sie nach dem Grund fragen ... Die haben eben andere Werte und, ja, radikale Ansichten. Deswegen meine ich das.«

»Wie viele Muslime kennen Sie noch mal?«

»Keine persönlich, aber wir begegnen uns.«

»Wo?«

»In der Nachbarstraße, auf dem Markt, in der Bahn. Ich kenne auch viele Berichte über Muslime. Habe mich mal schlau gemacht.«

»Das habe ich neulich auch gemacht, indem ich mich mit einem sehr überzeugten Muslim unterhalten habe. Ich hatte das Gefühl, dass es so von Angesicht zu Angesicht noch mal etwas anderes war. Wissen Sie, was ich meine?«

»Natürlich macht das einen Unterschied. Jetzt, wo ich Sie am Hörer habe, kann ich ja auch mal nachfragen und mich konkretisieren. Das Gespräch mit Ihnen ist sehr aufschlussreich.«

»So ging es mir auch in dem Treffen. Vielleicht ergibt sich bei Ihnen ja doch noch mal so ein gemütliches Treffen, bei dem Sie locker gewisse Dinge fragen können. Herr Seidel und Abdul beim Kaffeekränzchen. Ich persönlich kann mir das echt gut vorstellen, wenn die Bereitschaft da ist.«

»Ich möchte das nicht ausschließen. Vielleicht werde ich in dem türkischen Supermarkt bei meiner Schwiegermutter ja mal fündig und komme ins Gespräch. Wer weiß, vielleicht kann ich mit denen genauso diskutieren.«

»Das geht bestimmt. Dieser Mensch würde Ihr Muslim des Vertrauens werden.«

»Und Sie meinen, dass ich mit den Überzeugten auch friedlich diskutieren kann?«

»Jap, der Meinung bin ich.«

»Könnte ich dann auch so kritisch mit deren Religion sein?«

»Ich glaube schon, fände es jedenfalls sehr schön, wenn das passiert.«

»Schließlich bin ich ja immer noch gegen den Islam.«

»Gegen den Islam, den Sie aus der Zeitung kennen?«

»Gewissermaßen schon, aber auch aus dem Alltag eben.«

»Okay. (Ich zögere.) Wenn Sie dagegen sind, wofür sind Sie auf der anderen Seite?«

»Für unsere Traditionen.«

»Da ich mich gut integrieren und in Deutschland auskennen möchte, würde ich gerne wissen, welche Traditionen Sie meinen?«

»Wir sind in erster Linie ein christliches Land. Wir gehen in die Kirche, feiern Pfingsten und Weihnachten mit allem, was dazugehört, also Glühwein, Adventszeit, Weihnachtsmarkt.«

»So kenne ich es. Was noch?«

»Wir haben einen Rechtsstaat. Bei uns kann jeder so herumlaufen, wie er will. Wir lieben Autos und sind gute Techniker.«

»So herumlaufen, wie er will?«

»Ja, es wird niemandem etwas aufgezwungen!«

»Kann auch *sie* so herumlaufen, wie sie will?«

»Natürlich. Anders als in anderen Ländern, Sie wissen schon, darf bei uns ein junges Mädel, wenn sie das möchte, ein kurzes Röckchen anziehen.«

»Ganz genau, das geht – meistens auch ohne Probleme, also, wenn sie nicht trotzdem belästigt wird, was hin und wieder leider vorkommt… Und wenn ein Mädchen das nicht mag, sich also freizügiger zu kleiden, wäre das auch in Ordnung – ist ja ihre Entscheidung, oder?«

»Natürlich, geht ja niemanden etwas an… Wobei ein kurzes Kleid ja schon sehr attraktiv sein kann, oder so ein Röckchen. Werden Sie als junger Mann doch auch zustimmen.«

»Ja, schon.«

»Wusste ich es doch, Sie Schlawiner. (Wir lachen.) Aber denken Sie daran: Am Ende zählt immer der Charakter. Liese und ich sind jetzt schon so lange verheiratet, weil wir einfach wie Topf und Deckel zusammenpassen. Lassen Sie sich nicht vom Aussehen täuschen.«

»Das haben Sie echt schön gesagt. Ich wünsche Ihnen auch weiterhin viel Glück.«

»Glück, das kann ich im Lotto gebrauchen. Aber in der Ehe müssen Sie hart arbeiten. Da könnte ich Ihnen jetzt wieder Geschichten erzählen, über die Liebe, das Leben und so weiter. Aber ich denke, ich habe nicht mehr so viel Zeit, weil Liese mich gleich zum Essen rufen wird.«

»Liebe geht halt auch durch den Magen.«

»So ist es.«

»Wir waren gerade bei unseren Werten. Also, Sie sind einerseits gegen die Islamisierung und andererseits für christliche Traditionen?«

»Ja, ganz genau.«

»Und für die Werte des Abendlandes?«

»Ja!«

»Verstehe. Ich war vor kurzem in unserer Uni-Bibliothek und habe dort in einem Magazin gelesen, dass das Christentum tatsächlich nicht im Abendland entstanden ist, sondern im Nahen Osten. Beim heiligen Barte Josefs … Kann man das so sagen?«

(Er lacht.) »Josef und Maria oder Heilige Mutter Gottes, aber Josefs Bart!? (Wieder lacht er.) Dass das Christentum seinen Ursprung irgendwo weit weg von uns hat, wusste ich.«

»Ja, schon lustig. Auch in Afrika oder Asien gibt es Christen.«

»Mir kommt es aber vor allem darauf an, dass unsere christlichen Werte hier in Deutschland erhalten bleiben.«

»Mich würde interessieren, welche Werte das genau sind.«

»Tatsächlich? Das freut mich. Die Jugend heutzutage kannst du knicken. Die gehen in die Kirche, doch außer Weihwasser bleibt nichts hängen.«

»Vielleicht bleibt etwas hängen, wenn die Werte, von denen Sie sprechen, verinnerlicht und im Alltag gelebt werden. Ich bin gespannt, welche das sind.«

»Ich gebe Ihnen ein konkretes Beispiel, bevor ich auflegen muss, da ich sonst Ärger bekomme. Ich bin jetzt nicht schwul, aber es ist gut, dass Homosexuelle hier so offen mit ihrer Sexualität umgehen können. Haben Sie das mal in muslimischen Ländern gesehen?«

»Eher weniger. Homophobie im Islam ist leider sehr verbreitet, oder sagen wir es so: In muslimischen Ländern können Homosexuelle ihre Sexualität nicht so wie in deutschen Großstädten ausleben. Zum Teil wäre es sogar lebensgefährlich.«

»Sehen Sie, das meinte ich.«

»Ich gebe Ihnen recht. Was Freiheit und sexuelle Selbstbestimmung angeht, sind wir hier viel weiter.«

»Eigentlich wollte ich nichts anderes sagen. Hier leben wir in Freiheit und großer Toleranz, und da will ich nicht, dass wir diese Errungenschaften verlieren.«

»Ich verstehe. Das will ich auch nicht. Deswegen finde ich es ja gut, dass wir telefonieren.«

»Ich bin doch Familienvater und will nichts Schlechtes. Wenn jemand an meiner Tür klopft, dann helfe ich ihm sehr gerne. Egal, wer das ist. Verstehen Sie mich bitte nicht falsch.«

»Ich freue mich, dass Sie so hilfsbereit sind.«

»Ist doch unsere Pflicht als Mensch. Wenn jedoch jemand meine Hausregeln nicht respektiert, fliegt er halt wieder raus. Regeln muss man einhalten. – Moment, Liese, ich komme, sage kurz nur noch Tschüss, okay, Schatz? – Herr Can?«

»Ja?«

»Das war ganz nett mit Ihnen. Aber die Liese wartet, und es gibt ganz köstliches deutsches Essen.«

»Lecker. Wenn Sie mögen, können Sie mich gerne noch mal anrufen. Mir hat es Spaß gemacht. Außerdem sind wir ja beide Ossis, gewissermaßen. Ich komme immerhin aus dem Osten der Türkei.«

»Ja, echt lustig. Sagen Sie, haben Sie vielleicht nächsten Sonntag Zeit? Da sind wir wieder bei meiner Schwiegermutter in Leipzig. Sie könnten doch auch mal mit ihr sprechen.«

»Prima Idee.«

»Sofort, Liese! – Also dann, wir wollen die Frau nicht verärgern. Alles Gute für Ihre Arbeit.«

»Lassen Sie es sich schmecken.«

»Danke. Tschüss!«

Was mich nach dem Gespräch bewegte

Ich kann mir gut vorstellen, mit Herrn Seidel ein Bierchen trinken zu gehen, so angenehm fand ich unser Gespräch. Dem Artikel, den er über mich gelesen hatte, hatte er offenbar entnommen, dass ich auf ostdeutsche Mitbürger zugehe und mich für eine gute Beziehung zwischen der ehemaligen DDR und dem sogenannten Westen einsetze. Viele nach rechts tendierende Menschen, die ich bei meinen Reisen durch Sachsen, Thüringen und Sachsen-Anhalt getroffen habe, begrüßten mein Gesprächsangebot und waren sichtlich erstaunt, dass ich aus Hessen angereist war, um zu erfahren, was die Menschen dort bewegte.

Dass ich viele klassische Werke der deutschen Literatur gelesen habe, scheint Herrn Seidel überrascht zu haben. Von Carl Zuckmayer, Kurt Tucholsky, Erich Kästner, Stefan Zweig, aber vor allem von Thomas Mann und seiner Novelle »Mario und der Zauberer« habe ich viel über Faschismus, Nationalismus und Deutschland im Dritten Reich erfahren. Alle fünf Autoren mussten ihr Land in der Nazizeit als Flüchtlinge verlassen …

Herr Seidel zeigte Sinn für Humor, was unserem Gespräch die Schwere nahm. Ich glaube, gerade bei so einem brisanten Thema wie westliche Werte und Islam kann ein bisschen Witz nicht schaden, was ich nicht zuletzt durch Gespräche mit islamkritischen Bürgern gelernt habe.

Er rief an, um mir Fragen zum Islam zu stellen und seine Bedenken zu dieser Religion zu äußern. Die meisten Anrufer befürchten, dass sich die Werte zwischen Muslimen und Nicht-Muslimen so stark unterscheiden, dass es dadurch zu Konflikten kommen wird. Insofern muss ich oft über Religion sprechen, obwohl ich selbst weder einer Glaubensgemeinschaft angehöre noch über eine theologische Ausbildung verfüge. Da die Anrufer mich in der Regel zu *den* Muslimen rechnen, erwarten sie, dass ich den Islam verteidigen werde. Ich bin aber weder ein Verfechter des Islam, noch möchte ich irgendeine Religion nur aus einer Perspektive heraus betrachten. Meiner Meinung nach sollte jeder gläubige Mensch für sich selbst sprechen.

Aussagen wie »Im Islam ist es wichtig, sich um Witwen und Waisen zu kümmern« oder »Ein Muslim muss sich an die Gesetze des Landes halten, in dem er lebt« fallen mir daher besonders schwer. Sie sind vereinfachend und verallgemeinernd. Die 1,6 Milliarden Muslime werden sich kaum darin einig sein, was *der* Islam ist und was im Islam richtig und falsch ist. Ich kann zum Beispiel auch nicht behaupten, dass alle Christen daran glauben, dass Jesus Christus von einer Jungfrau geboren wurde. Es gibt nämlich Gläubige, die das Dogma der Jungfrauengeburt nicht teilen – und wer bin ich, als Nicht-Christ, zu behaupten, das seien keine richtigen Christen? Und wer bin ich, einer Muslima oder einem Muslim zu sagen, sie oder er lebe seinen Glauben falsch? Selbst für einen Gläubigen wäre es verkehrt, anderen Menschen die Zugehörigkeit zur eigenen Religion abzusprechen.

Dennoch sind solche allgemeinen Aussagen über den Islam oder das Christentum, obwohl sie streng genommen unzulässig sind, in Gesprächen über Religionen, über ihre Gemeinsamkeiten und Unterschiede, nicht zu vermeiden. Ich muss dann von der Mehrheit der Gläubigen sprechen oder von dem, was mir von Freunden oder Anhängern der entsprechenden Religionen erklärt wurde oder eben was sich nach meinem Verständnis der Schriften wörtlich aus diesen herauslesen lässt.

Meine Aufgabe kann es nicht sein, über ganze Religionen oder einzelne Glaubensrichtungen zu urteilen. Vielmehr geht es mir in Telefonaten über den Islam und christliche Werte darum, bewusst zu machen, dass die meisten Menschen, die den Islam verurteilen, kaum Erfahrungen mit ihm gemacht haben. Deshalb wird ja auch meist übereinander und nicht miteinander geredet. Verlangen wir aber, dass sich Anhänger von uns fremden Religionen in unsere Gesellschaft integrieren, sollten wir mit ihnen ins Gespräch kommen, damit sie sich einbringen und nicht abschotten. Es ist wichtig, die Menschen dort abzuholen, wo sie sind. Als mich zum Beispiel ein christlicher Freund einlud, mit ihm Weihnachten zu verbringen, gab mir das die Gelegenheit, die deutsche Kultur respektive die christliche Religion näher kennenzulernen. Das soll nicht bedeuten, dass Nicht-Muslime zum beispielsweise das sogenannte Zuckerfest feiern oder mal in die Moschee gehen sollen, aber dass interreligiöse Beziehungen und Einblicke in fremde Bräuche notwendig sind, wenn wir Klarheit und weniger Vorurteile möchten.

Auch Herr Seidel sprach über *alle* Muslime, ohne sich je mit einem muslimischen Mitbürger länger unterhalten zu haben. Die meisten rechtsgesinnten Bürger reden nur von Erfahrungen Dritter oder zitieren Medienberichte, wenn sie sich auf Muslime beziehen. Darum betonte ich in unserem Gespräch mehrmals *meine* persönlichen Begegnungen und Erfahrungen. Erstens konnte ich ihm über den Bezug zu meinen eigenen Erfahrungen schließlich vorschlagen, selbst die Begegnung und den Austausch mit Muslimen oder Fremdkulturellen zu suchen, um dazuzulernen und Berührungsängste abzubauen. Und zweitens wollte ich damit zeigen, dass jeder von uns dazu neigt, von einem sehr subjektiven Standpunkt aus zu bewerten und zu urteilen. So hat mein friedliches Bild von den meisten Muslimen in Deutschland natürlich auch seinen Ursprung in *meiner* Sozialisation in Kreisen integrierter Muslime. Ich bin aber ebenso – und das gehört zu meinem Gesamtbild dazu – Arabern, Kurden und Türken begegnet, die mir ins Gesicht gesagt haben, dass sie nichts von der Gleichberechtigung zwischen Mann und Frau und einem freiheitlich-demokratischen Mehrwert halten. Sie haben das sogar teilweise islamisch begründet. Und viele von ihnen waren einfach nur unausstehliche Machos, die sehr reaktionär leben. Ja, auch diese Auslegung ist Realität – und diesen Menschen möchte ich nach einer freundlichen Erinnerung an die bestehenden Grundwerte in Deutschland ans Herz legen, das Land zu verlassen. Denn ein solidarisches Zusammenleben in einer pluralistischen Gesellschaft kann nur funktionieren, wenn alle Mitglieder dieser Gesellschaft die Grundwerte von Toleranz, Respekt und Gemeinschaft teilen, ganz gleich, an welchen Gott sie glauben. Daher erwarte ich von jeder Muslima und jedem Muslim, die in diesem Land leben möchten, dass sie gemäß dem deutschen Grundgesetz und der UN-Menschenrechtscharta leben und beides mit Überzeugung befürworten. Das Gleiche erwarte ich aber auch von den in Deutschland lebenden Christen, Atheisten, Juden, Buddhisten, Hinduisten …

Sowohl bei Christen als auch bei Muslimen ist mir aufgefallen, dass die Ausübung der eigenen Religion mehr kulturell als ideologisch begründet zu sein scheint. Man geht Weihnachten in die Kirche, man glaubt an den einen Gott, man versteht sich als zu dieser oder eben jener Religion gehörig, aber ob Paulus fordert, unheiliges, leeres Geschwätz zu vermeiden[10], ist völlig nebensächlich. Wer irgendein Gerücht verbreitet, wird das nicht gleich bereuen oder aufhören, ein gläubiger Christ zu sein. Die eigenen Werte wurzeln selten in den Heiligen Schriften der Religion, an die man glaubt, sondern in der ethisch-moralischen Tradition, in der man erzogen wurde.

Deswegen finde ich es auch merkwürdig, wenn wir nach einem islamisch motivierten Terroranschlag fordern, dass sich sämtliche Muslime unseres Landes von ihm distanzieren. Das wäre so, als würden wir nach einem Missbrauchsskandal in der katholischen Kirche von jedem Christen verlangen, dass er sich davon distanziert. Uns allen ist völlig klar, dass sexueller Missbrauch kein Problem eines jeden Christen ist – auch nicht aller katholischen Geistlichen. Nicht einmal ein militanter Atheist würde das behaupten, sondern allenfalls das Zölibat kritisieren.

In solchen Gesprächen wie mit Herrn Seidel geht es mir darum, für verzerrte Bilder zu sensibilisieren.

Es ist ein einfacher Schritt, von muslimischen Terroristen auf alle Muslime zu schließen und sie deshalb grundsätzlich zu verdächtigen, doch ich bezweifle, dass das irgendjemand tatsächlich ernsthaft denkt. In meinen zahlreichen Gesprächen mit besorgten Bürgern habe ich festgestellt, dass es den meisten Islamkritikern nicht vordergründig um den Islam geht. Ihre Hauptsorge ist zum einen, dass der Frieden in Deutschland bedroht wird und zum anderen, eines Tages in der Unterzahl zu sein, die eingewanderten Traditionen übernehmen und auf die

---

[10] 2. Timotheus 2, 16–17 (Elberfelder Übersetzung): »Die unheiligen, leeren Geschwätze aber vermeide! Denn sie werden zu weiterer Gottlosigkeit fortschreiten und ihr Wort wird um sich fressen wie Krebs.«

eigene Kultur verzichten zu müssen. Begegnungen können helfen, falsche Deutungen zu vermeiden und sich Klarheit über das Fremdkulturelle zu verschaffen.

Trotzdem sollten wir jeden Glauben hinterfragen und kritisieren können. Ich empfinde es als ein Unding, Meinungsäußerungen oder Karikaturen über Glaubensrichtungen verurteilen zu wollen. Religiöse Menschen haben Rechte, Religionen nicht.

Auch haftet dem Thema Religion – gerade unter Muslimen – ein unnötiger Ernst an, weshalb ich mir mehr Humor im Austausch darüber wünsche. Denn wer über sich selbst und miteinander lachen kann, kommt sich näher.

Ein Gespräch auf Augenhöhe?

Herr Wengert ist AfD-Mitglied und regt sich über die derzeitige Migrationspolitik auf. Ich nehme sein Diskussionsangebot an …

»Bin ich hier richtig beim – Wie nennen Sie sich noch mal? – *Immigrant des Vertrauens*?«

»So ähnlich, genau.«

»Sie diskutieren gerne?«

»Ja. Aber nur auf Augenhöhe.«

»Gut, wir werden sehen. Mein Name ist Wengert, und ich bin Mitglied der AfD.«

»Angenehm. Can.«

»Gesundheit!«

»Wie?«

»Ach so, Sie nannten bloß Ihren Namen. Ich wusste nicht, dass der mit ›tsch‹ ausgesprochen wird. Das hat sich wie unterdrücktes Niesen angehört.«

»Ist schon gut. Eigentlich ist das ein weiches dsch.«

»Spräche man das aber mit ›k‹ aus, hätte das durchaus etwas Starkes. Wissen Sie, wie bei unserem Torwart damals in der Nationalelf. Aber der hat wahrscheinlich vor Ihrer Zeit gespielt …«

»Ich war ja auch Fußballer, und nach dem Training haben wir uns oft noch Bundesliga-Spiele angeschaut. Der Olli war echt gut und lustig.«

»Ja, und ein ganz harter Bursche. Er sagte mal öffentlich auf die Frage, was seinem Team fehle: Eier brauchen wir, Eier.«

»Verstehe.«

»Damit meinte er eine gewisse Härte und Mut. Ich möchte vorweg klarstellen, dass ich nicht Ihr typisch besorgter Bürger bin.«

»Was ist denn mein typisch besorgter Bürger?«

»Wissen Sie, ich lehne diesen Begriff generell ab, da er ausschließlich abwertend verwendet wird. Ihnen ist bewusst, dass die Linksliberalen, die diesen Begriff geprägt haben, die Sorgen von uns Asylkritikern überhaupt nicht ernst nehmen. Stattdessen werden wir als hinterwäldlerische Rassisten abgestempelt.«

»Der Begriff kann sehr unterschiedlich verwendet werden.«

»Glaube ich nicht. Es handelt sich um eine Diffamierung von Seiten des linken Spektrums, noch dazu eine sehr plumpe, wenn ich das bemerken darf. Damit wird uns nämlich unterstellt, dass wir bloß Angst vor Fremdem hätten. Man bezeichnet uns sogar als Faschisten oder Nazis! Und wenn Sie Ihre

Hotline als Nummer-gegen-Kummer-Telefon für besorgte Bürger anpreisen, springen Sie indirekt auf diesen Zug auf.«

»Nein, Herr Wengert, ich setze mich ja gerade dafür ein, dass Menschen wie Sie nicht unter Generalverdacht gestellt werden.«

»Wenn ich das schon höre: ›Menschen wie Sie‹ … Auch Sie werden bei besorgten Bürgern an diejenigen denken, die von der Gesellschaft abgehängt wurden, an Arbeitslose aus dem Osten, die am verqualmten Stammtisch Parolen über ›Die-da-oben‹ schwingen, sich vor Chemtrails fürchten und die Wohnung nur mit einer stylischen Kopfbedeckung aus Aluminium verlassen.«

»Meinen Sie wirklich, dass Sie von der Gesellschaft so wahrgenommen werden?«

»Jedenfalls von diesen Linken. Und ich brauche kein weltversöhnliches ›Alles wird gut‹ oder ›Wir schaffen das‹ von irgendjemandem, der wahrscheinlich dafür bezahlt wird, solche Telefonate zu führen. Und seien Sie mal ehrlich, Herr Can, Sie denken doch still für sich, dass ich bloß Angst davor habe, von meinem Vorgarten aus schwarze Menschen sehen zu müssen.«

»Ich mag Ihren Humor, Herr Wengert. Aber nein, so denke ich nicht über Sie. Sie sind ein unbeschriebenes Blatt für mich. Übrigens werde ich für meine Tätigkeit nicht bezahlt. Ganz im Gegenteil, die Hotline kostet mich sogar Geld. Irgendjemand muss ja dafür aufkommen, dass dieses Angebot kostenlos ist.«

»Hm, wirklich?«

»Ja.«

»Das rentiert sich doch gar nicht.«

»Rentiere hin oder her, mir ist eine friedliebende Gesellschaft wichtig – und dafür brauchen wir den Dialog.«

»Natürlich, da haben Sie völlig recht. Aber ›friedliebende Gesellschaft‹ und ›Dialog‹ – ist das nicht bloß eine Phrase? Unter uns, Herr Can: Das klingt für mich eher nach einer cleveren Selbstprofilierungsmaschine. Vielleicht nutzen Sie das, um später in die Politik zu gehen. Als Sprungbrett, gewissermaßen. Gerade da braucht es ja Menschen, die den Dialog suchen. Aber es gibt effizientere Wege dafür.«

»In die Politik gehen? Hm, eigentlich will ich ja Lehrer werden, aber man weiß nie, wohin das Leben einen führt. Geplant habe ich es jedenfalls nicht. Ich habe noch kein politisches Zuhause.«

»Kommen Sie doch zu uns in die AfD. Einen quotenschwarzen Vorzeigemigranten wie Sie können wir immer gebrauchen.«

(Wir lachen.)

»Guter Witz, Herr Wengert.«

»Scherz beiseite. Wir haben weniger gegen Zugezogene, als Sie denken. Nicht einmal gegen Saarländer. Sonst wäre ich gar nicht erst eingetreten.«

»Kommen Sie aus dem Saarland?«

»Nein. Aus der CDU.«

»Interessant.«

»In der Politik könnten Sie sich wirklich für das einsetzen, was Sie hier tun. Bei allem Respekt für Ihre löbliche Arbeit, die Probleme in der Gesellschaft kann man nicht einfach wegreden.«

»Ja. Wegreden kann ich nichts.«

»Da hilft auch Ihr Hochdeutsch nicht besonders, wobei ich auch Ihre Eloquenz anmerken muss. Beachtlich. Für einen Migranten.«

»Dankeschön.«

»Wissen Sie, die Leute denken so viel Stuss über uns AfDler. Da ist es wichtig, dass jemand wie Sie diese falschen Vorurteile aus der Welt schafft. Ich zum Beispiel verdiene recht gut, habe eine tolle Familie – meine Frau ist übrigens Thailänderin, also kann man mir keinen Rassismus unterstellen –, und ich komme auch nicht aus dem sogenannten Dunkeldeutschland. Aber diese linkslinken Möchtegern-Che-Guevaras sind alle der Meinung, dass die Angst vorm sozialen Abstieg einer der Hauptgründe ist, warum ein Mensch die AfD wählt. Weil arme Menschen anscheinend Angst davor haben, dass noch ärmere ihnen das Wenige, das sie besitzen, wegnehmen könnten – und dass die Mehrheit der AfD-Wähler Bodensatz sei. Dass wir ›das Pack‹ sind.«

»Ich bin auch gegen solche Pauschalisierungen.«

»Kennen Sie die Antifanten? Linksterroristen wie die Antifa werden nicht nur geduldet, sondern sogar noch verherrlicht. Auch Sie sind doch gegen Extremismus?«

»'türlich.«

»Dann sollten auch Sie in die AfD eintreten.«

»Was, wieso?«

»Ich möchte mich nicht über diese Einfaltspinsel aufregen, aber Sie sollten in einer ruhigen Minute die Statistiken über linken Extremismus wälzen. Furchtbar, wie unsere Sicherheit gefährdet ist. Wenn wir über Gefahren sprechen, dürfen wir die Bevölkerung nicht betrügen, und das machen gerade alle anderen Parteien – und natürlich die Mainstream-Medien. Spätestens seit Paris ist die Angst in Europa angekommen. Wir müssen anfangen, dem Volk den Schutz zu geben, den es verdient hat. Das betrifft ja indirekt auch Sie, Herr Can!«

»Glauben Sie, dass unsere Gesellschaft zu wenig für unsere Sicherheit tut? Ich jedenfalls fühle mich in Deutschland wohl.«

»Der Schein trügt. Man muss die Augen öffnen und den Verstand benutzen, um zu erkennen, wie es um uns steht. Das Volk wird erst aufwachen, wenn es zu spät ist.«

»Aufwachen?«

»Ja, noch sieht man ja nur diese hinreißenden Integrationsgeschichten in der Öffentlichkeit, Menschen wie Sie oder Mesut Özil. Die Bevölkerung wird für dumm verkauft, denn dass durch die Asylflut nicht nur solche Mustermigranten wie Sie nach Deutschland gekommen sind, wird niemand von denen zugeben. Keiner spricht darüber, dass mit den Flüchtlingsströmen zigtausende Gefährder zu uns gespült werden.«

»Ist das nicht eher eine Frage für den deutschen Wetterdienst?«

»Was?«

»Ich meinte Ihren Sprachgebrauch.«

»Stimmt mit dem etwas nicht?«

»Sie beschreiben da eher eine sintflutartige Naturkatastrophe als Bewegungen von Menschen.«

»Muss ich mir jetzt extra für das Gespräch eine politisch korrekte Ausdrucksweise angewöhnen? Wenn Sie auf Diät sind, muss ich doch nicht auch hungern.«

»Von mir aus. Mir ist eben Ihre bildhafte Ausdrucksweise aufgefallen. Es gab also in den letzten zwei Jahren eine hohe Zuwanderungsrate asylsuchender Menschen?«

»Genau. Es kamen über eine Million Asylanten. Gestatten Sie mir, nun zu fragen, ob dadurch nicht vielleicht auch mehrere tausend Terroristen ins Land gekommen sind?«

»Mehrere tausend? Das klingt ziemlich hoch und wäre um einiges ärger als die Zahlen, die ich gelesen hatte. Meiner Erinnerung nach sind es nur so um die fünfhundert in Deutschland.«

»Das sind doch geschönte Statistiken. Vergessen Sie niemals die Dunkelziffer. Aber gut. Von mir aus. Nehmen wir mal Ihre blauäugig-optimistische Zahl von nur fünfhundert Gefährden an. Auch die ist erschreckend hoch! Hier in Deutschland planen mehrere bewaffnete Gruppen den Dschihad und berufen sich dabei auf den Koran. Diese Leute sehen alle Deutschen und selbst Sie als Ungläubige an. Der nächste Anschlag ist bestimmt schon in der Mache. Es ist skandalös, dass unsere Volksvertreter nicht alles in ihrer Macht Stehende tun, damit die hier lebenden Islamisten ausfindig gemacht und sofort abgeschoben werden.«

»Ja, klar. Da wird Ihnen jeder zustimmen. Personen, bei denen Terrorverdacht besteht, müssen selbstverständlich genau beobachtet werden, um mögliche Anschläge zu verhindern.«

»Ah ja, Sie glauben also, das reicht? Wie viele Polizeibeamte müssten auf jeden einzelnen dieser fünfhundert Gefährder abgesetzt werden, um Sicherheit garantieren zu können? Warum nicht lieber gleich abschieben, da spart man Steuergelder und kann die Polizeikräfte sinnvoller einsetzen.«

»Ich versichere Ihnen, dass ich nicht vom falschen Kraut genascht habe. Mir ist schon klar, dass wir ins Gras beißen müssten, wenn hier jeder potenzielle Attentäter machen könnte, was er will. Doch zum Glück denken nämlich nicht nur Sie und ich, sondern auch unser Rechtsstaat, dass Menschen, die nur nach Deutschland kommen, um einen Anschlag zu verüben, hier fehl am Platz sind. Ich bin der Letzte, der so jemandem Asyl erteilen würde.«

»Sehen Sie!«

»Jedoch müssen wir klarstellen, dass man als Gefährder bloß unter Terrorverdacht steht und kein erwiesener Terrorist ist. Man kann den Leuten nicht in die Köpfe gucken. Wollen Sie Leute des Landes verweisen, die sich nichts zuschulden haben kommen lassen, am besten ohne Anhörung?«

»Sollen wir warten, bis die Bombe hochgeht?«

»Nein. Nur, meinem Gerechtigkeitsempfinden widerspricht es, sich im Zweifel gegen den Angeklagten zu entscheiden und ihn einfach einzusperren. Sie wollen ja sicher auch nicht beim Einkaufen einer Skimütze festgenommen werden – bloß, weil viele beim Bankraub üblicherweise eine solche tragen und Ihr Google-Suchprotokoll eine Häufung von Wörtern wie ›Fluchtfahrzeug‹, ›Raubüberfall‹ und so weiter aufweist.«

»Woher wissen Sie das?«

»Was?«

»Das sollte ein Scherz sein.«

»Ach so, ja.« (Ich lache höflich.)

»Ihr Beispiel klingt schon ein wenig bemüht, Herr Can.«

»Nun, dann gebe ich Ihnen ein anderes: Was ist zum Beispiel mit all jenen, die wie Murat Kurnaz, ein deutscher Staatsbürger übrigens, jahrelang unschuldig in Guantanamo einsitzen, auf einen bloßen Verdacht hin, ohne Verhandlung?«

»Erinnern Sie sich mal an diesen Anis Amri, den Attentäter vom Berliner Weihnachtsmarkt. Das war auch so ein potenzieller Gefährder – und sogar ausreisepflichtig. Der hätte abgeschoben werden sollen. Das aber war nicht möglich, weil sein tunesischer Pass nicht auffindbar war und das Land dreist behauptet hat, das wäre keiner von denen. Die wollten den nicht haben. Warum ließ man den bitte frei herumlaufen und steckte ihn nicht mindestens in Abschiebehaft? Ihn zu beobachten hat ja anscheinend nicht gereicht.«

»Ja, da muss ich Ihnen recht geben. Da sind gewaltige Fehler passiert.«

»Fehler, die Menschenleben gekostet haben!«

»Ich möchte trotzdem nicht in einer Welt leben, in der Menschen auf eine bloße Vermutung hin des Landes verwiesen oder eingesperrt werden können.«

»Ja, ich will auch nicht in einer Welt leben, in der es Unterernährung gibt. Deswegen setze ich mich mit voller politischer Kraft dafür ein, dass endlich der erste Milch-und-Honig-Wasserfall gebaut wird. Was bei Merkels Gästen herumkommt, können auch Sie nicht leugnen.«

»Ich weiß tatsächlich nicht genau, was für Persönlichkeiten unter den Neuankömmlingen sind. Aber zu dem Attentäter vom Breitscheidplatz wollte ich noch kurz anmerken, dass der nicht erst 2015 oder 2016 kam, als die Menge der Einwanderer zur Herausforderung wurde. Er ist Jahre zuvor aus Tunesien nach Italien gekommen und gehört nicht zu denen, die Sie vermutlich meinen.«

»Umso schlimmer! Wenn sich so jemand sogar damals schon einfach ins Land stehlen konnte, was geschieht dann wohl tagtäglich an der europäischen Grenze? Ich möchte in keiner Welt leben, in der wir Flüchtlinge ohne Weiteres durchwinken. Jeder davon könnte ein Gefährder sein!«

»Herr Wengert, wir waren uns eben einig, dass wir bei AfD-Wählern nicht pauschalisieren sollten. Oder?«

»Ja, richtig.«

»Wir beide sehen ein, dass es unrecht wäre, wenn jemand Sie als potenziellen Rechtsextremisten bezeichnen würde, nur weil Sie AfD-Mitglied sind?«

»Ganz genau. Das wäre lächerlich.«

»Super. Ich schlage vor, bei überhaupt keiner Gruppe zu pauschalisieren, weder bei AfD-Wählern noch bei Geflüchteten. Die allerwenigsten davon sind nämlich Gefährder. Die Terroristen wollen doch, dass wir das denken. Wenn wir in Angst verfallen, haben die doch in gewisser Hinsicht gewonnen.«

»Das sehe ich schon ein. Ich habe auch nicht sagen wollen, dass jeder Flüchtling, was weiß ich, in seinen Hosentaschen atomare Sprengköpfe ins Land schleusen will. Aber falls mal doch mal einer von diesen einen Anschlag verübt, habe ich Sie gewarnt! Wissen Sie übrigens, wie viele Waffen es in Deutschland gibt? Fast 6 Millionen. Und das sind nur die legalen, die registrierten. Die Dunkelziffer ist weit höher, vor allem, da man Waffen ganz anonym im Netz erwerben kann. Die Zahl der illegalen Waffen in der Bundesrepublik wird daher vorsichtig auf 20 Millionen geschätzt. 20 Millionen! Also kommt auf vier Einwohner ein illegaler Waffenbesitz.«

»Sind Sie sicher, dass das eine vorsichtige Schätzung ist und keine Hochrechnung?«

»Der Artikel steht auf jeden Fall im Netz.«

»Dann lese ich ihn gerne. Könnten Sie ihn mir zuschicken?«

»Ich hoffe, ich finde den wieder, aber wenn ja, sende ich Ihnen den Link selbstverständlich zu.«

»Danke. Und falls die Angaben stimmen, ist das wirklich … Erwartet hätte ich das jedenfalls nicht.«

»Auch ich war fassungslos. Wer heutzutage an ein Maschinengewehr kommen will, der wird es auch bekommen. Wie in der Bibel: Wer suchet, der findet, wer anklopft, dem wird aufgetan. Matthäus 7, Vers 8. Macht Ihnen das keine Angst?«

»Klasse, wie intensiv Sie in die verschiedenen Themen einsteigen. Zwar kenne ich die Quellen nicht, aber ich finde es gut, dass Sie sich schon mal informiert haben.«

»Ach, Herr Can. Auch wir stützen uns auf Zahlen. Nur haben unsere den Vorteil zu stimmen. Wie heißt es so schön? Glaube keiner Statistik, die du nicht selbst gefälscht hast.« (Er lacht.)

»Was schlagen Sie zur Lösung dieser Herausforderung vor? Schärfere Waffengesetze? Ich wäre der letzte, der etwas dagegen einzuwenden hätte.«

»Nein, ganz im Gegenteil, Herr Can. Ich fordere die Abschaffung sämtlicher Waffengesetze. Die illegalen Waffen sind ja bereits in Umlauf. Dagegen kann man nichts tun, außer allen Bürgern die Möglichkeit zu geben, sich zu schützen, damit die mit den illegalen Waffen keinen Vorteil davon haben.«

»Ich glaube, ich habe verstanden, was für Bedenken Sie in Bezug auf unregistrierte Waffen haben, Herr Wengert. Aber könnte es sein, dass jemand, der bereits eine Waffe hat, eher dazu neigt, sie einzusetzen?«

»Ja, das ist doch das Gute daran! In den Vereinigten Staaten kommt niemand so schnell auf die Idee, irgendwo einzubrechen. Jeder weiß, wenn er einen Fuß auf ein fremdes Grundstück setzt, steht er sofort auf der Abschlussliste.«

»Ihre Absicht ist also der Schutz vor Kriminellen.«

»Ja, so verjagen wir die Einbrecher.«

»Ich verstehe. Doch würde das nicht zu einer höheren Mordrate und mehr Amokläufen führen, wenn wir die Waffengesetze lockern, so wie wir das seit Jahren in den USA beobachten können? Dort häufen sich die Amokläufe an Schulen, um nur ein Beispiel zu nennen.«

»Was wäre denn die Alternative? Dass irgendwelche Salafisten ins Land kommen, ›Aluhut-Nacktbar‹ schreien, oder wie auch immer das heißt, und uns wie wehrlose Schafe abschlachten? Nein, das darf nicht geschehen. Daher fordere ich nicht nur die Abschaffung der Waffengesetze, sondern auch härtere Kontrollen bei der Einreise, etwa dass einem Moslem generell kein Asylantrag mehr bewilligt wird.«

»Meinen Sie das ernst? Was erhoffen Sie sich davon?«

»Herr Can, das liegt doch auf der Hand. Mit einem Einreiseverbot für Muslime hätten die Anschläge auf den Berliner Weihnachtsmarkt, auf Charlie Hebdo und auf das Bataclan verhindert werden können. Und erzählen Sie mir jetzt nicht, das hätte nichts mit dem Islam zu tun!«

»Soviel ich weiß, waren die Täter zumindest in Paris europäische Staatsbürger. Da hätte man mit einem Einreiseverbot nichts ausrichten können.«

»Das trifft aber nicht auf alle Attentäter zu. Ich sage nur Anis Amri. Oder denken Sie mal an diesen Bombenbauer Al-Bakr, der der sächsischen Polizei entkommen ist. Der war auch Flüchtling!«

»Ja, und er wurde von anderen Geflüchteten gestellt. Persönlich lehne ich es ab, Menschen pauschal zu verurteilen, weil sie einer anderen Religionsgemeinschaft angehören.«

»Tja, dann müssten Sie ja sehr viel gegen Muslime haben, denn genau das ist es, was der Glaube denen vorschreibt. Seelenheil wird da nämlich nur möglich, wenn man den Propheten annimmt. Einem Nicht-Muslim wird ewige Verdammnis zuteil.«

»Alle Muslime, die ich privat kenne, haben überhaupt nichts gegen Atheisten, Christen oder Juden.«

»Dann sind das eben keine richtigen Muslime.«

»Nun, auch Jesus behauptet, der einzige Weg zur Erlösung zu sein. Sind Christen, die sagen, dass auch Atheisten in den Himmel kommen, wenn sie sich moralisch gut verhalten, auch keine ›richtigen‹ Christen?«

»Das lässt sich überhaupt nicht vergleichen, Herr Can. Lesen Sie doch einmal den Koran! Wissen Sie, an wie vielen Stellen dort zum Mord an Ungläubigen aufgerufen wird?«

»Ich weiß, dass es mehrere sind, und genauso gibt es Stellen, die zum Frieden und zur Verständigung zwischen den Religionsgemeinschaften auffordern. Religionsstiftende Literatur, so scheint es mir jedenfalls, wird von Gläubigen immer sehr unterschiedlich interpretiert. Wir formen uns unser Gottesbild in Teilen nach unseren eigenen Vorstellungen und ignorieren das, was für uns nicht dazu passt. Der eine konzentriert sich daher auf jene Verse, der andere auf die anderen. Beide haben also ihre ganz eigene Religion, die bloß auf demselben Text basiert. Niemand kann sagen, er habe die einzig wahre, die wörtliche, die korrekte Auslegung, weil es eben Stellen gibt, die sich widersprechen oder einem unbequem sind.«

»Nun, das mag alles sein, aber nennen Sie mir mal *einen* christlichen Attentäter. Oder einen jüdischen. Alle religiösen Terrororganisationen sind muslimisch. Boko Haram. Al-Qaida. Der Islamische Staat.«

»Alle? Sicher? Es gibt hinduistisch motivierten Terror, buddhistisch motivierten Terror – und in den Vereinigten Staaten gibt es interessanterweise fundamentalistische Christen, die aus religiöser Überzeugung Abtreibungskliniken in die Luft sprengen, um Leben zu schützen. Und dann ist da natürlich Anders

Breivik, der sich sogar als hundertprozentiger Christ versteht, wenn ich das korrekt in Erinnerung habe.«

»Das sind doch alles keine richtigen Christen!«

»Also hat es nichts mit dem Christentum zu tun, wenn irgendwelche Spinner im Namen ihrer Religion Menschen erschießen?«

»Nein, Christen haben die Nächstenliebe.«

»Die Mehrheit der Menschen, die sich Christen nennen, sind für mich wunderbare Menschen. Das gilt aber, wie gesagt, genauso für die Muslime, die ich kenne. Ich wiederhole mich, aber es wäre schön, hier nicht zu pauschalisieren. Warum eine ganze Glaubensrichtung verbieten, bloß weil auch Wahnsinnige darunter sind? Dann müssten wir alle Religionen und Ideologien verbieten. Auch Ihre Partei, in der zwischen vielen strammen Patrioten wie Ihnen auch ein paar gewaltbereite Aktivisten aus der braunen Ecke sind. Aber ich fände das ungerecht Ihnen gegenüber. Obwohl ich mir angesichts der zunehmenden Gewalt von rechts schon große Sorgen mache. Dagegen ist die Gewalt, die von den Geflüchteten ausgeht, sehr gering.«

»Warum werden denn immer mehr Patrioten kriminell? Weil sie Missstände und keine anderen Mittel sehen! Ich heiße Gewalt gegen Menschen nicht gut. Aber haben Sie sich das mal gefragt?«

»Ja, habe ich. Doch wir leben in einem freiheitlich-demokratischen Rechtsstaat, und daher sind Gewalt und Selbstjustiz überhaupt nicht zu dulden.«

»Natürlich. Aber wenn dann mal irgendwelche Vollpfosten sich mit billigem Schnaps zulaufen lassen und ein Flüchtlingsheim anzünden, sollte man sich lieber fragen, warum die das tun, als pauschal alle Pegidisten und AfD-Wähler dafür verantwortlich zu machen.«

»Wegen des Alkohols?«

»Nein, wegen der merkelschen Asylpolitik. – Außerdem gibt es auch linke Terroristen, ich sage nur ›Antifa‹. Das wird ständig übersehen.«

»Gewalt ist immer schlecht, Herr Wengert.«

»Sag ich doch!«

»Wir können uns also darauf einigen, dass man seine politische Meinung nicht mit Gewalt ausdrücken sollte, oder?«

»Selbstverständlich.«

»Wenn man sich die Statistiken anschaut, fällt jedoch auf, dass es unter den politisch motivierten Straftaten deutlich weniger linke als rechte gibt. 2015 gab es laut Kriminalitätsstatistik fast 23.000 Fälle rechter Straftaten bei knapp 9.600 Fällen linker Straftaten. Man kann also sagen, dass weit mehr als doppelt so viele Straftaten von rechts als von links kommen.[11]«

---

[11] http://www.faz.net/aktuell/politik/inland/anstieg-von-rechtsextremen-straftaten-laut-kriminalstatistik-14248356.html

»Wie gesagt, den Statistiken vertraue ich nicht so sehr. Wer entscheidet denn, wann eine Straftat politisch motiviert ist und wann nicht? Außerdem ging es gerade auch gar nicht um linke oder rechte Gewalt, sondern um muslimische. Ich jedenfalls lasse lieber fünfzehntausend dieser sogenannten gemäßigten Muslime *nicht* ins Land, als dass ich einem radikalen Salafisten die Tür öffne. Jeder dieser fünfzehntausend kann sich auch in Deutschland radikalisieren – Hassprediger haben wir hier nämlich genug –, und wir sind schließlich nicht das Sozialamt der Welt.«

»Herr Wengert, ich respektiere das, auch wenn ich es falsch finde. Wie wollen wir verhindern, dass jemand ins Land kommt, der ein Muslim ist? Man kann seine Religionszugehörigkeit auch verschweigen. Wollen wir ihm Schweinefleisch zu essen und Alkohol zu trinken geben? Schaut man nach, ob er beschnitten ist? Muss er Christen, Juden oder Atheisten angeben können, die ihm bescheinigen, dass er nicht dem muslimischen Glauben angehört? Am besten gebürtige Deutsche, denen man eher vertrauen kann als Zugezogenen? Nur so ein paar Gedanken.«

»Ja, da gebe ich Ihnen recht. Das ist nicht praktikabel. Deswegen brauchen wir ja auch eine Obergrenze – oder sollten am besten sofort niemanden mehr aus gewissen Ländern hineinlassen, so wie Trump das in den USA durchsetzen wollte.«

»Sollten wir dann auch gleich eine Mauer bauen, die komplette Grenze entlang? Auf Kosten des Steuerzahlers? Von der Gewissensfrage mal ganz abgesehen: Würde sich das denn überhaupt finanziell rentieren?«

»Sie sind ja wirklich herzerwärmend naiv, Herr Can: Die Festung Europa hat doch bereits eine Mauer! Was macht denn Ihrer Meinung nach Frontex[12]? Zum einen haben wir uns mit der Türkei auf einen Deal geeinigt, dass sie für uns die Flüchtlinge zurückhält. Und zum anderen kommt der Grenzschutz, wenn es dann doch mal welche nach Europa schaffen, und drängt die Asylanten zurück, ohne, dass sie um Asyl ansuchen können. Ich verstehe einfach nicht, wo Sie da Unterschiede sehen?«

»Die eine Mauer ist aus Stein, die andere aus Abkommen. Beide bewirken dasselbe. Leider.«

»Aber wieso denn leider, Herr Can?«

»An diesen Grenzen sterben Menschen.«

»Haben Sie auch Mitleid mit all den anderen, die sonst tagtäglich auf der Welt sterben? Weinen Sie über jedes Kind, das an Unterernährung stirbt?«

»So etwas nimmt mich mit.«

»Ja.« (Er räuspert sich.) »Lassen Sie es mich so sagen. Sie engagieren sich auch für UNICEF, das habe ich recherchiert, und das ist ja auch alles schön und gut, aber gerade Sie müssten deshalb doch zu den Kritikern unserer scheinheiligen Einwanderungspolitik gehören.«

»Ich sehe tatsächlich vieles kritisch. Aber was genau meinen Sie?«

---

[12] Europäische Agentur für Grenz- und Küstenwache

»Einerseits rühmen wir uns mit dieser Willkommenskultur, andererseits lassen wir Europäer Tausende Menschen im Meer ersaufen, damit diese unsere Wellness-Flüchtlingsheime gar nicht erst erreichen können. Wir wollen die doch gar nicht wirklich hier haben. Dann doch lieber konsequent die Grenzen dichtmachen und abgelehnte Asylbewerber sofort abschieben. Wir müssen ja niemandem falsche Hoffnungen machen.«

»Ich verstehe, worauf Sie hinauswollen.«

»Herr Can, was bringt uns eigentlich Europa?«

»Wir können zum Beispiel jedes Jahr meine Familie in Frankreich besuchen ohne langwierige Grenzkontrollen oder Visum.«

»Und sonst?«

»Frieden. Bis zur Gründung der Europäischen Gemeinschaft waren die Mitgliedsstaaten in alle möglichen Kriege verwickelt.«

»Ja, mag sein. Vergessen wir aber nicht, dass die Mitgliedsstaaten jenseits von Europa in andere Länder einmarschiert sind und an Bürgerkriegen beteiligt waren. Denken Sie an den Kosovo.«

»Das stimmt. Innerhalb haben wir allerdings tatsächlich Frieden.«

»Gut. Ich fasse kurz zusammen, Herr Can. Sie stehen zumindest der europäischen Flüchtlingspolitik skeptisch gegenüber. Trotzdem machen Sie weiter Werbung für das Merkel-Regime, reden warnende Stimmen wie mich mit Ihrem einlullenden tiefen Verständnis klein und laden weiter Flüchtlinge ein. Können Sie sich überhaupt ernst nehmen?«

»Ich habe niemanden eingeladen, auf irgendwelche Schlepper zu hören und sich in einem überfüllten Boot in Lebensgefahr zu begeben. Das hat keiner von uns – auch Frau Merkel nicht. Mir geht es darum, dass niemand aufgrund politischer oder religiöser Überzeugungen verfolgt wird, dass niemand ertrinken oder verdursten muss. Sie sind doch ein sehr intelligenter Mensch und wissen ganz genau, was ich meine, wenn ich aus Mitgefühl niemandem zumuten möchte, sich auf der Suche nach einem besseren Leben in Lebensgefahr zu bringen. Natürlich ist es besser, wenn man den Leuten vor Ort helfen kann, aber das ist ja nicht immer möglich.«

»Dann stehen Sie hinter den falschen Parteien. Merkels angeblich alternativlose Politik bringt keine Lösung, sondern nur neue Probleme.«

»Gibt es denn *die* Lösung?«

»Natürlich: Wir können nicht alle aufnehmen – und sollten es daher nicht versuchen. So einfach ist das.«

»Es gibt weltweit 65 Millionen geflüchtete Menschen. Kann es sein, dass die meisten im eigenen Land Schutz suchen?«

»Das mag so sein. Gut, die wenigsten kommen zu uns, da haben Sie recht. Aber die, die es sich leisten können, betrügen nach Strich und Faden.«

»Ist das nicht eine starke Behauptung? Können Sie die belegen?«

»Ich habe neulich gelesen – *der* Artikel ist noch online –, dass 80 Prozent der Flüchtlinge ohne gültigen Pass nach Deutschland kommen. Unfassbar.«

»Ja, okay. So, wie Sie es gerade formuliert haben, klang das für mich so, als meinten Sie 100 Prozent der geflüchteten Menschen.«

»In Ordnung. Also, ich rede tatsächlich von 80 Prozent. Und die betrügen nach Strich und Faden.«

»Weshalb folgt daraus, dass die uns betrügen wollen, wenn sie keinen Pass dabeihaben?«

»Ich sage es Ihnen mal so. Mir ist absolut schleierhaft, wieso ein Flüchtling seinen Pass verlieren kann. Wenn das richtige Flüchtlinge wären, würden die ihre echten Pässe zeigen.«

»Ich verstehe schon Ihren Gedanken. Macht auch Sinn, sich das zu fragen. Mir gehen verschiedene Gründe durch den Kopf, weshalb die ihre Ausweise nicht zeigen können oder diese ungültig sind.«

»Und die wären?«

»Vielleicht können wir uns die Lage, zumindest von einer bestimmten Gruppe von Schutzsuchenden, gemeinsam vorstellen, in Ordnung?«

»Ich bin ganz Ohr.«

173

»Die Betroffenen spüren am eigenen Leibe die Auswirkungen monate- und jahrelanger Krisen und sehen, wie ihr Leben und das ihrer Familie sich drastisch verschlimmert hat und gefährlicher geworden ist. Die flüchtenden Menschen müssen ihre Heimat verlassen, weil sie in akuter Lebensgefahr sind. Sie wissen schon, Drohnen, Fassbomben, feindliche Milizen, Panzer ... Die fragen sich: ›Bleibe ich da, warte monatelang wegen irgendwelcher Anträge und riskiere weiterhin mein Leben – oder fliehe ich, aber eben nicht optimal vorbereitet?‹«

»Sie meinen, dass ihnen die Zeit fehlen könnte und diese Menschen es nicht schaffen, die Pässe zu verlängern? Das stellt eine Behauptung dar, Herr Can, wobei ich sie jedoch nachvollziehen kann. Das kann ich mir durchaus vorstellen.«

»Das wäre halt eine Möglichkeit, wenn wir uns ihre Lebensumstände vor Augen führen. Die Voraussetzungen dort sind komplett andere als bei uns.«

»Es ist ja nicht zu leugnen, dass die Asylanten aus dem Irak oder Syrien anderen Umständen ausgesetzt sind, aber über die tatsächlichen Gründe, weshalb sie ohne gültigen Pässe kommen, wissen Sie genauso wenig wie ich, nehme ich an.«

»Sicher bin ich mir da auch nicht. Ich verlasse mich aber gerne auf die Informationen von internationalen Hilfs- und Menschenrechtsorganisationen, die aus den Herkunftsländern berichten. Und daher möchte ich nicht Hunderttausenden geflüchteten Menschen unterstellen, dass sie extra ungültige Pässe besitzen oder vorsätzlich keinen mitnehmen.«

»Was gibt es denn Ihrer Meinung nach noch für Gründe?«

»Vielleicht stecken manche von ihnen in dem Dilemma: einen Teil des Geldes, das sie gespart haben, für einen Visa-Antrag ausgeben oder für die Flucht und das Leben danach aufbewahren.«

»Gut, das kann ich nachvollziehen. Ein Bürgerkrieg ist da eben speziell. Können Sie mir denn sagen, wie das mit Asylanten, zum Beispiel aus Afrika, ist?«

»Welche meinen Sie? Afrika ist ein großer Kontinent, Herr Wengert.«

»Ich meinte jetzt die aus Eritrea, keine Ahnung, wie man die nennt.«

»Sie meinen die Eritreer. Die haben es besonders schwer, wie ich von einigen selbst weiß. Sie fürchten in der Heimat eine Regierung, die seit mehreren Jahrzehnten ihre Bevölkerung zur Zwangsarbeit nötigt. Die Männer werden mehrere Jahre zum Militär eingezogen, manche zehn Jahre oder länger – manche kehren sogar nie wieder heim, hat mir ein junger Familienvater erzählt. Ich möchte gar nicht wissen, was passiert, wenn einer sich diesem autoritären Regime einfach widersetzt. Was meinen Sie, was das für Folgen hätte?«

»Es ist anzunehmen, dass die Verweigerung des Dienstes bei den Regierungsvertreter als Verrat angesehen wird.«

»Und was meinen Sie, was passiert, wenn ein Mensch in solch einer Gesellschaft beim Versuch auszureisen auffliegt?«

»Es wird Strafmaßnahmen geben.«

»Jahrelange Gefängnisaufenthalte. Die jungen Männer werden von ihren Familien abgeschottet. Einer berichtete mir, dass die einzige Chance, dem zu entkommen, eine illegale Ausreise ist.«

»Ich will Ihnen nicht sagen, dass es keine Gründe gäbe, einen Ort wie diesen zu verlassen. Aber eine illegale Flucht ist immer noch illegal.«

»Gäbe es eine Alternative?«

»In so einem Fall kann ich Ihnen das auch nicht sagen.«

»Es scheint mir, dass die Flucht vor der jahrelangen Zwangsarbeit oft der einzige Ausweg ist. Und wer sollte davor noch seinen Pass verlängern können? Behörden eines Regimes, das seine Bevölkerung wie Sklaven hält und sich die jungen Männer als Kriegsreserve heranzüchtet, stelle ich mir nicht besonders kompromissbereit vor – Sie?«

»Mein Großvater wurde damals in den Krieg eingezogen, ich kann mir das durchaus vorstellen.«

»Ja, das muss sehr schlimm sein. Die geflüchteten Menschen aus Eritrea, die ich kennengelernt habe, haben mir von den Repressalien des Staates erzählt, sogar Pässe wurden entzogen. Ich möchte das niemandem zumuten. Unsere kurze Visualisierung der Lage hat mir jedenfalls geholfen, mögliche Ursachen für die Ungültigkeit und das Fehlen der Pässe zu finden.«

»Herr Can, auch mir haben sich durchaus plausible Gründe offenbart. Zudem kann ich mir bestens ausmalen, dass die Schlepper, die diese ganze gefährliche Flucht ja erst möglich machen, ihre Finger im Spiel haben. Daran haben wir noch gar nicht gedacht.«

»Stimmt, jetzt, wo Sie es sagen. Danke.«

»Ich finde Ihr Einfühlungsvermögen beeindruckend.«

»Auf den Aspekt mit dem Schlepper-Einfluss wäre ich ohne Sie jetzt allerdings nicht gekommen.«

»Wenn man die Perspektive wechselt, kommt man auf sowas. Trotzdem ist es so, dass ich Bauchschmerzen bekomme bei dem Gedanken, dass die Schutzsuchenden, wie Sie sie nennen, keine richtigen Ausweise besitzen. Können Sie sich das denn genauso vorstellen?«

»In Deutschland sozialisiert weiß ich nur zu gut, wie wichtig es ist, amtliche Dokumente mitzuführen. Jetzt rede ich schon wie ein Polizist?«

»Ja, Herr Can, auch Sie haben immer, egal wo und wann, Ihren gültigen Personalausweis dabei. Das gehört sich so.«

»Ja, Herr Wengert, das ist wahr. Dass ich jederzeit gültige Dokumente mitführen kann, liegt aber auch an den funktionierenden Strukturen in Deutschland.

»Da gebe ich Ihnen recht: Die Behörden kommen ihrer Arbeit wunderbar nach.«

»Und können Sie sich vorstellen, dass es in Ländern mit korrupter Bürokratie ziemlich schwierig sein kann, an einen Pass zu kommen?«

177

»Ich sehe ein, dass das alles mit Schwierigkeiten verbunden ist. Auch Ihr Bericht über die Asylanten aus Eritrea zum Beispiel, das wusste ich vorher nicht. Aber ich würde gerne einen Schritt weitergehen und aus der deutschen Perspektive auf die Probleme blicken. Jeder Flüchtling, der sich nicht ausweisen kann, ist ein potenzieller Gefährder. Nun möchte ich nicht gegen Flüchtlinge wettern, aber auch gleichzeitig diese Gefahr berücksichtigen. Also ein Vorschlag: Man könnte alle diese Menschen in geschlossene Lager bringen, bis zumindest das Herkunftsland und der Fluchtgrund feststehen.«

»Sie würden Geflüchteten also grundsätzlich Schutz bieten?«

»Ich bin kein Unmensch, Herr Can.«

»Das habe ich auch nicht behauptet. Ehrlich gesagt, tat es nur gerade so gut, das von Ihnen zu hören, weil ich prinzipiell auch glaube, dass Sie hilfsbereit sind.«

»Ja, das sollte selbstverständlich sein. Unter gewissen Umständen können wir sicherlich auch Menschen ins Land lassen, die uns nachweislich nicht gefährden. Nur weil ich den Flüchtlingen kritisch gegenüberstehe, heißt das nicht, dass ich jede Schutz suchende Familie an der Grenze krepieren lassen würde.«

»Sie sorgen sich also ebenfalls um das Wohlergehen von Geflüchteten.«

»Ja, was denken Sie denn? Ich habe doch auch Frau und Kind!«

»Da fällt es einem noch leichter, sich einzufühlen. Sind da geschlossene Lager, wie Sie sagten, eine optimale Idee für Mütter und Kinder?«

»Wahrscheinlich nicht. Das war zu hart ausgedrückt. Ich will Ihnen doch nur einen Weg aufzeigen, wie das ganze Chaos ordnungsgemäß und zum Schutz unserer Gesellschaft geregelt werden kann. Dabei lasse ich doch die, wie sagen Sie so schön, geflüchteten Menschen nicht außer Acht. Wie würden Sie denn die unkontrollierte Zuwanderung handhaben?«

»Ihre Sorge um die Sicherheit von uns allen kann ich bestens nachvollziehen. Die Frage beschäftigt mich auch sehr, und ich denke auch immer wieder über eine humane Lösung nach.«

»Es ist fair, dass Sie zugeben, selbst keine Lösung zu haben. Was wir aber durchaus zunächst über den Ist-Zustand unserer Gesellschaft sagen können, ist doch, dass wir in einem Rechtsstaat leben. Niemand darf sich in so einem System sein Asyl erlügen. Durch ein Einwanderungsgesetz und eine Obergrenze würden wir das Ganze besser steuern können.«

»Sollten alle EU-Länder eine Obergrenze einführen?«

»Das kann jeder selbst entscheiden.«

»Und mal angenommen, auch die EU-Staaten an der Balkan-Route würden diese einführen, wie sähe die Situation Schutz suchender Menschen dann aus?«

»Da die anderen Länder ja auch ihre Grenzen dichtmachen und niemanden passieren lassen würden, könnten die wenigsten es nach Deutschland schaffen. Aber denken Sie zunächst mal an die Familienangehörigen. Wenn jeder Flüchtling, der sich bereits in Deutschland aufhält, mindestens vier Verwandte nachholt – und das wird so sein –, sind wir ruckzuck bei fünf Millionen. Dabei wissen die Kommunen doch selbst nicht genau, wie und wo sie die Geflüchteten unterbringen sollen. Herr Can, Sie sollten einsehen, dass wir uns das nicht leisten können. Gerade bei unserem zerstrittenen Europa, wo keiner mehr am gemeinsamen Strang zieht«

»Es muss noch viel getan werden, um zu einer richtigen Werteunion zu werden und Herausforderungen gemeinsam anzupacken. Trotzdem glaube ich, dass wir das Zeug dazu haben, als vereinter Kontinent den Grundstein für Frieden und Verständigung auf dieser Welt zu legen.«

»Das ist doch naiv.«

»Wir brauchen Ziele.«

»Wie soll sich der Kontinent einen, wenn er mit Flüchtlingen beschäftigt ist? Der Brexit ist nur der Anfang, wenn hier weiter von unserer und der französischen Regierung über die nationalen Interessen der anderen Mitgliedsstaaten hinweg entschieden wird. Leisten Sie lieber weiter Entwicklungshilfe, Herr Can, damit diese Menschen erst gar nicht kommen müssen!«

»Ich bin da ja ganz bei Ihnen. Natürlich ist es besser, vor Ort zu helfen, leider ist das aber nicht immer möglich, und es gibt nun mal das Asylrecht. Wir und andere Länder sind also verpflichtet, Geflüchtete aufzunehmen. Und könnten wir nicht froh sein über dieses Asylrecht, weil wir damit Menschlichkeit beweisen? Also ich muss nur an die eben besprochene Situation der Verfolgten denken. Da erscheinen mir die Probleme, die flüchtende Menschen in ihrer Heimat haben, sehr viel existenzieller zu sein als die, die wir hier in Deutschland haben. In diesem Kontext denke ich auch an den Zweiten Weltkrieg und daran, wie viele Asylsuchende aus Deutschland von den Alliierten abgelehnt wurden. Das sind alles Menschen, die dem Holocaust hätten entgehen können, hätte man ihnen geholfen.«

»Jetzt wollen Sie an mein Gewissen appellieren, Herr Can. Sie machen genau dasselbe wie diese Caritas-Werbungen mit den ausgehungerten schwarzen Kindern, die so ausgeleuchtet werden, dass man bis zum Blähbauch jede einzelne Rippe zählen kann, und wo dann darübersteht: ›Mit nur zwei Euro ermöglichen Sie der achtjährigen Amanda, ein Jahr lang zur Schule zu gehen!‹«

»Entschuldigung, Herr Wengert, ich habe Ihre Intention verstanden, aber Ihr Ton war respektlos.«

»War mir klar, dass Sie hier einhaken, ›bewusst verletzend‹ brüllen. Stören Sie sich ruhig an meiner politisch unkorrekten Ausdrucksweise, dann müssen Sie dem nicht zuhören, was ich damit eigentlich sagen will. Solche Organisationen, auch Ihr UNICEF, leben nun einmal davon, dass Menschen minimale Beträge spenden, um ihr Gewissen zu beruhigen. Und beruhigt werden muss dieses Gewissen, weil wir den vollpigmentierten Subsahara-Afrikanern – War das politisch korrekt genug, Herr Can? – durch unsere bequeme Lebensart die Schäden zufügen, vor denen wir sie dann retten müssen. Anstatt die Ursachen zu bekämpfen, ruft man lieber zum Spenden von Pfennigbeträgen auf. Das ist von Grund auf scheinheilig!«

»Ja, Sie haben sehr richtig erkannt, dass wir als Gesellschaft an diesen Zuständen mitverantwortlich sind und die Ursachen dafür bekämpfen sollten.«

»Würden Sie denn auf Ihren Luxus verzichten?«

»Nun, jeder muss seinen Teil dazu beitragen, wenn wir in einer gerechteren Welt leben wollen, also ja.«

»Sie trinken Kaffee, für den die Bohnen einzeln von Lohnsklaven vom Baum gepflückt wurden. Sie tragen ganz sicher Kleider, die von süßen Kinderhänden zusammengenäht worden sind. Wissen Sie, wie schädlich das Gerben von Leder für die Arbeiter ist und wie viel Wasser dabei draufgeht? Was ist mit den Plantagen, auf denen das Soja wächst, das man den Rindern zu fressen gibt, die geschlachtet werden, bloß damit Sie sich nachts noch einen Döner holen können? Bauern verhungern deswegen, atmen Insektizide ein.«

»Ja. Und es ist sehr wichtig, dass möglichst viele Menschen in den Industrienationen wissen, welche Konsequenzen unser Handeln hat. Sonst werden wir das Leid auf der Welt nie beenden.«

»Wie wollen Sie denn bitteschön das Leid auf der Welt beenden, wenn Sie ihre Bewohner mit Füßen treten?«

»Ich kann mich nicht um alle gesellschaftspolitisch relevanten Herausforderungen gleichermaßen kümmern, Herr Wengert. Es gibt bestimmte Themen, mit denen *ich* mich eingehend beschäftigt habe und für die *ich* brenne. Dort setze ich mich für eine gerechtere Welt ein und versuche selbst, die Veränderung zu sein, die ich mir wünsche. Wenn Sie Tipps haben, wie ich meine Ideale alle auf einmal verwirklichen und in die Tat umsetzen kann, um sofort in allen Bereichen nachhaltig und gerecht zu leben, so sollten wir …«

»Legen Sie erst mal Ihr Handy weg.«

»Wieso? Dann können wir nicht telefonieren.«

»Holen Sie sich eines von diesen Fairphones[13]. Vorher kann ich Sie nicht ernst nehmen, wenn Sie mich dazu auffordern, mich zu engagieren. Und selbst das Fairphone ist nicht wirklich fair.«

»Ich danke Ihnen für den Tipp. Wie ich gesagt habe, bemühe ich mich ja, wann immer es geht, nachhaltig zu leben. Doch habe ich Sie tatsächlich aufgefordert, fair zu leben?«

»Natürlich tun Sie das, genau wie diese Gutmenschen, die sagen mir ja auch ständig, ich solle meinen ach so kleingeistigen Egoismus begraben und meine Zeit für Asylanten opfern. Seien wir doch mal ehrlich, Herr Can, so unterschiedlich sind wir doch gar nicht. Wir beide wollen ein ruhiges Gewissen haben, aber nichts aufgeben, um uns der in Armut lebenden Bevölkerung in Entwicklungsländern gegenüber solidarisch zu zeigen. Genauso wenig will irgendjemand ein Erstaufnahmelager in seinem Stadtteil haben. Das ist völlig normal, Herr Can, dagegen muss man nicht ankämpfen. Auch Sie haben bei allem, was Sie tun, irgendeinen eigenen Vorteil im Blick, selbst wenn Ihnen das nicht bewusst ist. Wir sind eben alle von Natur aus Egoisten. Warum werden diese Heime zum Beispiel nie in Metropolen gebaut, sondern immer nur weit außerhalb der Städte oder in der Provinz, an Orten wie Heidenau, für die sich niemand interessiert und wo die Privilegierten nicht hinkommen? So wurde es schon mit den Atomkraftwerken gemacht, die sollen auch nur dort stehen, wo die eigenen Kinder nicht im Garten spielen.«

---

[13] https://www.fairphone.com/en/our-goals/

»Herr Wengert, ich empfinde das als extreme Behauptung. Können wir die uns gemeinsam näher anschauen? Ich persönlich nehme an, dass es vor allem ökonomische Gründe hat, weshalb sich die großen Erstaufnahmeeinrichtungen nicht immer in der Stadtmitte befinden. Aus meiner eigenen Erfahrung weiß ich, wie hoch die Mietpreise dort sind, wenn man mal eine freie Immobilie findet.«

»Ja, sicher. Jeder weiß das.«

»Möchten wir, dass der Steuerzahler für diese immensen Summen aufkommen muss, wo doch die Immobilien in den umliegenden Stadtteilen erheblich günstiger sind?«

»Ich will dafür nicht aufkommen.«

»Baut man die Heime in die Städte, sind sie zu teuer, baut man die Heime in die Dörfer, sollen die Geflüchteten scheinbar von den Privilegierten ferngehalten werden. Könnte es sein, dass man es in dieser Hinsicht jemandem nur schwer recht machen kann?«

»Ich gebe zu, dass das schwierig ist. Das Problem besteht ja auch nicht nur darin, wo die Heime platziert werden, sondern darin, dass es so viele davon gibt.«

»Wie meinen Sie das? Wollen Sie nicht, dass Geflüchtete bei uns Schutz finden können?«

»Doch. Mir geht es nur um diejenigen, die zum Beispiel nicht wirklich vor Krieg fliehen, also um Asylanten, die zum Arbeiten gekommen sind, ohne jegliche Qualifikation zu besitzen. Wenn sie Akademiker wären, dann wäre das auf jeden Fall etwas anderes. Die müssen aber auch nicht erst integriert werden, die integrieren sich ganz von alleine, so wie meine Frau: Als die hierherkam, sprach sie bereits Deutsch, hatte einen Doktortitel und eine Arbeitsstelle.«

»Ist sie aus ihrer Heimat geflüchtet?«

»Nein, sie kam für eine Gastvorlesung an eine deutsche Universität und hat hier gearbeitet. Wir haben uns auf dem Oktoberfest kennengelernt, woraufhin sie beschlossen hat, ihre Forschung in Deutschland zu betreiben.«

»Geht es in diesem Fall vielleicht um Arbeitsmigration?«

»Ja, das ist wahr. Jetzt ist mir auch aufgefallen, dass wir eben noch über Fluchtmigration sprachen. Entschuldigen Sie.«

»Kein Ding. So wie ich das verstehe, hätten Sie mich und meine Familie wahrscheinlich nicht nach Deutschland gelassen. Wir sprachen kein Wort Deutsch, und meine Eltern hatten keinerlei Qualifikationen, als wir hierherkamen. Trotzdem haben wir uns integriert. Die beiden haben längst Arbeit, und ich habe hier studiert und mittlerweile einen deutschen Pass.«

»Wenn Menschen, die sich nicht integrieren wollen, direkt abgeschoben werden würden, hätte ich persönlich nichts dagegen, Leute wie Ihre Eltern aufzunehmen, so sie denn verfolgt werden und deutsche Werte anerkennen. Das Problem ist aber auch, dass Integrationsverweigerer oft im Land bleiben. Das ist die Realität. Aber noch mal: So einen Migranten wie Sie, sollte man unterstützen.«

»Klingt schon mal gut, vielen Dank. Hätten Sie denn meine Eltern bleiben lassen, auch wenn Sie gewusst hätten, dass die als alevitische Kurden aus der Türkei nicht offiziell als verfolgt galten? Obwohl, wie Sie ja sicher wissen, Kurden und Aleviten, je nachdem, über welche Gegend wir in der Türkei sprechen, es mehr als schwer hatten, um mich vorsichtig auszudrücken.«

(Er zögert.) »Das ist eine durchaus schwierige Frage. Sehen Sie, Herr Can, wir müssen doch zuerst an uns und unser Land denken. Ihre Eltern auf staatliche Kosten zu beherbergen wäre keine gute Investition. Dafür können die natürlich nichts, aber so ist das eben. Wir sind nicht das Sozialamt der Welt.«

»Könnte es mehr Faktoren als Beruf, Qualifikation und Sprachkenntnisse geben, die über eine gelungene Integration und die Partizipation an der Gesellschaft entscheiden?«

»Bestimmt. Aber sie sind zumindest Garanten dafür, dass die Einzugliedernden die Wirtschaft bereichern werden. Bei der Menge an Geflüchteten auf der Welt sind ausreichend viele Akademiker dabei, bei denen das Risiko auf Radikalisierung oder Faulheit zu vernachlässigen ist.«

»Also, meine Familie und viele andere Nicht-Akademiker, die ich persönlich kenne, haben sich bestens integrieren können und immer gearbeitet.«

»Arbeitet Ihre Familie denn in der Wirtschaft, leitet sie einen internationalen Konzern oder hat sie ein Gegenmittel gegen Aids gefunden?«

»Nein, Sie denn?«

»Zumindest führe ich keinen Dönerladen.« (Er lacht.) »Nehmen Sie mir den Witz nicht übel. Natürlich, wer einen Schnellimbiss führt, kurbelt die Wirtschaft an und ist daher zumindest in gewisser Hinsicht bereichernd für unsere Gesellschaft. Jedoch wird nicht aus jedem Einwanderer ohne Qualifikation ein integrierter Gastronom. Wir können uns jedoch gerne darauf einigen, dass man Menschen nicht an der Stirn ablesen kann, wie sie sich in die Gesellschaft eingliedern. Es geht jedoch darum, die Pro-Kopf-Wahrscheinlichkeit für eine gelungene Integration zu erhöhen und Ghettoisierung zu verhindern. Auch Sie wissen, dass in armen Familien mit geringer Bildung nicht wenige kriminell werden. Da ist es schlichtweg unlogisch, Massen von diesen Menschen reinzulassen.«

»Ich frage mich, ob wir bei jedem urdeutschen Bürger – wüsste nicht, wie ich es anders sagen soll – genau wissen, dass er einen hohen Abschluss erzielen und eines Tages Steuern einzahlen und ein Vorzeige-Bürger wird? Bringt sich jeder Deutsche in die Gemeinschaft so ein, wie Sie es sich wünschen?«

»Punkt für Sie. Definitiv. Diese Sozialversager haben dummerweise das Privileg, als deutsche Staatsbürger nicht abgeschoben werden zu können. Wohin auch? Ins Saarland? Ich bitte Sie.« (Er lacht.) »Aber Spaß beiseite, immerhin beherrschen diese Menschen rudimentär die deutsche Sprache und warten an der Ampel, bis es grün wird oder sagen das Abendessen mit Schweinshaxe nicht ab. Außerdem muss es einen gewissen Zusammenhalt im deutschen Volkskörper geben. Leute hingegen, denen unsere Lebensweise, unsere Kultur und Sprache fremd sind, mit einem verqueren Gottes- und Frauenbild, können wir hier nicht gebrauchen. Das Boot ist voll. Wir können nicht riskieren, Leute aufzunehmen, die es zum Kentern bringen könnten.«

»Das ist Ihre Sicht auf die Dinge?«

»Das ist die Realität, Herr Can. Wir müssen die linksgrünrosa-rote Brille absetzen und der Gefahr ins Auge blicken. Alles andere ist naiv. Es hat schon immer Krieg gegeben, Mord, Vergewaltigung, Raubüberfälle und so weiter. Auch Sie werden das nicht aus der Welt schaffen können.«

»Wir Menschen haben auch immer die Möglichkeit, uns selbst und die Realität zu verbessern.«

»Und wie?«

»Gemeinsam.«

»Gut, Herr Can, es ist schon spät geworden. – Und Danke übrigens.«

»Wofür?«

»Dafür, dass Sie nicht nach jedem Wort ›Volksverhetzung‹ ge-brüllt haben. Nein, im Ernst, ich wünschte, Leute vom anderen Lager würden sich öfter so ungezwungen mit uns austauschen. Wie Sie gemerkt haben, weiß ich auch eine Menge und beiße nicht.«

»Das habe ich gemerkt.«

»Hoffe, Sie konnten einiges mitnehmen.«

»Das habe ich. Ich werde in den nächsten Tagen bestimmt noch oft an unser Gespräch denken.«

»Ja, auch Sie haben mir zu denken gegeben. Ich habe tatsächlich heute auch von Ihnen etwas gelernt … Sie wissen schon, die Ausgangssituation der – wie sagten Sie noch – Schutzsuchenden … Das war interessant. Überzeugt haben Sie mich trotzdem nicht.«

»Ich freue mich, dass ich da etwas mitgeben konnte. Und überzeugen wollte ich nicht, bin ja kein Missionar.«

»Ne, ich habe schon verstanden. Am Ende gehen wir beide schlafen und können am Stammtisch von diesem Gespräch erzählen. Meine Parteikollegen werden sich amüsieren, wenn sie erfahren, wie lange wir beide gesprochen haben. Wollen Sie nicht vielleicht doch in Erwägung ziehen, zu uns in die AfD zu kommen?«

»Herr Wengert, ich … danke für das Angebot und lehne ab.«

»Herr Can, Sie würden als der Supermigrant herausragen und hätten gute Chancen, gewählt zu werden. Sie würden sich sehr wohlfühlen in der AfD.«

»Wenn Ihre Partei meine Grundwerte annimmt, mich zum Parteivorsitzenden wählt und das Kürzel in ›Ali für Deutschland‹ umwandelt, überlege ich es mir noch einmal.«

(Wir lachen.)

»Ich werde auch nicht mehr pauschalisieren, versprochen.«

»Astrein! Rufen Sie doch ruhig mal wieder an, und wir führen unser Gespräch fort. Ich würde mich freuen.«

»Das werde ich durchaus machen. Und denken Sie daran, auch bei uns niemals pauschalisieren!«

»Bei niemandem, das kann ich unterschreiben.«

»Auf Wiedersehen.«

»Auf Wiedersehen, alles Gute!«

Was mich nach dem Gespräch bewegte

Dieses Gespräch fühlte sich zwischendurch an wie ein verbaler Kampf, bei dem ich auch einstecken musste. Es ist schwierig, sich von dem Gedanken eines Schlagabtausches zu befreien, wenn sehr zynische oder geschmacklose Antworten kommen.

Jedoch habe ich keine Lust zu streiten und möchte selbst bei noch so großen Meinungsunterschieden lieber in respektvollem Ton sprechen. Als ich mich erst mal auf Herrn Wengert eingelassen hatte, konnte ich mit dem, was er sagte, auch etwas anfangen und das Gespräch in konstruktivere Bahnen lenken. Was nicht bedeutet, dass ich mich nicht immer wieder zusammenreißen musste, um nicht die Geduld zu verlieren. Im Nachhinein bin ich schon über Antworten wie »Ist in Ordnung« oder »Gut, dann eben 80 Prozent« glücklich. Wer keine Erwartungen hat, baut eben auch keinen Druck auf.

Herrn Wengert war es wichtig, über das öffentliche Bild seiner Partei zu sprechen und darüber, wie ihre Positionen von Wählern anderer Parteien wahrgenommen und kommentiert werden. Ihn regte es hörbar auf, dass die in seinen Augen völlig begründeten Anliegen und Forderungen der AfD als rassistisch abgestempelt und Menschen wie er von »den Gutmenschen« pauschal verurteilt werden. Obwohl ihn das Nazi-Image seiner Partei ärgert, spricht er dennoch vom »deutschen Volkskörper« und »Volksverrätern«, wobei es sich um im Nationalsozialismus und anderen Diktaturen verwendete Begriffe handelt.

Einerseits soll man bei Herrn Wengert und allen anderen, die sich als Asylkritiker bezeichnen, differenzieren – andererseits kanzelt er politisch Andersdenkende prinzipiell als Gutmenschen ab. Indem er die Schwachstellen der eigenen Position auch bei dem politischen Gegner herausstellt, verallgemeinert und normalisiert er sie. Aber nur weil man »Du doch auch!« rufen kann, macht es das eigene Handeln noch lange nicht besser.

Zudem unterstellte mir Herr Wengert Positionen und Ansichten, von denen er gar nicht wissen konnte, ob ich sie wirklich vertrete. So ging er beispielsweise davon aus, er und alle anderen AfD-Wähler seien auch für mich bloß »Bodensatz«, selbst wenn ich das nicht zugäbe. Hätte er damit recht, wäre ich scheinheilig: Man kann nicht jegliche Form der Verallgemeinerung verurteilen und dabei gleichzeitig selbst verallgemeinern.

Rechtspopulisten wollen die Gesellschaft bewusst spalten: Auf der einen Seite stehen die Asylkritiker, also jene, die angeblich ihren Verstand benutzen, um die Lügen der sogenannten Systempresse zu durchschauen und die wahren Probleme der Gesellschaft zu benennen; auf der anderen Seite die »Gutmenschen«, jene Systemlinge also, die angeblich gegen das Volk hetzen. Der rechtspopulistischen Logik zufolge stehen Asylkritiker prinzipiell auf der richtigen Seite, alle anderen auf der falschen. Dieses »Wir und die anderen«-Konstrukt stärkt den gruppenspezifischen Zusammenhalt.

Ich habe mich schon oft gefragt, wie ich darauf reagieren sollte. Mittlerweile ist mir klar geworden, dass ich die Grenzen zwischen den beiden Lagern aufweichen kann, wenn ich mich offen zeige und mich möglichst vorurteilsfrei für verschiedene Meinungen interessiere. Ich muss ja nicht in allen Punkten mitgehen. Sobald ich aber mehr oder weniger Verständnis für die Argumentation zeige, verkleinert sich der Spalt. Mein Ziel ist es, Grautöne in das Schwarz-Weiß-Bild zu zeichnen. Damit bietet sich die Möglichkeit, sich politisch zwischen diesen zwei Extremen zu positionieren.

Um Herrn Wengerts Kette aus Grundannahmen zu durchbrechen, erklärte ich ihm, dass ich mir keine vorgefertigten Urteile über Menschen erlaube, nur weil sie einer bestimmten politischen Gruppierung angehören. Mehrmals wies ich ihn darauf hin, dass er erst mal ein unbeschriebenes Blatt für mich sei und ich ihn als einzelnen Menschen betrachte. Mit meinen Gesprächen will ich schließlich das Individuum erreichen und nicht irgendeine vermeintlich homogene Gruppe. Das kann ich jedoch nur, wenn ich den Gesprächspartner nicht sofort in eine wie auch immer geartete Schublade stecke. Ich spreche ja nicht mit dieser oder jener Partei, sondern mit einem ihrer Mitglieder. Insofern durfte ich Herrn Wengert natürlich weder vorwerfen, er habe meinen Gesprächsansatz nicht verstanden, noch mich persönlich von seinem Gutmenschen-Stempel angegriffen fühlen. Stattdessen hielt ich kurz inne, wenn ich mich über eine Aussage ärgerte, und konzentrierte mich auf einen möglichen gemeinsamen Nenner, den ich heraushörte. Ich picke mir also heraus, was allgemein vertretbar ist, und bestätige es. Erst danach nehme ich mir die Aspekte vor, die ich nicht teile.

Indem ich im Gespräch schon früh erwähnt habe, dass ich mit der Hotline keinen Cent verdiene, sondern dass sie mein Weg ist, mich für eine friedliebende Gesellschaft einzusetzen, sorgte ich für eine gewisse Vertrauensbasis. Darum ist es grundsätzlich wichtig, die positive Absicht zu betonen und ein Ziel zu haben, das der Gesprächspartner prinzipiell gutheißen kann. Das hilft vor allem in schwierigen Gesprächsmomenten.

An manchen Stellen wiederum tat ich genau das Gegenteil von dem, was Herr Wengert vermutlich erwartete: Unterstellte er mir zum Beispiel, ein linker Gutmensch zu sein, der pauschal etwas gegen AfD-Wähler hat, unterstellte ich ihm weder, ein Nazi noch ein Faschist zu sein, stattdessen bezeichnete ich ihn als strammen Patrioten. Mit solchen Formulierungen hoffe ich, neue Impulse im Selbstverständnis rechtsgesinnter Menschen zu setzen. Deshalb fragte ich Herrn Wengert auch, als es um potenzielle Gefährder ging, ob er Geflüchteten generell Schutz bieten würde, und sprach ihm Empathie zu, was bei ihm, der bis dahin zynisch rübergekommen war, seine mitfühlende Seite zum Vorschein brachte. Nun war ich nicht mehr Teil des gegnerischen Lagers, das ihn verurteilt. Offenbar sah er mich jetzt als jemanden, der prinzipiell für die eigene Sache gewonnen werden kann. Ich musste nur überzeugt werden. In diesem Sinne sind Sätze wie »So unterschiedlich sind wir doch gar nicht« als Versuch zu verstehen, mir seine politische Haltung schmackhaft zu machen. Herr Wengert bediente sich unter anderem der Globalisierungskritik, um an mein Gewissen zu appellieren: Auch ich sei nicht bereit, zugunsten leidender Menschen auf meinen hohen Lebensstandard zu verzichten. Beweis dafür sei, dass ich Produkte wie Kleidung, Kaffee und Smartphones benutze, die nicht fair gehandelt respektive produziert sind. Damit hat er im Ansatz natürlich recht. Auch in meinem Leben gibt es erhebliches Optimierungspotenzial – und Fakten bleiben Fakten, egal, wer diese ausspricht. Wichtig ist mir nur, dass diese nicht missbraucht werden. Herrn Wengert zum Beispiel ging es keineswegs darum, dass ich mich bessere, sondern darum, dass ich meinen Besserungsanspruch an mich und andere aufgebe, weil er vergeblich sei und es gegen die egoistische Natur des Menschen verstoße, Bedürfnisse anderer in seine Handlungen mit einzubeziehen. Und da ich mich nicht in allem und jedem solidarisch und fair verhalte, hätte ich auch kein Recht, solidarisches und faires Verhalten anderer Menschen einzufordern. Sein eigentliches Argumentationsziel war es also, mein Ideal von einer gerechteren Welt ins Wanken zu bringen. Erreicht hat er es nicht, aber was er gesagt hat, hat mich trotzdem nachdenklich gemacht und sensibilisiert: Stärker als bisher reflektiere ich jetzt meinen eigenen Lebensstil und den Luxus, den wir in Deutschland genießen. Das zumindest habe ich meinem Gespräch mit Herrn Wengert zu verdanken.

Integriert wie ein Deutscher?

Jan ist ein junger Mann aus Köln, der sich über integrationsunwillige Migranten aufregt.

»Es gab zwar schon so viele Debatten über gescheiterte Integration, über Parallelgesellschaften, Hinterhof-Moscheen und Kopftuchmädchen … Stichwort Sarrazin, und jetzt durch die AfD … Plötzlich sind so viele Flüchtlinge zu uns gekommen, da ist dieses Thema wieder brandaktuell.«

»Wohl wahr, umso besser, dass du dich damit beschäftigst.«

»Aber wer weiß schon, wo die Reise hingeht. Ich beobachte jedenfalls seit langem, dass Einwanderer aus der Türkei und nordafrikanischen Staaten in einer Parallelgesellschaft leben und anders denken als wir Deutsche. Damit meine ich die Werte, die sie vertreten, und ihr Selbstverständnis. Es ist, als wäre die Gesellschaft zersplittert.«

»Verstehe.«

»Eigentlich habe ich angerufen, weil ich dich fragen wollte, wie du zu unserer Multi-Kulti-Gesellschaft stehst. Hat sie noch eine Chance?«

»Hm. Ich persönlich finde die Vorstellung einer *inter*-kulturellen Gesellschaft sowieso besser als dieses sogenannte Multi-Kulti-Konzept. Das klingt zu sehr nach Trennung und danach, dass die unterschiedlichen Menschen höchstens nebeneinander leben, also ohne echten Kontakt zueinander. Da ist es für Einwanderer und Einheimische viel leichter, sich abzuschotten.«

»Also bist du gegen Parallelgesellschaften?«

»Klar. Voll und ganz.«

»Was bist du eigentlich? Türke oder Kurde? Oder bezeichnest du dich als Anatolier? Als Südländer?«

»Um ehrlich zu sein, waren da jetzt keine Bezeichnungen dabei, die eindeutig auf mich zutreffen.«

»Was sonst? Immigrant?«

»Ich bin eher eine Mischung aus verschiedenen kulturellen Einflüssen.«

»Aber du wirst ja irgendwas angeben müssen, wenn du gefragt wirst, was für ein Landsmann du bist. Stell dir vor, es ist Fußball-WM, und du müsstest intuitiv auf eine Flagge zugreifen. Oder lass mich so fragen: Als was fühlst du dich denn?«

»Als was ich mich fühle? … Interessante Frage. Ganz unterschiedlich.«

»Schau, ich für meinen Teil bin in Deutschland geboren und lebe in Köln. Deshalb fühle ich mich als Kölner beziehungsweise deutsch.«

»Hast du denn auch mal woanders gelebt?«

»Ja, das ändert aber natürlich nichts an meinem Nationalgefühl. Ich komme ursprünglich aus Münster und habe dort meine Jugend verbracht. Dann bin ich nach Köln gezogen.«

»Aus Münster? Das ist ja ein netter Zufall. Ich komme nämlich ursprünglich aus Warendorf. Und jetzt wohnst du in Köln? Da habe ich mal für WDR Cosmo und Stern TV gearbeitet und dadurch die Stadt ein bisschen kennengelernt. Eine coole Stadt für junge Menschen.«

»Wie man's nimmt. Es gibt bestimmt gute Locations, aber ich bin vor drei Jahren wegen eines Jobs gekommen und arbeite zentral am Barbarossaplatz. Die ersten acht Monate habe ich in einer Wohngemeinschaft in Ehrenfeld gewohnt. Zusammen mit zwei Lesben und einem Ägypter, Abdel. Der war aber erst nach vier Monaten von seiner Reise zurück. Als er wiederkam, hat unser WG-Leben allerdings merkwürdige Formen angenommen. Ich sage es mal so: Er hatte Schwierigkeiten mit den WG-Regeln.«

»Ojemine. Aber bevor meine Mitbewohnerinnen mir das System der Mülltrennung ausführlich erklärt haben, war ich auch ein schwieriger WG-Genosse.«

»Und dann sind da noch die Erfahrungen meiner Eltern. Die beiden sind nämlich Polizisten in Münster-Kinderhaus. Der Stadtteil sagt dir was?«

»Klar. Vom Fußball. Aber auch wegen der Hochhäuser und so.«

197

»Ganz genau. Die berüchtigten Hochhäuser. Nun, als wir neulich mit der ganzen Familie am Mittagstisch saßen, haben wir über dein Engagement diskutiert. Ziemlich kontrovers. Meine Schwester ist bei Amnesty aktiv und gibt Flüchtlingskurse. Sie hat erwähnt, dass ihr auf Facebook befreundet seid. Bestimmt würdet ihr euch gut verstehen, sie ist gerade irgendwo in Ghana und rettet die Welt. Versteh' mich jetzt bitte nicht falsch, ich finde das vorbildlich von ihr, weil das ja auch eine gute Sache ist, aber es ist schon irgendwie blauäugig. Jedenfalls habe ich jetzt angerufen, weil mich deine Meinung zur Integration in Deutschland interessiert. Damit meine ich nicht vorrangig die Flüchtlinge, die in den letzten zwei Jahren zu uns gekommen sind. Mich interessiert die Anpassung und Eingliederung aller Migranten, die dauerhaft in unserer Gesellschaft leben wollen. Das ist ja bekanntlich ein … wie soll ich sagen?«

»Komplexes Thema?«

»Ja. Deswegen gefällt es mir, dass du diese Plattform bereitstellst, über die man mit dir sprechen kann. Mit Berufskollegen oder Freunden zu diskutieren, ist ja eher schwierig. Zudem glaube ich, dass du eine differenziertere Meinung hast. Mich würde einfach interessieren, was du zu bestimmten Punkten denkst.«

»Klar.«

»Ehrenfeld dürfte dir auch ein Begriff sein, oder?«

»Ja, kenne ich. Da war ich mal auf einer Versammlung von Initiativen, die sich für geflüchtete Menschen einsetzen.«

»Solche Veranstaltungen passen zu Ehrenfeld. Das ist ja eine Multi-Kulti-Gegend. Ich weiß nicht, wie du diesen Ort erlebt hast, aber in meinen Augen ähnelt der Stadtteil schon sehr der Keupstraße. Beide Gegenden stellen für mich Vorstufen einer Parallelgesellschaft dar. Dort fühle ich mich fast so, als wäre ich in einem anderen Land.«

»Wie kommt's?«

»Du kannst ja mal einen Spaziergang mit mir durch Ehrenfeld machen, dann wirst du merken, was ich meine.«

»Sehr gerne. Ich kann mir aber schon denken, was du meinst, wahrscheinlich wirst du auch angeglotzt, weil du groß und blond bist? Das sind jetzt natürlich Vorurteile …«

»Eigentlich habe ich köterblonde Haare, aber es stimmt: Ich steche dort vollkommen heraus und fühle mich sehr unwohl.«

»Hm.«

»Der Ort ist voller Multi-Kulti-Farben und -Gerüche, zum großen Teil türkischer und arabischer Herkunft. Du gehst da durch, und alle Blicke sind auf dich gerichtet. Und du verstehst einfach nicht, was die Leute reden. Du kommst dir total fremd vor.«

»Ich kann verstehen, wie du dich da fühlst.«

»Wie das? *Dir* kann es da ja nicht so ergangen sein. Du bist doch selbst Türke. Kurde. Oder halt Migrant. Was auch immer.«

»Doch, so ging es mir auch. Nicht in Ehrenfeld, aber in Hoyerswerda.«

»Aha. Wo liegt das denn noch mal?«

»In Sachsen, da bin ich eine Woche lang gewesen.«

»Na gut, die Ossis sind ja auch nicht viel länger als du in Deutschland. Kleiner Scherz. Unsere Situationen unterscheiden sich aber definitiv. Schließlich bist du ein Migrant, und von dir wird erwartet, dass du dich integrierst. Da kannst du dir fremd vorkommen, du sollst dich ja mit der Zeit an die Deutschen anpassen.«

»Ich bin schon Deutscher.«

»Du bist also doch Deutscher? Ha, erwischt.«

»Was?«

»Es ist endlich raus, als was du dich siehst. Du bist und fühlst dich also nicht türkisch, sondern deutsch. Das finde ich gut. Viel mehr Migranten sollten sich auch als Deutsche verstehen. Aber so, wie es in manchen Stadtteilen in Köln aussieht, habe ich das Gefühl, als müssten *wir* uns integrieren.«

»Aha.«

»Ich meine das gar nicht abwertend, aber in manchen Gegenden herrscht einfach eine andere Kultur.«

»Natürlich hast du bestimmte Erfahrungen gemacht. Aber wie kommt es, dass du davon ausgehst, dass die Leute in ganzen Stadtteilen eine andere Kultur pflegen?«

»Da braucht man dort doch nur mal einkaufen zu gehen. Es ertönt laute orientalische Musik aus den Läden, es riecht überall nach Döner. Du siehst nur Türken und Araber, die aus überfüllten Gemüsemärkten und 1-Euro-Shops herauskommen und nicht Deutsch miteinander sprechen. Ganz zu schweigen von den Internetcafés, die es dort wie Sand am Meer gibt. Sauberkeit? Nicht in diesen Straßen. Dann stehen da diese Grüppchen an den Straßenecken und werfen Körnerschalen auf den Boden, schreien sich gegenseitig etwas über die Straße zu: ›Muraaat!‹ oder ›Anää, Anää‹. Du spazierst da entlang und fragst dich, warum schreien die nur so rum?«

»Puh, gute Frage. Ich weiß nur, dass ›Anne‹ türkisch ist und Mutter bedeutet.«

»Ach, deswegen hört man das so oft. Also dann stehen da diese ›Anäs‹ vor den Geschäften mit den Hochzeitskleidern und unterhalten sich in ihrer Sprache. Alle mit Kopftuch versteht sich. Und wenn ich an diesen Frauen vorbeigehe, schauen die mir nicht mal in die Augen, sondern senken den Blick. Total merkwürdig..«

»Ja, so was verunsichert.«

»Mehr noch: Solche Erfahrungen erwecken bei mir den Eindruck, als wollten die Leute sich nicht integrieren. Und ja, es macht mir Sorgen, dass wir in Deutschland inzwischen echte Parallelgesellschaften haben und nicht an die Menschen rankommen.«

»Ich finde es gut, dass du mit mir über deine Beobachtungen sprichst. Aber hast du dich auch mal mit einem dieser Menschen, die du meinst, länger unterhalten?«

»Nein, noch nic. Aber zu Beginn meiner WG-Zeit habe ich mal den Fehler gemacht und einige von denen angesprochen. Ich bin von der Arbeit heimgeradelt und habe vor der Haustür meiner WG vier Jungs gesehen. Höchstens 16 waren die, Lederjacke, Hose in den Socken, Cappys. Einer hielt Lautsprecher-Boxen hoch, aus denen deutscher Rap dröhnte. Zwei lehnten mit dem Rücken an der Hauswand und schauten sich etwas auf dem Handy an. Der vierte hockte auf dem Bürgersteig und schien die vorbeifahrenden Autos zu beobachten. Zwei Häuser weiter habe ich mein Fahrrad an die Laterne angeschlossen und bin dann zu unserer Haustür gegangen. Die Musik war so laut, dass ich sie mit Sicherheit auch in meinem Zimmer im dritten Stock hören würde. Also konnte ich mir nicht verkneifen, was zu sagen. Dreimal darfst du raten, wie die Jungs reagiert haben.«

»Sie haben Verständnis gezeigt, die Musik runtergedreht, und dann habt ihr euch angefreundet?«

»Nein.«

»Das wäre aber schön gewesen. Hm. Sie sind ohne etwas zu sagen abgehauen?«

»Nein. Sie haben erst mal gar nicht reagiert. Als ich dann noch mal was gesagt habe, ist der eine Typ aus seiner Hocke aufgestanden, hat die Brust rausgestreckt und sich vor mir aufgebaut. ›Was hast du für ein Problem, lan[14]?‹ zischte er. Also habe ich ihm ein drittes Mal erklärt, dass mir die Musik zu laut ist und so weiter. Der mit den Boxen daraufhin zu seinem Kumpel: ›Lass mal diese deutsche Kartoffel, Alter. Der hat doch keine

---

[14] lan, türkisch: Alter!

Ahnung. Dieser Scheißdeutsche zeigt dich sonst an.‹ Der vor mir hat mich geschubst, ›Tam[15] Opfer lan‹ gesagt, und dann haben sie alle die Fliege gemacht. Idioten.«

»Ich kenne solche Leute. Da spielt vieles hinein, warum die so reagiert haben. Die hatten bestimmt nichts zu tun, haben sich gelangweilt, sich in ihrer Ehre beleidigt gefühlt, Stress gesucht … Trotzdem kann ich mich nur fremdschämen. Das ist einfach ein No-Go, ganz klar.«

»Was mich am allermeisten überrascht hat, war ihr Deutschlandhass. Was soll das denn? In diesem Land leben, sich wie respektlose Schweine aufführen und dann noch gegen die Einheimischen wettern. Sag mal, wie stehst du denn zu solchen Typen?«

»Ich würde hier von misslungener Integration und von Diskriminierung sprechen, immerhin haben die dich ja aufgrund deiner Herkunft beleidigt. Nichts kann so ein Verhalten rechtfertigen, aber ich denke, die Situation war vielschichtiger, als du sie mir jetzt geschildert hast. Die Jungs hatten vielleicht getrunken, gekifft oder einfach miese Laune, weil etwas Blödes vorgefallen war. Oft spielt ja auch die Gruppendynamik eine Rolle. In der Gruppe trauen sie sich Dinge, die sie alleine nicht so schnell machen würden. Ich kann dir nicht sagen, wie wir mit diesen Jugendlichen umgehen sollten. Aber Menschen, die sich nicht an Regeln halten, eine große Abneigung gegen Deutsche haben und schnell handgreiflich werden, müssen wir nicht dulden.«

»Das meine ich auch, deswegen habe ich dich angerufen. Was macht man mit denen?, lautet die Frage. Für mich sind diese Jungs schon abschiebewürdig. Die haben weder Benehmen

---

[15] tam, türkisch: echt, voll, total

noch die richtige Einstellung. Wenn die so gegen uns Deutsche sind, dann sollen sie doch ausreisen, oder? Als Immigrant muss man bereit sein, die Werte seiner neuen Heimat anzunehmen, sich also mit dem Deutschen anzufreunden. Ich glaube, alles fängt mit der Identität an … Deswegen ja meine Frage an dich, wie du *dich* siehst. Ich finde, dass es sehr viele integrationsunwillige Ausländer gibt. Und das Problem fängt bei ihrem Selbstverständnis an.«

»Ich weiß, was du meinst.«

»Sobald man beschließt, langfristig in Deutschland zu leben, muss man sich als Deutscher bekennen. Wenn sich niemand von denen an die deutsche Kultur anpasst, gibt es doch nur Ärger und Konflikte.«

»Hm.«

»Die, die ich meine, identifizieren sich nicht mit unserem Land. Sie leben ihre eigene Kultur und interessieren sich nicht für die deutschen Werte. Und dann lästern die ja noch über uns Deutsche. Das regt mich total auf, kannst du das verstehen?«

»Absolut. Ist, umgekehrt, jemand für dich integriert, wenn er sich als Deutscher bekennt?«

»Ja, unbedingt.«

»Wie kann er das zeigen?«

»Gute Frage. Die Ausländer könnten mehr am deutschen Gesellschaftsleben teilnehmen.«

»Für mich hört sich das nach praktischen Dingen an, die Einwanderer tun müssen, damit sie integriert sind. Da geh' ich total d'accord.«

»Ich gebe dir ein Beispiel: Hast du schon mal Migranten geschweige denn Türken bei der Freiwilligen Feuerwehr gesehen?«

»Die gibt es bestimmt. Aber getroffen habe ich noch keinen.«

»Komisch, ich auch nicht.«

»Ja, das stimmt. Vor allem in dörflichen Vereinen habe ich wenige Migranten kennengelernt, die sich in Garten- oder Gesangsvereinen oder deutschen Kultureinrichtungen und so weiter einbringen – wobei es sie natürlich auch inhaltlich interessieren sollte, oder?«

»Ja, klar. Das Interesse muss da sein.«

»Vermutlich liegen deren Interessen aber öfter woanders, zum Beispiel in Kulturvereinen, in denen sie sich nicht so ganz fremd vorkommen. Auch Migranten haben Berührungsängste. Und meine Freunde auf dem Land sind sowieso eher in Sportvereinen. Keine Ahnung, ob es in den Großstädten eventuell anders aussieht …«

(Er zögert.) »Das kann ich dir nicht sagen, wäre aber möglich. Vielleicht ist das ein Dorfphänomen. Aber trotzdem müssen die Migranten sich mehr in die deutsche Gemeinschaft einbringen und nicht nur in die Migrantenorganisationen.«

»Hm. Wenn wir die Zustände konstruktiv ändern wollen, müssten wir alle erst mal in Kontakt kommen: Es fängt ja immer mit dem Dialog an, und wenn nicht in einem Verein, was eigentlich ein guter Ort wäre, weil die Menschen dort auch gemeinsam gestalten, dann vielleicht in einem Jugend- oder Dorftreff mit Kicker, Billard, Dart und so weiter. Vor allem aber ist Anerkennung von beiden Seiten entscheidend. Ich frage mich, ob ich mich je in Institutionen engagiert hätte, wenn die Mitarbeiter dort sich nicht für mich interessiert und mich nicht gut informiert hätten. Wenn Menschen mitgestalten können, bauen sie eine persönliche Bindung zu ihrer Umgebung auf.«

»Lieber Ali, Migranten haben hier alle Rechte und Freiheiten, die man sich denken kann. Niemand verbietet den Einwanderern, sich einzubringen, wenn sie eine Aufenthaltsgenehmigung oder sogar den deutschen Pass haben. Die Grünen haben doch einen Anatolier zum Vorsitzenden gewählt, und die aktuelle Integrationsministerin ist auch türkisch. Wenn man nur will, kann man es schaffen.«

»Ah. Ich dachte immer, dass die Eltern von Cem Özdemir anatolischer Herkunft sind, er selbst aber in Deutschland geboren und Deutscher ist.«

»Ja, gut, dann einen Deutschen mit anatolischem Migrationshintergrund. Er hat es halt geschafft.«

»Ich bin ganz bei dir. Es gibt großartige Chancen in diesem Land, und der Wille ist wichtig, definitiv. Vielleicht könnten politische Persönlichkeiten öfter so was wie ›Du bist auch Deutschland‹ äußern? Es geht mir darum, die Türkischstämmigen, die teilweise seit einem halben Jahrhundert in Deutschland leben, sich aber nicht akzeptiert fühlen, viel offensichtlicher anzuerkennen und zu schätzen. Aus meiner eigenen Erfahrung heraus bin ich ziemlich sicher, dass die sich dann auch mehr in der Gesellschaft einbringen würden.«

»Mag sein.«

»Und im Grunde sprechen wir ja gerade über eine bestimmte Gruppe beziehungsweise über diejenigen, die negativ auffallen, so wie bei deinem Erlebnis mit den vier Jungs. Auch mir bleiben oft eher die doofen Ereignisse im Kopf. Manchmal frag' ich mich, ob wir nicht vor allem an die Menschen denken, die sich danebenbenehmen, und dabei all die integrierten Einwanderer übersehen.«

»Wie?«

»Ich frage mich, ob die, die sich integrieren, überhaupt auffallen, weil sie ja eben nicht aus der Reihe tanzen.«

(Er zögert.) »Woran merkst du denn, dass jemand integriert ist?«

»Ich sehe das jemandem nicht an … Mal angenommen, ich wäre integriert: Woran würdest du das festmachen?«

»Integration bedeutet eigentlich Anpassung.«

»Das heißt, ich trinke viel Bier und war schon mal auf dem Oktoberfest? Singe zu Weihnachten ›Stille Nacht‹, verstecke zu Ostern bunte Eier im Garten und habe die Sams-Bücher gelesen? Und was, wenn ich kein Vollkornbrot esse, Karnevalkostüme albern und Mallorca im Sommer zu warm finde?«

»Das sind Klischees. Ich trage ja auch nicht weiße Tennisso-
cken in Sandalen und bin trotzdem deutsch. Das sind alles Äu-
ßerlichkeiten.«

»Finde ich auch.«

»Ich gebe ja zu, dass manche zwar von Integration reden, aber
Assimilation meinen. Mir persönlich ist es egal, ob jemand Ro-
senmontag Kamelle wirft oder nicht. Ich persönlich mache eine
gelungene Integration an anderen Merkmalen fest: Spricht die
Person fließend Deutsch, hat sie eine Arbeit, hält sie die Gesetze ein, akzeptiert sie unsere Werte?«

»Verstehe. Ich muss gerade an all die Falschparker und Ar-
beitslosen denken … Ich bezweifle, dass die alle nicht integriert
sind. Du hast auch die Sprache erwähnt: Findest du, dass jemand integriert ist, sobald er der deutschen Sprache mächtig
ist?«

»Klar.«

»Dann stellen wir uns mal Einwanderer vor, die seit vielen Jahren in Deutschland leben und hart arbeiten – nicht illegal, versteht sich. Hast du's?«

(Er lacht.) »Ja, hab' ich.«

»Gut. Sie sind freundlich zu ihren Nachbarn, haben deutsche
Freunde, fühlen sich in Deutschland wohl. Doch sie sprechen
nur sehr gebrochen Deutsch. Und nun?«

»Wie lange leben deine fiktiven Personen denn schon in
Deutschland?«

»Sagen wir zwanzig Jahre.«

»Seit zwei Jahrzehnten wohnen die hier und können nur gebrochen Deutsch sprechen? Meiner Meinung nach ist das nun wirklich ein No-Go. Du kannst mir doch nicht sagen, dass es vollkommen in Ordnung geht, wenn Einwanderer seit zwanzig Jahren unter uns leben, sogar deutsche Freunde haben, aber kaum Deutschkenntnisse. Abdel, der Flüchtling aus meiner ehemaligen WG –, den mag ich zwar keineswegs, aber selbst der ist ein besseres Beispiel, der lebt erst seit vier Jahren in Deutschland und spricht gut Deutsch, wenn auch mit Akzent und etlichen englischen Vokabeln.«

»Du hast recht. Es ist eigentlich nicht in Ordnung.«

»Nicht nur *eigentlich*. Die Sprache zu können ist das A und O für Integration.«

»Korrekt. Aber lass uns noch mal zu meinem fiktiven Beispiel zurückkehren: Die Familie hat also nur sehr geringe Deutschkenntnisse. Nun gibt es noch ihr deutsches Umfeld: Die deutschen Nachbarn und Freunde finden nämlich trotzdem, dass diese Migranten längst integriert sind. Sie nennen sie sogar manchmal ›Vorzeigemigranten‹. Womit könnten sie ihre Meinung begründen?«

»Mit der Sprache ja wohl nicht. Die werden also auf andere Dinge achten.«

»Ja.«

»Gut möglich, dass die deutschen Nachbarn von den Einwanderern irgendwie profitieren.«

»Du kannst dir also vorstellen, dass es Einheimische gibt, die bestimmte Migranten für integriert halten, weil diese einen gesellschaftlichen Nutzen haben?«

»Ja, natürlich ist das möglich, dass der Nutzen die wenigen Deutschkenntnisse ein wenig kompensiert. Genau das ist ja bei eingewanderten Leistungssportlern der Fall.«

»Und wie findest du das?«

»Zunächst einmal legitim. Doch im Grunde muss man auch das kritisch sehen. Die Sportler kommen ja teilweise aus fernen Ländern und können maximal ein paar Brocken Deutsch, wenn sie vorher keinen Vorbereitungskurs besucht haben. Gleichzeitig kann ich es natürlich verstehen, dass zum Beispiel ausländische Fußballspieler die deutsche Staatsangehörigkeit erhalten, damit sie in der Nationalelf spielen können. Sie liefern ja auch eine besondere Leistung unter der deutschen Flagge ab und tragen so auf eindrucksvolle Art dazu bei, dass Deutschland erfolgreich ist. Außerdem bekennen sie sich vor laufenden Kameras vorbildhaft zu Deutschland, wenn sie zum Beispiel den deutschen Adler auf der Brust tragen. Das macht mich besonders stolz, und dann rede ich auch von Integration, ja.«

»Du bist doch gerne kritisch und bedenkst viele Gesichtspunkte. Gibt es da nicht etwas, das dich stört?«

»Wie gesagt, auch hier gibt es Aspekte, die mir missfallen. Es gibt zum Beispiel einzelne Spieler, die vor dem Anpfiff die Nationalhymne nicht mitsingen, obwohl die ganze Nation vor den Bildschirmen sitzt und zusieht. Diesen kurzen stummen Auftritt finde ich halbherzig und nicht gut.«

»Das ist mir auch mal aufgefallen, und ich frag' mich jedes Mal, *wieso* singen die nicht mit? Aber die Leistung für die Gemeinschaft ist für dich das wichtigste Integrationskriterium, richtig?«

»Natürlich ist die Leistung auf dem Feld wichtig und dass sie für Deutschland spielen, aber irgendwie doch auch die innere Haltung: Ob jemand die Strophen aus Überzeugung mitsingt oder schweigt, ist eben ein großer Unterschied.«

»Innere Haltung – das ist ein gutes Stichwort. Zu den nicht singenden Nationalspielern fällt mir allerdings noch ein Interview ein, das ich neulich gesehen habe, ich glaube mit Sami Khedira. Der wurde gefragt, warum er nie mitsinge, und er hat geantwortet, dass er sich vor dem Anstoß stark konzentriere und mental auf das Spiel vorbereite.«

»In Ordnung. Das kann man schon durchgehen lassen. Ich habe ja auch selbst Fußball gespielt und weiß, wie das in den letzten Minuten vor dem Anpfiff ist. Aber du sagst es: Ich kritisiere einige Aspekte. Mir ist vor allem wichtig, dass man auch an diese speziellen Migranten die gleichen Anforderungen stellt. Denn nur weil jemand Deutscher ist, erwartet man ja auch nicht weniger Anpassung. Da müssen alle mitziehen.«

»Ich finde es gut, dass wir die gleichen Anforderungen an alle in Deutschland lebenden Menschen stellen, auch an Profi-Fußballer. Ich hatte dich aber so verstanden, dass das Mitsingen der Nationalhymne für dich nicht unbedingt der wichtigste Indikator dafür ist, wie integriert jemand ist. Ist das richtig bei mir angekommen?«

»Ich denke, es ist nicht wirklich entscheidend, und vielleicht ist die ganze Aufregung um diesen Punkt auch viel zu überzogen.

Aber es ist eben ein emotionaler Moment, wenn diese historischen Zeilen von Tausenden von Menschen gesungen werden und wir alle im weißen Trikot-Meer vereint sind.«

»Es ist wirklich schön, wenn in diesem Moment irgendwie alle auf der gleichen Seite stehen …«

»Natürlich. Deutsche und Migranten, alle singen mit und stehen auf derselben Seite. Als würden die Leute es doch mal schaffen, sich zu verstehen und zumindest bei einem Thema als Einheit zu denken. Das ist was Besonderes.«

»Hm.«

»90 Minuten sitzen, stehen, hüpfen und schreien wir – egal, wie man aussieht und woher man kommt. Alle für Deutschland. Alle fiebern mit. Bei mir kommt so was gut an. Hier ist Integration sichtbar, hier siehst du auch, was ich mit Teilnahme und Haltung meine: Wenn Einwanderer ein weißes Trikot anziehen und sich vor den Bildschirmen oder im Stadion zu uns gesellen.«

»Ich versuche mir gerade vorzustellen, was du meinst.«

»Selbst einige Flüchtlinge hatten Deutschlandtrikots an bei der letzten WM.«

»Cool. Wo denn?«

»Ich bin mir nicht sicher, ob das wirklich Flüchtlinge waren, aber die hatten auf jeden Fall – das war echt der Kracher – uralte oder eben gefälschte Deutschlandtrikots. Ist ja auch egal … Einer hatte jedenfalls ein Trikot von Gerd Müller an – Mensch, was haben wir uns schlappgelacht. Wir haben aber *zusammen* gelacht, und der Junge war voll sympathisch. Er konnte nur Englisch sprechen, hat sich aber mit seinem Weizen in der Hand neben uns gehockt, und wir haben die Partie dann gemeinsam geschaut. Immer, wenn es eine gute Chance für Deutschland gab, sind wir alle zusammen aufgesprungen, und er hat irgendwelche Sachen reingerufen, die keiner verstanden hat, aber es hatte Charme: Es war ziemlich dunkel im Raum, so ist er gar nicht als anders aufgefallen.« (Er lacht.) »Rashid … so hieß er, glaube ich. Was ich mit dieser kleinen Geschichte sagen will, ist, dass es niemanden gekümmert hat, woher er kam. Er hat deutlich gezeigt, für wen er ist und mit uns gemeinsam Deutschland die Daumen gedrückt. Er hatte die richtige Haltung und war kommunikativ.«

»Eine gute Geschichte. Beim Fußballschauen habt ihr also den Migranten eures Vertrauens kennengelernt.«

»Bei all dem Positiven muss ich aber auch sagen, dass ich im Grunde keine Ahnung habe, wie der Mensch unter dem Trikot in Wirklichkeit tickt. Der Punkt ist der, dass ich ihn ja nur während des Spiels als sympathischen Deutschland-Fan kennengelernt habe. Aber was macht er danach? Wie geht er zum Beispiel mit Frauen um?«

»Wären diese Fragen bei Profi-Fußballern anders?«

»Stimmt! Wer weiß schon, was die außerhalb des Rasens treiben. Eigentlich bin ich ja auch ein großer Ribéry-Fan. Er spielt einfach ausgezeichnet und ist für viele ein Vorbild. Aber dass er in einen Prostitutionsskandal verstrickt war und die Dienste einer Minderjährigen in Anspruch genommen haben soll … Das schockt natürlich erst mal.«

»Ist doch hochinteressant, dass wir Ribéry und Co. nur in einer bestimmten Rolle kennen. Wir sympathisieren mit ihnen, bis plötzlich ganz andere Facetten dieser Vorbildmenschen aufgedeckt werden. Alle Fußballstars haben auch ein Leben jenseits des Rasens und können uns mit persönlichen Geschichten überraschen. Insofern mögen Superintegrierte zwar bestimmte Kriterien erfüllen, die der Zielgesellschaft sehr gefallen. Aber deshalb sind sie weder besser noch schlechter, deutscher oder weniger deutsch als ihre deutschen und nicht-deutschen Fans. Mir fällt da natürlich Hoeneß ein: Der ist ja eigentlich sehr deutsch. Aber mit dem deutschen Steuergesetz hat er's auch nicht so genau genommen.«

»Von so jemandem wie Hoeneß, der eine sehr bekannte Person des öffentlichen Lebens ist, denkt man auch erst mal, dass er sich an die hiesigen Gesetze hält. Dass dem nicht so sein muss, hat er brillant bewiesen.«

»Sind Kriminelle integriert?«

»Hm. Meinst du Hoeneß oder Migranten?«

»Generell.«

(Er lacht und zögert.) »Ich verstehe, worauf du hinaus willst. Als Hoeneß wegen Steuerhinterziehung verurteilt wurde, haben wahrscheinlich die wenigsten über fehlgeschlagene Integration debattiert, geschweige denn darüber, dass er abgeschoben werden sollte, oder Ähnliches. Dabei ist die Einhaltung unserer Gesetze doch eine fundamentale Voraussetzung. Wenn ein Einwanderer hier leben will, muss er sich zu allererst an die Gesetze halten. Da sind sich alle einig. Und ich möchte betonen: Niemand steht über dem Gesetz, auch nicht ein Uli Hoeneß.«

»Mir kommt es so vor, als ob schnell über gescheiterte Integration gesprochen wird, sobald ein Migrant sich nicht an die hier geltenden Gesetze hält.«

»Dann gibt es einen Aufschrei, ja, du hast recht: Dann sind das nur Kriminelle, aber keine Integrationsverweigerer.«

»Was sie deiner Definition zufolge aber eigentlich sind ... Ich persönlich finde es auch erstaunlich, dass Leute, die sich aufregen, wenn der Staat betrogen wird, die über kriminelle Einwanderer schimpfen und dagegen auf die Straßen gehen, dann aber in so einem Fall wie bei Hoeneß – es ging immerhin um mehrere Millionen Euro – oder bei Franz Beckenbauer sehr zurückhaltend sind.«

»Meinst du etwa mich?«

»Nein, nein. Ich denke da an jene Menschen, die zum Beispiel immer wieder demonstrieren und lauthals skandieren, dass Asylbewerber kriminell sind und die Deutschen um viel Geld betrügen. Manche beschweren sich auch, dass es der deutsche Steuerzahler sei, der für alles geradestehen muss, wenn Einwanderer Sozialleistungen beziehen. Und dann gibt es da noch diese speziellen Leute, die selbst mehrfach vorbestraft sind, Einwanderern aber kriminelle Eigenschaften unterstellen, sie für integrationsunwillig und unerwünscht erklären. Einer der Pegida-Initiatoren zum Beispiel ist tatsächlich vorbestraft, unter anderem wegen Körperverletzung, Einbruch und Diebstahl. Ein Krimineller also, allerdings ohne Migrationshintergrund. Er und seine Mitstreiter nennen Asylbewerber und Kriminalität oft in einem Atemzug. Sie werfen geflüchteten Menschen vor, sich nicht an deutsche Gesetze zu halten ... Kann ich einigermaßen erklären, was ich meine?«

»Dass es kriminelle Asylbewerber gibt, ist aber auch klar. Da brauchen wir uns jetzt nun wirklich nichts vorzumachen. Der Punkt ist der, dass man nicht mit Steinen werfen sollte, wenn man selbst im Glashaus sitzt. Kennst du die Redewendung?«

»Ja, und die trifft's genau. Interessant war: Längst nicht alle Pegida-Aktivisten, mit denen ich sprach, wussten über die kriminelle Vergangenheit des Initiators Bescheid. Und ein anderer Pegida-Aktivist, der in Dresden auch schon öffentliche Reden gehalten hat, hat sich kürzlich als Bombenbauer entpuppt. Er war für den Anschlag auf eine Moschee verantwortlich. Beide, der Bombenbauer und der kriminelle Initiator, verweisen aber gerne auf die sogenannte Islamisierung des Abendlandes und warnen vor der Anschlagsgefahr durch Einwanderer.«

»Ich war noch nie bei Pegida, um das mal klarzustellen.«

»Mir geht es hier ja auch zunächst nur um die Drahtzieher der Bewegung.«

»Dass die führenden Köpfe so kriminell sind, wusste ich allerdings auch nicht. Ich möchte mich von denen ausdrücklich distanzieren, bevor du etwas falsch verstehst. Ich meine, ich kritisiere gerne und leidenschaftlich Muslime und diese Asylanten-Ghettos, aber ich sehe das insgesamt differenzierter. Und apropos Integration: Ich halte mich selbst auch an die Gesetze. Mit kleinen Ausnahmen wie Falschparken, ich geb's zu. Aber da ist eine rote Linie, die nicht überschritten werden darf, auch nicht von denen, die behaupten, unser Land zu schützen. Aber gut begründete Kritik ist und bleibt wichtig.«

»Absolut. Du bist ein Kritiker, kein Hetzer. Das ist für mich ein Unterschied.«

»Schau, da wären wir wieder bei der Haltung. Wenn ich Kritik übe, dann versuche ich, konstruktiv zu sein. Wenn ich integrationsunwillige Migranten an den Pranger stelle, dann will ich eine Verbesserung, eine Veränderung ihrer Haltung und ihres Verhaltens. Damit unsere Gesellschaft gut funktioniert, müssen wir eben Anforderungen stellen und kritisieren dürfen. Doch jemand, der hetzt, ist destruktiv.«

»Damit hast du den Nagel auf den Kopf getroffen. Die Haltung ist entscheidend. Ich meine, wir haben ja auch darüber gesprochen, was bei der Integration zählt. Und ob ein Fußballer die Nationalhymne nun mitsingt oder nicht, ist egal; viel wichtiger ist seine grundsätzliche Haltung zu diesem Land.«

»Die Überzeugung spielt eine zentrale Rolle, aber die Leistung ist auch wichtig.«

»Was ist denn für eine gelungene Integration noch wichtig deiner Meinung nach?«

»Puh. Schwierig zu sagen. Da gibt es natürlich diesen gesamtgesellschaftlichen Rahmen wie Rechte und Gesetze, die jeder in der Bundesrepublik einhalten und akzeptieren sollte. Aber es gibt ja auch regionale Eigenheiten. Ob jemand nun in Münster wohnt oder in Leipzig, das macht schon einen Unterschied.«

»Guter Punkt, denn die Anforderungen können von Region zu Region verschieden sein und eigentlich auch von Mensch zu Mensch. Was mich angeht, so muss ich gestehen: Ich erfülle längst nicht alle Integrationsanforderungen, von denen ich mal gehört oder gelesen habe. Gar nicht so leicht, allen Kriterien für eine gelungene Integration gerecht zu werden.«

»Das musst du auch nicht. Es gibt ja mehrere Eigenschaften, die man in Deutschland für wichtig hält.« (Er zögert.) »Übrigens ist dir dein Gedankenexperiment von vorhin gelungen. Wenn ich deine fiktiven Einwanderer nämlich auf der Straße treffen und ihnen nur einen Augenblick beim Quatschen zuhören würde, würde mein Urteil über ihren Integrationsstand ganz anders aussehen, als wenn ich ihnen beim gemeinsamen Pfannkuchenessen im Garten der deutschen Nachbarn begegnen würde.«

»Bestimmt. Wenn man lediglich einen Schnappschuss von einem fremden Menschen hat, ist das immer nur ein winziger Ausschnitt der Persönlichkeit. Und was sehen wir von seiner Absicht und Haltung?«

»Das macht Sinn.«

»Für mich persönlich ist es deshalb schwer zu bestimmen, wie integriert jemand ist.«

»Es existiert ja auch nicht so etwas wie eine Integrationsformel, mit der man ausrechnen könnte, wie gut angepasst jemand ist.«

»Ja, schade. Vielleicht könnten wir beide mal eine entwickeln, allerdings ist Mathe nicht gerade meine Stärke.«

»Wir wüssten schon mal, dass am Ende ein bestimmter Wert herauskommen muss.«

»Welche Parameter würdest du vorschlagen?«

»Da wäre unter anderem der Kenntnisstand der deutschen Sprache, ob die Person arbeitet – kann ja auch ehrenamtlich sein –, ihre Aufenthaltsdauer in Deutschland, vielleicht auch so etwas wie die Anzahl der deutschen Bekanntschaften. Fallen dir noch andere ein?«

»Wie wäre es mit dem Willen, zu Deutschland dazuzugehören?«

»Wie willst du den denn messen?«

»Und grundsätzlich: Hältst du so ein bundesweites Integrationsbarometer für möglich?«

»Schau, du hast ja vorhin selbst gesagt, dass man Menschen erst kennenlernen muss, um zu erfahren, wie der Integrationsstand ist. Und deinem Gedankenexperiment zufolge könnte es ja auch persönliche Gründe geben, einen Migranten als integriert zu empfinden. Die Einwanderer in deinem Beispiel können kein richtiges Deutsch sprechen, sind aber sehr anerkannt. Es funktioniert also auch so.« (Kurze Pause.) »Praktisch wäre es aber schon, wenn man die Integrationsunwilligkeit messen könnte. Im Großen und Ganzen müssen sie sich ja an unsere Rechte, Werte und Gesetze halten …«

»So wie alle Deutschen auch?«

»Natürlich. Deutsche teilen die gleiche Kultur und haben eine gemeinsame Geschichte. Bestimmt kommt es vor, dass einheimische Gruppen sich abschotten und ganz andere Gepflogenheiten haben als die Gesamtgesellschaft. Es gibt schließlich auch Subkulturen und schräge Bewegungen wie die Reichsbürger. Ich sag' ja: Verflixt komplexes Thema.«

»Hm. Umso wichtiger ist es aber dann, dass Stichworte wie Integrationswille, Parallelgesellschaft, Leitkultur, Gesetze, Abschiebung und so weiter nicht mehr in einem Atemzug und nicht ausschließlich im Zusammenhang mit Migranten diskutiert werden.«

»Ein Deutscher kann genauso unintegriert wirken wie ein Einwanderer. Ist mir schon klar geworden, dass dir das am Herzen liegt. Es spricht auch nichts dagegen. Integrationsanforderungen, die an Einwanderer gestellt werden, sind ja nur dann plausibel, wenn das, was wir von den Migranten fordern, auch jeder Deutsche erfüllen muss. Aber jetzt mal Tacheles: Ab wann kann ein Einwanderer in deinen Augen als deutsch gelten?«

»Eigentlich ganz einfach. Du bist ein Deutscher, sobald du die deutsche Staatsangehörigkeit besitzt.«

»Korrekt. Nur sehe ich ein Problem. Verstehen sich diejenigen, die die deutsche Staatsangehörigkeit haben, auch als Deutsche? Es ist doch absurd, wie zum Beispiel türkischstämmige Deutsche sich in ihre Flaggen hüllen und ihrem islamisch-nationalistischen Regierungschef zujubeln. Sie verehren die Werte, Rechte und Gesetze der Türkei. Wie können manche Deutschtürken in einer Demokratie leben und gleichzeitig die parlamentarische Demokratie in der Türkei abschaffen wollen? Das geht nicht in meinen Kopf. Viele leben seit Jahrzehnten unter uns und befürworten jetzt die Todesstrafe? Da ist doch wohl gründlich was schiefgelaufen mit der Integration.«

»Allerdings.«

»Ich meine, das ist doch auch nicht in deinem Sinne, oder? Du bist integriert, fühlst dich hier wohl und stehst hinter dem deutschen System, nehme ich an?«

»Ja.«

»Wenn deine Landsmänner sich nun abschotten und komplett andere Überzeugungen vertreten als du, dann muss dich das doch wütend machen. Ich gebe zu, ich habe bisher nicht gewählt, weil ich von Politik nichts halte. Aber genau solche Phänomene wie die, dass Einwanderer unter uns leben, die eine Ein-Mann-Regierung besser finden als die parlamentarische Demokratie, bewegen mich dazu, mein Kreuzchen in einer bestimmten Ecke zu setzen. Entweder man ist von den europäischen beziehungsweise unseren deutschen Werten und Rechten, die jedem zustehen, überzeugt, oder man findet die Diktatur in der Türkei besser und reist zurück. Punkt. Ende. Aus.«

»Ich kann dich verstehen. Ich habe selbst türkische Freunde, die vorschlagen, alle in Deutschland lebenden Befürworter des Präsidialsystems einzutauschen gegen all jene Türken in der Türkei, die ganz klar hinter einem säkularisierten, laizistischen und demokratischen Staat stehen und daher viel mehr mit uns gemeinsam haben.«

»Wieso nicht? Das wäre eine Win-win-Situation.«

»Ich kann das große Unverständnis gegenüber diesen andersdenkenden Deutschtürken – so nenne ich sie jetzt mal – gut nachvollziehen. Aber vielleicht ist es richtig, auch nach den Ursachen, nach ihren Beweggründen zu fragen. Meiner Meinung nach können wir auch hier den Dialog suchen und Menschen, die sich vielleicht nicht akzeptiert und anerkannt fühlen, fragen, was sie brauchen. Es könnte ja durchaus sein, dass wir in der Vergangenheit einen Beitrag dazu geleistet haben, dass sich bestimmte Migranten jetzt abschotten. Das wird eine der anstehenden Debatten sein. Hast du mal mit jemandem gesprochen, der hinter der aktuellen türkischen Regierung steht?«

»Nein. Mit solchen Türken komme ich nicht so schnell zusammen.«

»Auch ich habe mich noch nicht wirklich mit ihnen beschäftigt, aber ich habe immerhin einige Freunde, die dazu zählen. Als ich sie gefragt habe, wieso sie die Politik des türkischen Präsidenten unterstützen, haben sie mir geantwortet, dass die Türkei mit ihrer Geschichte, Kultur und Entwicklung ganz anders sei als Deutschland. Sie könnten deshalb Deutschland als ihre Heimat betrachten und trotzdem für andere Strukturen in der Türkei eintreten, sagen sie.«

»Dennoch handelt es sich in manchen Bereichen um kollidierende Werte. In der Türkei wurden unzählige Medienhäuser geschlossen, Journalisten und ganze Gruppen zu Terroristen erklärt, weil sie nicht nach der Nase des Präsidenten getanzt haben. Also, die Pressefreiheit, das Rechtsverständnis und die Rolle der Religion im Staat sind wesentliche Aspekte, die wir in Deutschland anders handhaben als die aktuelle Regierung in der Türkei. Die Frage, die sich mir aufdrängt: Können die Türken, die so anders ticken, überhaupt jemals deutsche Staatsbürger sein, und zwar mit allen Rechten und Pflichten, die damit zusammenhängen? Ich bezweifle, dass ein Pass jemanden – ob nun Russe, Türke oder Afrikaner – von heute auf morgen zu einem Deutschen macht.«

»Wann würdest du denn jemandem die deutsche Staatsangehörigkeit verleihen?«

(Er zögert.) »Ich kann dir hier und jetzt kein Konzept vorlegen. Das ist eine Frage, mit der wir uns insgesamt viel stärker beschäftigen müssen. Vielleicht kann man auch mal darüber nachdenken, ob man, ich sag' jetzt mal Neudeutschen, die sich vollkommen danebenbenehmen, die Staatsangehörigkeit wieder entzieht.«

»Interessanter Gedanke. Was müsste ich beispielsweise anstellen, damit mir die Staatsangehörigkeit wieder weggenommen wird?«

»Das müsste man tatsächlich genauer definieren, aber *du* bist ja schon integriert. Es geht hier vielmehr um diejenigen, die in unser Land kommen und das nicht zu schätzen wissen.«

»Es geht also darum, dass sie Wertschätzung äußern?«

»Für ein langfristiges Leben in Deutschland ist es notwendig, sich anzupassen und nicht durch fürchterliche Taten aufzufallen oder skurrile Werte zu vertreten, die nicht im Einklang mit unserer Demokratie stehen.«

»Meinst du, dass man auch einem – wie sage ich das jetzt korrekt? – einem Deutschen ohne Migrationshintergrund den Pass wegnehmen sollte, wenn er was Gravierendes angestellt hat?«

»Das ist was anderes. Sie mussten ihn ja nicht erst erwerben und dürften ihre Staatsangehörigkeit logischerweise weiterhin besitzen. Als ein richtiger Deutscher wird man schließlich hier geboren und hat damit automatisch ein Leben lang den deutschen Pass verdient. Einwanderer aber haben aus meiner Sicht eine Bringschuld.«

(Ich zögere.) »Ich finde es komisch, wenn wir Unterschiede machen zwischen – ich sage mal – eingeborenen oder deutschstämmigen Deutschen und solchen mit Migrationshintergrund. Vor allem die ehemaligen Gastarbeiter haben viel dazu beigetragen, dass Deutschland jetzt da steht, wo es steht. Sie haben das Land mitgestaltet und zahlen Steuern wie alle anderen Deutschen auch.«

»Mag sein. Aber schau dir doch mal die aktuelle Situation an. Ich wehre mich gegen die Vorstellung, dass Einwanderer aus Afghanistan oder dem Irak genauso deutsch sind wie ich. Es geht ja auch um Kulturwissen und eine bestimmte Lebensweise.«

»Hm. Und die Identitären, Ökos, Bänker, Künstler, Reichsbürger oder Punks … Verkörpern die nicht auch alle unterschiedliche Lebensweisen unter den sogenannten Altdeutschen?«

»Du hast recht. Auch da gibt es große Unterschiede.

»Momentan wird es ja so gehandhabt: Wenn einige aufenthaltsrechtliche Kriterien erfüllt sind und der Einbürgerungstest erfolgreich bestanden wurde, kann ein Einwanderer genauso ein Deutscher werden wie du. In dem Einbürgerungstest wird ja auch gesellschaftspolitisches und historisches Wissen abgefragt. Was würdest du denn noch verlangen?«

»Den Test kenne ich nicht, doch ich bezweifele, dass er uns zusichert, dass Integrationsunwillige deshalb anfangen, unsere Prinzipien und Werte zu teilen. Musstest du ihn machen?«

»Nein, weil ich durch meine deutsche Schulbildung schon die entsprechenden Kenntnisse mitgebracht habe, sagte man mir. Aber ich habe ihn neulich trotzdem mal gemacht[16] und bin überraschenderweise durchgefallen. Vielleicht bin ich doch nicht so deutsch, wie von Migranten gefordert … Der Test ist aber auch gar nicht so leicht. Und manche Fragen finde ich ulkig. Soll ich dir mal meine Lieblingsfrage stellen?«

»Her damit.«

»Also: Bei welchem Amt muss man in Deutschland in der Regel seinen Hund anmelden? A – Beim Einwohnermeldeamt, B – Beim Finanzamt, C – Bei der Kommune oder D – Beim Gesundheitsamt?«

»Die hast du dir doch ausgedacht.«

»Nein, ehrlich.«

»Na, dann. Also Finanzamt, Gesundheitsamt, Kommune oder …?«

»Einwohnermeldeamt.«

»Da wird es schon mal nicht sein, weil sich da ja Bürger melden, die umgezogen sind. Kommune … Die kümmern sich um vielerlei Angelegenheiten, das könnte schon sein. Ich kann mir vorstellen, dass man den Hund zum Gesundheitsamt bringen muss, um vorzuweisen, dass er zum Beispiel keine Krankheiten hat. Oder?«

---

[16] Wenn Sie ihn auch mal machen möchten, so finden Sie hier die Online-Version für Ihr Bundesland: oet.bamf.de

»Kann sein.«

»Und dann gibt es noch das Finanzamt. Hm … Soweit ich weiß, zahlt man in Deutschland Hundesteuern, und bei Steuern denke ich für gewöhnlich an das Finanzamt. Jetzt hast du mich erwischt.«

(Wir lachen.)

»Ich wusste die Antwort auch nicht.«

»Vielleicht ist es doch das Einwohnermeldeamt, was die Wenigsten denken würden. Schließlich gibt es ja auch Bürger, die nur mit ihrem Hund zusammenleben. Vielleicht hat der Hund eine Sonderstellung und wird als Einwohner gezählt. Aber das wäre zu bizarr … Nee, beim Einwohnermeldeamt ist es nicht. Tja.«

»Stimmt, Einwohnermeldeamt ist es tatsächlich nicht.«

»Gut, Kommune ist immer eine sichere Sache, aber dann sagt mir schon eher das Gesundheitsamt was. Es macht Sinn, ein so großes Tier wie den Hund dahinzubringen, denn er könnte ja so etwas wie Tollwut haben, weshalb man ihn nicht ohne Maulkorb auf die Straße lassen dürfte. Daher sollte er, bevor er auf die Straße gelassen wird, einem Medizincheck unterzogen werden. Trotzdem gibt es den Steueraspekt, womit wir wieder bei dem Finanzamt wären …«

»Ich habe genauso hin und her überlegt.«

»Und wie lautet nun die richtige Antwort?«

»Es ist C, die Kommune.«

»Ach was.«

»Ja.«

»Prima. Und nun? Was für eine absurde Frage … Und die ist original aus dem Einbürgerungstest?«

»Ja.«

»Ich sag's ja: Wir müssen uns unbedingt Gedanken machen über die Voraussetzungen zur Einbürgerung. In der Flüchtlingskrise sind sehr viele Menschen zu uns gekommen, und die müssen nun wirklich nicht als Erstes lernen, bei welchem Amt man seinen Hund anmeldet. Die Muslime, die ich kenne, haben sowieso eher Angst vor Hunden. Also, wenn die anderen Fragen genauso bizarr sind, bin ich hiermit offiziell kein Deutscher.«

»O doch, du bist auch Deutscher. Weißt du, das ist ja ein guter Effekt an der hohen Zuwanderung von geflüchteten Menschen: Die ganze Sache hat eine Identitäts- und Integrationskrise ausgelöst. Das heißt, jetzt *müssen* wir uns alle an einen Tisch setzen, um darüber zu sprechen: Welches Grundverständnis muss jeder in Deutschland lebende Mensch mitbringen? Welche Haltung verlangen wir von Migranten? Was sind unsere Werte? Welche Angebote können wir schaffen, damit diese Menschen sich als gleichwertiger Teil der Gesellschaft wahrnehmen. Es wird Zeit, dass wir darüber reden. Übrigens: Weißt du, um wen es sich bei dem Gedankenexperiment mit den Einwanderern vorhin gehandelt hat? Um meine Eltern.«

»Ach, wirklich?«

»Ja.«

»Tut mir leid, dass ich vorhin so abwertend über sie gesprochen habe. Ich hoffe, du nimmst es nicht persönlich.«

»I wo! Es war ja nur ein Gedankenexperiment, und du hast eben kritisiert, dass sie nicht gut deutsch sprechen. Das ist an sich vollkommen in Ordnung.«

»Darf ich fragen, wieso deine Eltern nicht besser Deutsch gelernt haben?«

»Weil beide keinen richtigen Beruf hatten, war mein Vater jahrelang in einer Firma mit anderen Arbeitern, die auch kaum deutsch sprechen konnten. So hat er es leider nicht besser gelernt. Aber seine Wertschätzung gegenüber diesem Land, die ist unvorstellbar groß.«

»Das freut mich zu hören. Respekt. Kein Wunder, dass sie trotzdem sehr gut integriert sind. Eigentlich ist es ja auch egal, woher jemand kommt und wie er aussieht. Am Ende des Tages zählt, ob sein Herz am rechten Fleck ist.« (Kurze Pause) »Ali, das hört sich jetzt vielleicht komisch an, aber ich finde, wir hatten ein sehr gutes Gespräch.«

»Finde ich auch. Danke noch mal, dass du angerufen hast.«

»Quatsch, ich habe zu danken. Und ich kann ja ehrlich zu dir sein: Eigentlich hatte ich vor, bei den Bundestagswahlen eine rechtskonservative Partei zu wählen, weil mir die ganze Zuwanderung schon große Sorgen macht. Immerhin sind ja knapp zwei Millionen Menschen in den letzten drei Jahren zu uns gekommen. Da habe ich mich natürlich gefragt, ob man die integrieren kann. Aber jetzt werde ich meine Anforderungen noch mal überprüfen und mir Gedanken über unsere Integrationsformel machen. (Er lacht.) Vielleicht kriege ich die Parameter ja doch noch zusammen.«

»Ruf mich dann aber auf jeden Fall an.«

»Werde ich machen. Schönen Abend noch.«

»Danke, dir auch.«

Jan interessierte die Frage, was gute Integration ist. Vieles von dem, das ihm in sogenannten Multikulti-Gegenden Bauchschmerzen bereitete, kannte er nur oberflächlich. Die Summe verschiedener fremdkultureller Phänomene wie die laute orientalische Musik, die mehrheitlich türkischstämmigen Bewohner, die zudem hin und wieder in ihrer eigenen Sprache redeten, hat er als gescheiterte Integration empfunden. Die Erfahrung vor seiner Haustür mit den vier Jungs ist dabei tatsächlich ein Beispiel dafür, dass Integration nicht immer gelingt. Sei es in Köln, Berlin oder in der Nähe von Münster. Auch ich bin schon auf diesen Deutschland-Hass gestoßen, der mich immer nachdenklicher macht. Auch Rassismus unter Migranten existiert genauso, ist präsent, aber scheinbar nicht so sichtbar, wie der von deutschstämmigen gegenüber eingewanderten Bürgern.

Eine Reihe besorgter Bürger, die wie Jan die Zuwanderung mit großer Skepsis betrachten, stützen ihre Kritik auf das, was sie aus der Distanz wahrnehmen und von anderen hören. Verständlicherweise kann es Menschen verunsichern, wenn sich das gewohnte Stadtbild ändert. Manche irritiert es, dass Einwanderer sich traditionell kleiden. Alles, was ungewohnt und ungewiss ist, kann befremden und Sorgen bereiten. Für umso wichtiger halte ich Begegnungen der verschiedenen Menschen.

Darüber hinaus ist ein wacher Blick auf die deutsche Kultur wichtig: Ist die wirklich so homogen und so klar zu definieren und abzugrenzen? Nach dem Telefonat mit Jan fragte ich in einem Workshop mit dreißig Deutschen (ohne Migrationshintergrund), was sie sich unter gelungener Integration vorstellen. Heraus kamen die unterschiedlichsten Vorstellungen. Ich halte diese Frage für zentral, zumal sie meiner Meinung nach nicht allein mit der Kenntnis gesellschaftspolitischer Strukturen in Deutschland und dem Beherrschen der deutschen Sprache zu beantworten ist. Vielmehr sind die Anforderungen für eine gelungene Integration zum einen auch immer persönlich geprägt, zum anderen wandeln sie sich mit der Zeit, weil sich auch die Bürgerinnen und Bürger der Bundesrepublik verändern.

Die deutsche Vielfalt beginnt ja schon bei der deutschen Sprache, sie ist ebenso ein Mosaik verschiedener, auch ziemlich exotisch anmutender Einflüsse wie unsere deutsche Kultur insgesamt. Jeder weiß, dass es deutsche Wörter gibt, die dem Lateinischen oder Griechischen entlehnt sind. Die wenigsten aber sind sich bewusst, dass sie beim Gebrauch der deutschen Sprache auch arabische Wörter benutzen, das fängt bei Alkohol[17], Kaffee und Sirup an und hört bei Chemie, Matratze und Safari noch längst nicht auf.

---

[17] Alkohol ein arabisches Wort? Ich war auch überrascht; immerhin ist Alkohol in der arabischen Welt nicht gerade verbreitet. Die Erklärung: *Al-kuhul* hieß das feine Antimonpulver, mit dem Araberinnen ihre Lider und Augenbrauen schminkten. Die Wortübertragung auf den Weingeist entstand erst bei den arabischen Alchimisten in Spanien, um die besondere Feinheit des Weingeistes zu beschreiben. (Vgl. Nabil 2010)

Deshalb bin ich auch kein Fan von Einbürgerungsfragen, deren korrekte Beantwortung für den Erwerb der deutschen Staatsangehörigkeit relevant ist. Denn damit wird keine spezifische (Wert-)Haltung erfasst. Zwar ist gesellschaftspolitisches Wissen über Deutschland und seine Geschichte durchaus sinnvoll, doch das zwischenmenschliche Leben hängt nicht davon ab, ob ich weiß, welche Farben das Wappen von Hessen hat. Respekt, Toleranz und einen wertschätzenden Umgang lernt man nicht, wenn man weiß, dass der 17. Juni 1953 mal ein Feiertag in der Bundesrepublik Deutschland war.

Für mich spielt die Haltung der Einheimischen wie der Einwanderer eine viel größere Rolle, wenn wir von den Migranten eine gute Anpassung erwarten. Die Grundwerte unserer Verfassung sind das Fundament für eine gelungene Integration.

Darüber hinaus wird Integration nur gelingen, wenn wir einander auf Augenhöhe begegnen. Deshalb sollten wir uns – ganz unabhängig von individuellen Eigenschaften – zu allererst um Freundlichkeit, Besonnenheit und ein gerechtes Miteinander bemühen. Eine Welt ohne interkulturelle Schwierigkeiten ist eine Illusion und wäre für unsere Weiterentwicklung zudem wenig förderlich. Die Frage ist daher: Wie gehen wir mit den Schwierigkeiten, mit einheimischen und eingewanderten, um? Gelingt es uns trotz aller Herausforderungen, unsere Menschlichkeit zu bewahren?

Was ist deutsch?
»Alis Integrationstest«

Wissen Sie schon, welcher Integrationstyp Sie sind? Und was Sie auf die Frage »Was ist deutsch?« antworten? Die beiden einzigen Voraussetzungen für diesen Test: deutsche Sprachkenntnisse und Humor.

Los geht's: Bitte wählen Sie bei den folgenden 12 Fragen eine für Sie passende Antwort. Sie haben jeweils drei Antwortmöglichkeiten zum Ankreuzen und müssen sich für eine entscheiden. Und sollten Sie keiner der drei Antworten zustimmen können, dann steht Ihnen ein Feld für eine individuelle Antwort zur Verfügung.

Tipp: Lassen Sie Ihr Bauchgefühl entscheiden. Dies ist schließlich kein Wissenstest, bei dem es um richtig oder falsch geht.

1. Diesen Ort sollte meiner Meinung nach jeder Deutsche schon mal gesehen haben:
*   Zugspitze (A)
*   Mekka (C)
*   Tatort (B)
*   Platz für eine eigene Antwort: (E)

2. Bei langen Bärten denke ich an:
- Dumbledore (B)
- Hipster (D)
- Salafisten (C)
- Platz für eine eigene Antwort: (E)

---

3. Mülltrennung gilt in Deutschland als …
- wichtiger Beitrag zur Ressourcenschonung und damit zum Umweltschutz. (D)
- überbewertet. (C)
- lustiges Verwirrspiel mit farbigen Tonnen und Säcken sowie verschiedenen Materialien. (B)
- Platz für eine eigene Antwort: (E)

---

4. Eine Heldin für viele Kinder in Deutschland ist:
- Pippi Langstrumpf (D)
- Heidi (C)
- Momo (A)
- Platz für eine eigene Antwort: (E)

---

5. Was steht in einem deutschen Garten?
- Ein Gartenzwerg (A)
- Eine Buddha-Statue (D)
- Ein Strandkorb (B)
- Platz für eine eigene Antwort: (E)

---

6. Sie gehen Brötchen holen: Ein überfüllter Supermarkt-parkplatz, nur noch ein freier Behindertenparkplatz neben dem Eingang. Was tun Sie?
- Ich halte schnell auf dem Behindertenparkplatz – sind ja nur 5 Minuten. (C)
- Ich suche weiter, weil es verboten ist, sein Auto unbefugt auf einen Behindertenparkplatz zu stellen. (A)
- Ich schließe mein Fahrrad an dem Fahrradständer auf der anderen Seite des Eingangs an. (D)
- Platz für eine eigene Antwort: (E)

7. »Made in Germany« steht für mich persönlich ...
- für in Deutschland gezeugte Menschen. (B)
- für gute Produktqualität. (A)
- für Schwarzbrot (D)
- Platz für eine eigene Antwort: (E)

8. Was gilt als ein typisch deutsches Getränk?
- Bier (A)
- Skiwasser (B)
- Bio-Apfelsaft, naturtrüb, ohne künstliche Zusatzstoffe (D)
- Platz für eine eigene Antwort: (E)

9. Witze, über die ein Deutscher lacht:
- Geht eine Blondine aus Ostfriesland … (B)
- Aus der Feder von Loriot und Heinz Erhardt (A)
- Deutsche haben keinen Humor. (C)
- Platz für eine eigene Antwort: (E)

---

10. Was sagen Sie, wenn Sie sich mit einem Deutschen streiten?
- »Nicht ohne meinen Anwalt.« (A)
- »Ey, isch hole meine Brüder.« (C)
- »Friede sei mit dir.« (D)
- Platz für eine eigene Antwort: (E)

---

11. »Türkisch für Anfänger« ist …
- ein Kurs an der Volkshochschule. (D)
- eine deutsche TV-Serie. (B)
- ein Beziehungs-Ratgeber (C)
  Platz für eine eigene Antwort: (E)

---

12. Was findet man Ihrer Meinung nach in einem typisch deutschen Haushalt?
- eine Kuckucksuhr (B)
- Hobbykeller (C)
- Hausschuhe (A)
- Platz für eine eigene Antwort: (E)

Nun zählen Sie bitte jeweils Ihre A-, B-, C-, D- und E-Antworten zusammen – und trage Sie das Ergebnis hier ein:

Auswertung

___ x A
___ x B
___ x C
___ x E

Die Antwortkategorie, die Sie am häufigsten gewählt haben, sagen etwas darüber aus, welcher Integrationstyp und wie deutsch Sie sind.

Sie sind …

(A) musterintegriert!

Das Klischee ist erfüllt. Herzlichen Glückwunsch. Sie dürfen nun offiziell Sandalen und weiße Socken tragen. Allerdings sind Klischees dafür bekannt, dass sie Menschen in Schubladen pressen. Und wenn Sie genau hinschauen, erfüllen selbst Sie bestimmt nicht alle Vorurteile von einem »typischen Deutschen«. Trotzdem Sie sind perfekt dafür geeignet, neu nach Deutschland gekommenen Menschen dabei zu helfen, sich im »Land der Ideen«, »… der Dichter und Denker« und »… des Bieres und Brotes« zurechtzufinden.

(B) der humorvolle Typ!

Sie nehmen das Thema Integration und die Frage, was deutsch ist, mit erfrischendem Humor. Das ist gut. Sich selbst und andere nicht immer zu ernst zu nehmen, erleichtert und entkrampft so manches im Leben. Verantwortungsvolles, wertschätzendes Handeln und Humor schließen einander eben nicht aus, sondern sind das perfekte Integrationstrio.

(C) Tourist!

Noch nicht lange hier, oder? Offenbar besteht noch Nachholbedarf bei der Frage, was deutsch ist und wie in Deutschland miteinander gelebt wird. Prima, dass Sie sich bereits aktiv damit auseinandersetzen, indem Sie diesen Test gemacht haben. Weiter so! Suchen Sie sich doch ein paar liebe Leute, die mit Ihnen wandern oder aufs Oktoberfest gehen. Verbringen Sie Zeit mit Einheimischen. Trinken Sie ein typisch deutsches Getränk und lernen Sie voneinander.

(D) engagiert!

Super. Sie sind bereit, die Veränderung zu sein, die Sie sich für diese Welt wünschen. Gandhis Zitat ist Ihr Wegweiser. Aber Achtung: Lassen Sie sich nicht von Vorverurteilungen und Schubladendenken einfangen. Hören Sie nicht auf dazuzulernen …

(E) besonders individuell!

Die vorgegebenen Antwortmöglichkeiten haben selten gepasst? Prima, Sie machen sich eigene Gedanken und bemühen sich um einen differenzierten Blick. Sie sind der lebende Beweis dafür, dass jeder Mensch ein Individuum mit eigenen Erfahrungen, Bedürfnissen und Ideen ist. Spannend wird es übrigens, wenn Sie sich die individuellen Antworten anderer Leser anschauen.

Anmerkung zu »Alis Integrationstest«

Während meines Studiums hat mich mein Engagement quer durch Deutschland und in viele Ecken zwischen Flens- und Freiburg geführt. Eine wichtige, wenngleich nicht wirklich überraschende Erkenntnis, die ich dabei gewonnen habe: *Das* Deutsche existiert nicht. Zwischen Bodensee und Wattenmeer, Schwarzwald und Zugspitze, Berlin und Sauerland, Bautzen und Köln gibt es zig Unterschiede …

Natürlich haben wir alle Klischees im Kopf, die sich ja auch in den Antwortmöglichkeiten widerspiegeln. Einzelnes mag uns »typisch deutsch« vorkommen, verallgemeinerbar ist es aber nie. Ich kenne zum Beispiel ziemlich unpünktliche Deutsche und solche, denen das ganze Grillgehabe völlig Wurst ist. Und nicht jeder Bayer schwärmt für Weißwurst mit süßem Senf. Wirklich. Mich hat vor kurzem ein Freund – seines Zeichens ein Urbayer – gefragt, ob Vegetarier weniger deutsch seien als jene, die Königsberger Klopse und Schweinshaxe essen. »Wenn sie stattdessen Reiberdatschi[18] essen, ist alles wieder im Lot«, habe ich geantwortet. Und eine Fünftklässlerin berichtete in der ersten Stunde nach den Sommerferien von ihrem Familienurlaub in Kroatien, sie erzählte von den Stränden, von Nationalparks und von dem Essen: Es habe nirgends deutsches Essen gegeben, den Döner habe sie richtig vermisst. Ja, die Zeiten ändern sich eben.

Deshalb sollte der Test dazu anregen, ab und zu darüber nachzudenken, was jeder von uns sich unter »dem Deutschen« eigentlich vorstellt – und was das für die Integration bedeutet. Natürlich sind Schubladen praktisch. Wenn wir verschiedene Gegenstände aufbewahren wollen, tun wir diese ja auch

---

[18] Es gibt unterschiedliche regionale Bezeichnungen, zum Beispiel auch Reibekuchen und Kartoffelpuffer – alle meinen aber mehr oder weniger das gleiche Gericht.

in unterschiedliche Fächer, damit wir sie wiederfinden und den Überblick behalten. Nicht anders ist es auf der Straße: Um voranzukommen und uns nicht zu verlaufen, wollen wir jede neue Situation schnell einordnen … Über alles und jeden lange nachzudenken, fehlt uns schlicht die Zeit, die Geduld oder die Energie. Also bedienen wir uns der Einfachheit halber bestimmter Fächer und Schubladen.

Jeder Mensch aber ist ein Individuum und passt in keine Schublade. Dass wir es trotzdem immer wieder, nicht selten ganz intuitiv tun, bleibt nicht aus. Wichtig ist nur, dass wir uns unserer Schubladen im Kopf bewusst werden, sie öffnen und entsprechend aufräumen können.

Epilog:
Für mehr Wir-Gefühl

Vielleicht mache ich den Eindruck, als hätte ich nie Probleme mit dem Integrieren gehabt. Doch so einfach war es nicht – vor allem wenn ich mich ausgegrenzt fühlte oder nicht damit umgehen konnte, dass ich aufgrund meiner Herkunft »anders« bin. So ging ich zum Beispiel schon in der Grundschule mit zum Elternsprechtag, um für meinen Vater zu übersetzen. Mir war etwas mulmig zumute, weil außer mir kein anderer Schüler da war. Bei Klassenfesten wiederum sollten die Schüler ihre Eltern mitbringen und etwas zum Buffet beisteuern. Alle anderen hatten selbstgebackenen Kuchen, Nudel- oder Kartoffelsalat mit. Nur meine Eltern, die ja keinen Streusel- oder Marmorkuchen kannten, gaben mir immer türkische Speisen wie Börek oder Lahmacun mit. Dann roch es sofort im ganzen Klassenzimmer nach türkischem Essen, und die Eltern meiner Mitschüler wunderten sich, was da so anders riecht. »Na, die Mama von Ali hat wieder türkisch gekocht.« Obwohl ein allgemeines »Ohoo, toll!« ausbrach und sich alle neugierig auf das Essen meiner Mutter stürzten, bekam ich Herzklopfen, wurde knallrot und übersetzte schnell für meine Mutter, die gefragt wurde, was sie denn da gebacken habe. Ich schätze, ich habe so mancher Mutter ein falsches Rezept weitergegeben, da ich die Zutaten weder im Türkischen noch im Deutschen so genau kannte.

Auf jeden Fall aber schämte ich mich: diese ganze Aufmerksamkeit, die vielen Fragen und die Tatsache, dass meine Mutter nur gebrochen Deutsch sprach … Erst viel später verstand ich, dass Anderssein kein Makel sein muss. Bis dahin aber wäre ich so gern wie meine deutschen Freunde gewesen. Dann wäre mir auch jene peinliche Situation im Biologie-, genauer im Sexualkunde-Unterricht erspart geblieben. Das Thema der Stunde: die körperlichen Unterschiede zwischen Mädchen und Jungen. Hierzu hatte der Lehrer eine Folie an die Wand projiziert, auf der die Genitalien von Jungen und Mädchen abgebildet waren. Als wir den Penis des Jungen genauer betrachteten, erklärte der Lehrer: »Und hier am vorderen Ende befindet sich die Eichel. Die Haut um sie herum wird auch Vorhaut genannt. Muslimische Jungs werden allerdings beschnitten, bei ihnen fehlt diese Vorhaut – nicht wahr, Ali?«

25 Augenpaare drehten sich zu mir um. Am liebsten wäre ich im Erdboden versunken … In der Pause kam ein deutscher Mitschüler auf mich zu und sagte: »Ey, Ali, wusste gar nicht, dass du beschnitten bist. Voll cool! Meine Vorhaut ist nämlich auch weg, aus medizinischen Gründen oder so.« Immerhin war ich nicht alleine damit, doch auf dieses Erlebnis hätte ich gut verzichten können, denn natürlich wurden danach Witze über mich und meine »Eigenheit« gerissen. Und ich hatte das Gefühl, nicht dazuzugehören. Diese Gefühle von Ausgegrenztsein und Einsamkeit waren noch einmal besonders schrecklich, als ich mit ein paar anderen Jungs in eine Jugenddisco gehen wollte. Jeder von uns zeigte dem Türsteher seinen Ausweis und wurde in die Disco reingelassen. Nur ich wurde mit den Worten »Heute nicht« abgewiesen. »Wieso das denn?«, fragte ich den Türsteher, der mich aber bloß zur Seite schob, murmelte »Ist schon zu voll da oben« – und weitere Leute hineinließ. Wütend, enttäuscht und traurig fuhr ich nach Hause, wo ich das Gedicht »Ich bin Kanacke und das ist kacke« schrieb.

Weil wir Begegnungen brauchen ...

Sowohl während meiner eigenen Schulzeit, aber auch als Lehramtsstudent mit diversen Schulpraktika habe ich die Erfahrung gemacht, dass Schule in gewisser Weise ein Abbild der Gesellschaft ist: multinationale Klassen mit verschiedensten Persönlichkeiten, die aus unterschiedlichen sozialen Milieus stammen. Als solches darf diese Mini-Gesellschaft in diesem Buch, in dem ich über Interkulturalität, Wertschätzung und den zwischenmenschlichen Umgang rede, natürlich nicht fehlen.

Menschen kommen in der Schule in einem bestimmten Rahmen zusammen, verbringen Zeit miteinander und müssen in dieser Zeit bestimmte Ziele erreichen.

Im Folgenden sollen Lehrkräfte zu Wort kommen, die mit geflüchteten Kindern und Jugendlichen arbeiten, sie in sogenannten Intensivklassen unterrichten, um ihnen damit den Abschluss in einer Regelklasse zu ermöglichen. Auch diese Lehrer sind besorgte Bürger, die in ihrem Alltag den mal schwierigen, dann wieder schönen Situationen, die interkulturelles Leben mit sich bringt, gegenüberstehen. Ja, auch Lehrer sind Menschen ...

Spätestens bei den Interviews mit den Lehrern und Lehrerinnen wurde mir klar, wie viel Gesprächsbedarf sie haben; Ihre Schilderungen geben wichtige Denkanstöße, um gesellschaftliche Mechanismen zu hinterfragen und zukunftsweisende Lösungsansätze zu entwerfen.

Lehrerin, 44 Jahre alt

Lernpause. Ich bin mit den Kids nach draußen gegangen. Die Jungs kicken, das Fußballspiel ist ihre gemeinsame Sprache. Die Mädchen schauen desinteressiert zu, beschäftigen sich

kurz mit Springseilen und Bällen, wirken aber ziemlich lust-
los. Sie stellen sich zu mir und fangen an zu schnattern – auf
Arabisch und Deutsch, es wird mit Händen und Füßen gesprochen. Ich setze mich auf den Boden des Sportplatzes, die Mädchen machen es mir nach.

»Ich will Geschichte erzählen«, so die 14-jährige Zahra. Erzählen in der Fremdsprache und das freiwillig – als Lehrerin
bin ich begeistert.

Es folgt eine Geschichte, deren Ursprung mir nicht ganz
klar ist: Wird ein Film nacherzählt? Ein Buch? Gibt es so etwas wie eine arabische Bravo? Auf jeden Fall geht es um eine
junge Frau, die sich von ihrem Verlobten einlullen lässt, mit
ihm schläft und dann fallengelassen wird. »War nicht mehr
Mädchen, sondern Frau.« Das gibt Probleme, klar. Der Plot
der Erzählung ist verwirrend – sicher auch sprachlich bedingt –, das Happy End dafür umso schöner, findet die junge
Frau doch einen Mann, der sie heiratet, obwohl sie »nicht
mehr Mädchen« ist. Als Zahra mit ihrer Geschichte fertig ist, schauen mich alle Mädchen erwartungsvoll an. Unsi-
cher, wie tief ich in das sensible Thema einsteigen darf, ziehe
ich mich erst einmal auf die Ebene der Sprachvermittlung zurück und erkläre, dass »Mädchen« in dem Kontext »Jungfrau«
heißt. Das neue Wort wird nachgesprochen, begleitet von ara-
bischem Getuschel. Ich gebe mir einen Ruck und spreche die
kulturellen Unterschiede an: Für die meisten Deutschen sei
es heute nicht mehr wichtig, dass die Frau jungfräulich in die
Ehe geht. Übersetzen, wieder Getuschel. »Das wissen wir«,
sagt Zahra. Ich frage mich, wie ich dieses Gespräch am besten
fortführen soll, als die Schulglocke läutet …

So verunsichert ich während dieses Frauengesprächs auch
war, die entspannte Atmosphäre und die Selbstverständlich-
keit, mit der das Thema, verpackt in eine Geschichte, aufkam,
haben mich tief beeindruckt.

Schulstart nach gut zwei Wochen Ferien. Zwei Wochen sind in der Arbeit mit geflüchteten Kindern und Jugendlichen eine lange Zeit. Drei Schüler der Intensivklasse, in der ich nur stundenweise eingesetzt bin, seien inzwischen umgezogen, und das Geschwisterpaar aus dem Kosovo sei mit der Familie abgeschoben worden. Dafür, so die Klassenlehrerin, gebe es aber einen Neuzugang. Bevor ich die Klasse betrete, kontrolliere ich noch mal Frisur und Kleidung, schließlich gibt es für den ersten Eindruck nur eine Chance …

Bekannte Gesichter begrüßen mich im Raum, allgemeines Gewusel und Durcheinandergerede in allen möglichen Sprachen. Zwei der jüngeren Mädchen umarmen mich, als wären wir liebe Verwandte, die sich lange nicht gesehen haben. »Bin ich Frankfurt gegangen, weißt du, Frau …« – »Sie … Wissen Sie, Frau… Wir siezen uns, meine Lieben.« Alle reden gleichzeitig, wollen von ihren Ferien erzählen und korrigieren sich gegenseitig. Der schweigende Neue in der letzten Reihe fällt mir zunächst gar nicht auf, trotz seiner beeindruckenden Größe und Breite. Dunkelhäutig, schwarze, gegelte Haare und mehr Bartwuchs, als ich ihn in der Arbeit mit Jugendlichen erwartet hätte. Mürrisch blickt er nach vorne, zu mir. Prompt wird mir meine eigene Körpergröße von knapp 1,60 Meter bewusst: Wenn ich diesem jungen Mann – Wie alt mag der sein? – nachts alleine auf der Straße begegnete, würde ich bestimmt die Straßenseite wechseln. Gegen diesen spontanen Gedanken kann ich mich nicht wehren. Finster blickt er mich an, dann die beiden kleinen arabischen Mädchen. Mit tiefer Stimme ruft er ihnen etwas zu, die beiden eilen zu ihren Plätzen. Und schlagartig hört das Gewusel und Gemurmel auf. Alle Schüler sitzen still auf ihren Plätzen. Der Neue lehnt sich zurück und verschränkt die Arme. Noch immer starrt er mich an. Ich fühle mich extrem unwohl.

Einige Tage später.

Von dem Neuen habe ich in meinen Stunden bislang noch nicht viel gehört, seiner Klassenlehrerin zufolge soll sein Deutsch aber ziemlich gut sein, und Kurdisch, Türkisch und Arabisch spricht er offenbar fließend. An diesem Freitag verlässt er nach Schulschluss nicht wie die anderen das Klassenzimmer, sondern kommt zu meinem Tisch, an dem ich noch Material wegsortiere. Ich frage mich, was er wollen könnte, und bekomme ein etwas flaues Gefühl, als er sich neben mir aufbaut. »Ich muss Deutsch gut lernen«, sagt er, »und einen guten Beruf haben. Wissen Sie, wo ich nach Beruf kann schauen?« Ich bin verblüfft. Kurze Zeit später sitzen wir vor dem PC, ich zeige ihm einschlägige Seiten, die über Ausbildungsberufe informieren – und das flaue Gefühl ist weg. Er ist ein junger Mensch, der um einen Rat gefragt hat, weil er seinen weiteren Lebensweg planen möchte.

Als er sich verabschiedet, äußerst höflich und respektvoll, macht er mir noch ein Angebot: »Ich habe gesehen, die Jungs nicht immer hören auf dich. Wenn du Worte nicht weißt auf Arabisch oder so, kann ich sie sagen machen aufhören.« »Ihnen und Sie, bitte, lieber Mazlum. Doch das ist ein sehr nettes Angebot, ich werde darüber nachdenken.« »Ich vergessen. Entschuldigung. Sie.«

An seinem Aussehen hat sich natürlich nichts geändert – aber ich sehe ihn nun anders, sehe seine Zurückhaltung, die selbstverständliche Unterstützung und seine Zukunftspläne. Der Brummbär, der mich anfangs durch seine Größe, sein finsteres Äußeres verunsichert hat, heißt Mazlum und ist jetzt immer zur Stelle, wenn ich eine kurzfristige Übersetzung brauche, er hilft den Kleineren und ruft sie zur Ordnung, wenn nötig.

Einmal hat Mazlum die syrischen Jungs sogar davon abgehalten, sich über die schwarze Hautfarbe ihres somalischen Mitschülers lustig zu machen.

Ich frage mich: Wie viele Mazlums gibt es da draußen? Wie viele von ihnen sehen wir nicht, weil bestimmte äußerliche Merkmale oder uns unbekannte Verhaltensmuster das Kopfkino der Vorurteile in Gang setzen?

Lehrer, 53 Jahre alt

Ich würde mich selbst als harten Hund bezeichnen, wenn es um Disziplin und Benehmen geht. Regeln sind wichtig, wenn viele Menschen – die meisten von ihnen in der Pubertät – längere Zeit auf begrenztem Raum zusammen sind, um etwas zu lernen. Und erst recht, wenn es sich dabei um eine Gruppe von zehn- bis 17-jährigen Schülern handelt, von denen manche immerhin einige deutsche Sätze formulieren können, andere hingegen noch nicht einmal in ihrer Muttersprache lesen und schreiben, geschweige denn einen Stift vernünftig halten können.

Um den Job des Klassenlehrers einer Intensivklasse habe ich mich nicht gerissen. Aber als der Chef fragte, ob ich die Klassenleitung übernehmen könne, war die Sache klar – wer erteilt seinem Vorgesetzten schon gerne eine Absage. Und so schwierig habe ich es mir auch gar nicht vorgestellt. Ich unterrichte Deutsch und Sport und weiß, wie man mit hormonell neben der Spur laufenden Jugendlichen umgehen muss. Der Schlüssel sind klare Regeln und Strukturen. Ist das erst mal geklärt, laufen selbst schwierige Lerngruppen. Außerdem hatte ich in den letzten 25 Jahren immer mal wieder Flüchtlinge in meinen Klassen gehabt. Die sprachen meistens einigermaßen gut Deutsch und fielen nicht weiter auf.

Mit Beginn des neuen Schuljahres übernahm ich also eine Intensivklasse: zwölf Jungen, drei Mädchen. Die erste Woche war anstrengend, die Hölle, wenn ich ehrlich bin. Mit Hilfe von zwei Wörterbüchern – Arabisch und Persisch – versuchte ich, Regeln aufzustellen, wie es zu Beginn üblich ist. Doch mit Wörterbüchern in der Hand konnte ich der Lautstärke und Unruhe nicht Herr werden. Und am Ende der Woche gab es augenscheinlich einen ernsthaften Konflikt zwischen einem christlichen Iraner und einem Syrer. Ich bin dazwischengegangen. Körperlich, was ich sonst nie tue. Der Sportunterricht war eine Katastrophe: Beim Zirkeltraining haben sich die Mädchen völlig verweigert. Und sprechen konnte ich mit ihnen ja auch nicht.

Nach einigen Wochen Quälerei ging ich zum Chef und erklärte, dass die Klasse nicht beschulbar sei. Die Jungs seien unzivilisiert und frech, die Mädchen versteckten sich hinter Kopftuch, Buch oder Ordnern. Jeden Tag Chaos und eine unerträgliche Lärmbelastung. Ich empfand die Situation tatsächlich als untragbar, ahnte aber, dass viele der Schüler nicht mehr als zwei oder drei Jahre lang eine Schule von innen gesehen hatten, bevor sie in Deutschland ankamen. Aber ohne Unterstützung würde ich hier nichts ausrichten können …

Das sagte ich auch meinem Chef: Ohne einen Sozialarbeiter, der mindestens dreisprachig ist, plus eine weitere Lehrkraft werde es nicht funktionieren. Ob er die Stunden, Gelder und qualifiziertes Personal herzaubern solle, wollte mein Chef wissen. So einfach sei das nicht. Und außerdem müsse man sich als Lehrer heute einfach ein bisschen flexibel zeigen. Immerhin müsse ich ja wegen meines Einsatzes in der Intensivklasse keinen Leistungskurs aufs Abitur vorbereiten. Und denen so ein bisschen Deutsch beizubringen sei ja wohl nicht sonderlich arbeitsintensiv.

Tja. Wenn es denn mit dem Vermitteln von Vokabeln getan wäre … Diese Kinder müssen erst mal sozialisiert werden! Sie müssen lernen, wie man sich in einer deutschen Schulklasse benimmt. Wie wollen die sonst einen Abschluss machen? Ohne Sprachkenntnisse und ohne Wertevorstellungen von Benehmen, Pünktlichkeit, Respekt. Das kann doch nichts werden. Dann haben wir noch mehr Schulversager, die ihren Beitrag zur Gesellschaft nicht leisten können und dem Staat auf der Tasche liegen.

Jetzt, nach nunmehr sechs Monaten mit dieser Klasse, meine ich jedoch Fortschritte zu erkennen – sprachlich, aber auch was das Verhalten anbelangt. Rückblickend aber hat man mich einfach ins kalte Wasser geschubst. Ich war komplett unvorbereitet und auf mich allein gestellt. Die Betreuer der unbegleiteten minderjährigen Flüchtlinge haben zwar versucht zu vermitteln, aber das hat nicht wirklich geholfen. Drei Monate nach Schuljahresbeginn wurde eine zweite Intensivklasse eingerichtet und dafür eine Kollegin eingestellt, die »Deutsch als Zweitsprache« studiert hat. Mit ihr habe ich inzwischen viele gute Gespräche geführt. Sie hat türkische Wurzeln und ist noch recht jung; da ist es irgendwie selbstverständlich, dass sie an den Schülern viel näher dran ist als ich. Sie kann auch besser nachvollziehen, was die brauchen, um sich zu integrieren. Auf jeden Fall hat sie mir sehr dabei geholfen, grundlegende Regeln einzuführen.

Der eine oder andere ist halt nicht die hellste Kerze auf dem Kuchen, aber wenn ich daran denke, wie lange mein Sohn in der ersten Klasse gebraucht hat, um alle Buchstaben und ihre Lautzuordnung zu erlernen, dann ist die Leistung der meisten Schüler eigentlich ganz okay.

Ich frage mich, wie wir – ohne entsprechende Ausbildung, ohne Kenntnisse über die jeweiligen Kulturen und die Eigenheiten der Muttersprachen unserer neuen Schüler – diesen eine Sprache beibringen sollen. Denn gleichzeitig müssen wir ja auch Landes- und Kulturkunde lehren und die Schüler sozialisieren und erziehen. Welche Unterstützung ist man seitens der Länder gewillt, uns zukommen zu lassen?

Unsere Schulen haben das Potenzial, Flüchtlingskinder in

die Gesellschaft zu integrieren, aber dafür muss ein stimmiges Konzept her, das auch die Arbeitsbelastung außerhalb des Unterrichts – der Kontakt mit Jugendamt, Betreuern, Familien – mitdenkt. So, wie die Situation jetzt ist, hält das keiner lange durch – auch die neue junge Kollegin nicht. Da sind Frust und Resignation regelrecht vorprogrammiert.

* * *

Drei Schilderungen von drei Persönlichkeiten:

Die mit ihren 44 Jahren sicherlich erfahrene Lehrerin, der in einer Mädchenrunde eine Geschichte über Liebe, Tabubruch, Verlassenwerden und ein Happy End erzählt wird, begibt sich sicherheitshalber auf vertrautes Terrain, indem sie den Schülerinnen neue Wörter beibringt. Dann aber traut sie sich doch noch, auf das Thema Jungfräulichkeit einzugehen: Sie erklärt, wie die meisten Deutschen darüber denken, spricht also von Wertvorstellungen und Gepflogenheiten, die sich von denen der Kulturen, in denen die Mädchen aufgewachsen sind, unterscheiden. Intuitiv hat die Lehrerin erkannt, dass es wichtig ist, auf Unterschiede einzugehen, diese aufzuzeigen, ohne dabei eine Wertung vorzunehmen.

Die Unsicherheit, die sie während des Gesprächs spürt, ist nur allzu menschlich. Wir haben alle Vorstellungen im Kopf, welche Themen wann und mit wem eher heikel sind. Ob das Gespräch flutscht, wenn wir mit dem Opa im Seniorenheim über Bestattungskosten reden? Mit einem Kind im Kindergartenalter über die Details einer Operation sprechen? Auch schwierig. Mit muslimischen Mädchen über Sex? Kommt darauf an. In diesem Fall brachten die Mädchen selbst das Gespräch auf vorehelichen Sex. Offenbar empfanden sie den Rahmen – gemeinsam in der Runde auf dem Sportplatz sitzend – als vertrauensvoll.

Ein Ort, der eine entspannte Atmosphäre schafft, Zeit für ein Gespräch auf Augenhöhe, das sich entwickeln kann, aber nicht muss, und die Bereitschaft, sich auf unerwartete Themen einzulassen – das sind meiner Erfahrung nach die Schlüsselfaktoren für eine gelungene Unterhaltung, auch über vermeintlich schwierige Themen, zwischen Menschen mit unterschiedlichem kulturellen Hintergrund.

Intensivklassen zeichnet zunächst einmal eine viel höhere Fluktuationsrate aus, als dies in Regelklassen der Fall ist. Die Kinder und Jugendlichen müssen entweder umziehen oder werden gar abgeschoben. Das stört die Gruppenprozesse, untergräbt die Arbeits- und Gesprächsatmosphäre, bringt schlichtweg Unruhe. Mazlum kann zwar für akustische Ruhe sorgen, doch das strukturelle Problem, eine mitschwingende Verunsicherung aufgrund der Gesamtsituation geflüchteter Familien, bleibt. Bemerkenswert ist die gegenseitige Unterstützung von Lehrerin und Schüler, wodurch die diffusen Ängste der Lehrerin sich auflösen und Mazlums Zukunftsplanungen sich konkretisieren. Diese gegenseitige Unterstützung in Ausnahmesituationen, wie sie Intensivklassen meiner Ansicht nach darstellen, ist notwendig, da sie eine Vertrauens- und Gestaltungsbasis schafft.

Die Lehrerin zeigt eine menschliche Reaktion auf den neuen Schüler, der ihr spontan wie der stereotype »böse schwarze Mann« vorkommt. Dabei wird deutlich, was passiert, wenn dem persönlichen Kontakt mit dem Fremden, bei dessen Anblick ihr zunächst mulmig wurde und beängstigende Bilder in den Kopf kamen, nicht ausgewichen werden kann: Die Ängste der Lehrerin lösen sich auf, als sie das erste Mal ins Gespräch kommen. Ferner bringt sich Mazlum sehr gerne und oft wie kein anderer im Unterricht ein.

Hier nehme ich für das »echte« Leben in der Gesellschaft mit, wie wichtig Begegnungen sind, weil sie viele Chancen bergen, wenn wir erst einmal ins Gespräch kommen. Und immerhin können wir auch erst dann begründet entscheiden, ob uns jemand sympathisch oder unsympathisch ist. Bis dahin aber gilt, ich sag's mal mit Karl Valentin: Fremd ist der Fremde nur in der Fremde.

Der Lehrer mit der längsten Berufserfahrung, der sich selbst als »harten Hund« bezeichnet, wird von der Schulleitung regelrecht ins kalte Wasser geschubst, als man ihn auffordert, die erste Intensivklasse der Schule zu übernehmen. Ihm bleibt somit nichts anderes übrig, als sich auf seine bisherigen Erfahrungswerte zu verlassen, sich an die ihm bekannten Regeln und Strukturen zu klammern. Doch der Unterricht mit Schülerinnen und Schülern der Intensivklasse funktioniert anders. Und so stößt er schnell an Grenzen, findet keinen Zugang zu den Kindern. Und je hilfloser der Lehrer sich fühlt, desto frustrierter wird er. Er hat das Gefühl, mitten in »Hölle«, »Katastrophe« und »Chaos« gelandet zu sein. Und als er sich schließlich Hilfe suchend an die Schulleitung wendet, wird er abgebügelt … Erst die Möglichkeit, sich mit einer türkischstämmigen jungen Kollegin auszutauschen, gibt ihm wichtige Anregungen und Hilfestellungen für die ungewohnten Herausforderungen in der Intensivklasse.

Alle Fragen, die den Lehrer beschäftigen, zielen auf das System Schule ab. Dabei lautet die Kernfrage: Wie muss Schule heute aussehen, um den vielfältigen Anforderungen einer interkulturellen Gesellschaft gerecht zu werden und um die Schülerinnen und Schüler auf eine Zukunft vorzubereiten, die interkulturelle Kompetenzen verlangt? Zu Recht verweist der Lehrer darauf, dass eine solide Ausbildung für das Unterrichten von Deutsch als Zweitsprache unerlässlich ist.

Lehrer, die mit geflüchteten Kindern und Jugendlichen arbeiten, sollten darüber hinaus Empathie, Offenheit und interkulturelle Sensibilität mitbringen. Eigenschaften also, die in jeder interkulturellen Kommunikationssituation erforderlich sind. Doch die Lehrer können noch so offen, engagiert und mitfühlend sein, ohne entsprechend geschulte Unterstützung von außen werden sie ihre komplexe Aufgabe, wozu auch das Vermitteln von kulturellem Wissen, von Werten, sozialen und interkulturellen Kompetenzen zählt, kaum bewältigen können. Denn Sprachvermittlung ohne Kulturvermittlung ist weder fruchtbar noch zielführend.

Neben den Lehrkräften hängt es auch von dem System Schule ab, inwiefern der Unterricht gelingt. Grundsätzlich gibt das System erst mal ein festes Setting vor: Zeiten, Orte, Rollen sind klar definiert. Es gibt Regeln, die allen bekannt sind, und festgelegte Sanktionen im Falle eines Regelverstoßes. Darüber hinaus geben sich Schulklassen aber auch mitunter eigene Regeln. Ich habe zum Beispiel mal in einer unglaublich aufgeweckten fünften Klasse hospitiert, die sich folgende Regeln gegeben hatte: »Wir wollen uns nicht mützen (= gegenseitig die Mütze über das Gesicht ziehen) und keine Gehfehler verpassen (= jemandem ein Bein stellen).« Das heißt: Wenn Menschen regelmäßig in feststehenden Gruppen interagieren, kann es durchaus sinnvoll sein, die grundlegenden Regeln um spezifische, auf die Gruppe zugeschnittene Zusatzregeln zu ergänzen.

Doch Regeln alleine helfen nicht, den Schulalltag mit all seinen Herausforderungen, Konflikten und Tücken zu bewältigen. In den meisten Schulen gibt es inzwischen aber verschiedene Unterstützungsangebote wie die Sorgenzentrale, Konfliktmoderatoren oder die Schulsozialarbeit, nur den »Migranten des Vertrauens« habe ich bislang nirgends getroffen. Dieser könnte die Lehrer in interkulturellen Angelegenheiten beraten, beispielsweise im Kontakt mit der Familie des Schülers. Damit wäre ein wichtiges Unterstützungsangebot für *Leh-*

rer installiert. Aus meinen zahlreichen Gesprächen mit Lehrkräften ging nämlich eine ziemlich konkrete Wunschliste für
die Schule der interkulturellen Zukunft respektive die Intensivklassen der Gegenwart hervor:

- Ganztagsschule
- kontinuierliche Doppelbesetzung in den Intensivklassen
- höhere Pflichtstundenzahl für die Schüler in den Intensivklassen
- speziell ausgebildete Sozialpädagogen
- kleinere Lerngruppen (max. 10 Schüler)
- engere Vernetzung mit dem »normalen« Schulbetrieb: viel
  mehr selbstverständliche Begegnungen zwischen »Intensiv-«
  und »Regelschülern«, z. B. bei Unterrichtseinheiten zum
  Thema Migration, Religion, Politik und, sensibel moderiert,
  auch zum Thema Flucht und Vertreibung
- Ansprechpartner mit Immigrations- oder Fluchterfahrung
  für Fragen im Umgang mit bestimmten Schülern

... um ins Gespräch zu kommen

Seit einigen Jahren ist zu beobachten, dass die Gesellschaft sich
zu spalten droht in »Wir Deutschen« und »Die anderen«. Aufgrund dieser Polarisierung wird es nicht einfach, einen Konsens im Umgang mit geflüchteten und zu uns eingewanderten Menschen herzustellen. Aber grundlegende Prinzipien
wie Menschlichkeit, Toleranz und Hilfsbereitschaft anzustre-
ben – auf der persönlichen wie auf der gesellschaftspolitischen
Ebene – ist zumindest ein Schutzschild vor Verrohung und
Ungerechtigkeit. Und so könnten wir über die Brücke des »Wir
und die Neuangekommenen« eines Tages zu einem Gesamt-
Wir gelangen, das Seite an Seite zusammenarbeitet.

Den ersten dafür notwendigen Schritt zeigt die Mazlum-Episode. Wir verlieren unsere Ängste, wenn aus Fremden Bekannte werden, und können uns erst dann ein begründetes Urteil über unser Gegenüber bilden. Dieses Kennenlernen braucht einen geeigneten Ort und vor allem etwas Zeit. Ein Aufzug, ein Wartezimmer, die S-Bahn sind also weniger günstig als zum Beispiel ein Fest, eine Choraufführung, ein Kochkurs oder eine Bergwanderung. Wir brauchen also, ähnlich wie in der Schule, Räume des Miteinanders, wo wir einander kennenlernen und wo sich kulturelle Werte im Tun und Erleben vermitteln. Warum geben wir den Neuankömmlingen nicht mehr Möglichkeiten, am gesellschaftlichen Leben teilzunehmen? Mitbürger, die diesen »Ankommenprozess« selbst durchlebt haben, sind hier besonders gefragt, weil sie wissen, wie es sich anfühlt und welche Hindernisse wie aus dem Weg geräumt werden können.

Wie wäre es zum Beispiel, die Schulgebäude und ihre Räume nach 16 Uhr für die interkulturelle Arbeit zu öffnen? Viele Schulen verfügen über Kletterwände, Fußball- oder Basketballplätze, über Küche, Bibliothek, Aula mit Bühne … Wenn Ehrenamtliche in der Flüchtlingszusammenarbeit solche Möglichkeiten hätten, würden sie sich fühlen wie der Hundefloh im Fell eines Bernhardiners. Außerdem sind Schulen meist gut mit öffentlichen Verkehrsmitteln zu erreichen.

Auch Bürger- und Dorfgemeinschaftshäuser haben doch bestimmt Zeiten, in denen sie leerstehen, oder? Denn auf dem Land leben ebenfalls geflüchtete Menschen. Wie wäre es, wenn in den Räumlichkeiten Menschen verschiedener Kulturen und Professionen zusammenkämen, um ihr Können und Wissen weiterzugeben? Amir braucht Hilfe beim Ausfüllen eines Formulars und kann Fahrräder reparieren. Gisela braucht Unterstützung bei der Vorbereitung des Partybuffets, Aisha ist Köchin und braucht vormittags eine Kinderbetreuung … Wie viele Menschen fühlen sich einsam, suchen kurzfristig Unterstützung oder wissen nicht, wie sie das Geld für eine Reparatur aufbringen sollen? In diesen Räumen könnten auch Stick-, Näh- oder Häkelkurse stattfinden – der Selfmade-Lifestyle boomt schließlich –, hier könnte gemeinsam gesungen, getanzt, musiziert werden. Wenn ich mir vorstelle, um wie viel bunter das Dorfleben für alle wäre … Häufig sehnen sich zugewanderte Menschen regelrecht danach, sich einbringen zu können. So haben mir schon zig geflüchtete Menschen erzählt, wie sehr sie entsprechende Angebote und Einladungen vermissen, aber auch von ihrer Scheu, ihren Befürchtungen, weshalb sie die Kontaktaufnahme kaum selber in die Hand nehmen.

Dorf-, Stadtteil- und Kieztreffs lassen sich auch vor der eigenen Haustür organisieren, zum Beispiel mit regelmäßigen Nachbarschaftsfesten, bei denen Alteingesessene und Zugezogene bei Waffel und Falafel zusammenkommen und plaudern können. Wir alle fühlen uns doch wohler, wenn wir wissen, wer mit uns in einer Straße wohnt … Ich war bisher bei vier Nachbarschaftsfesten dabei: Die Bewohner dieser Straße in einem ruhigen Wohngebiet bauen einmal im Jahr Tische, Bänke, Grills und Spielgeräte vor ihren Häusern auf. Auffallend war, dass die Kinder sich schon längst kannten und immer sofort zusammen spielten. Damit bauten sie ihren Eltern eine großartige Brücke, um ebenfalls in Kontakt zu kommen.

Alle großen Leute waren einmal Kinder, aber nur wenige erinnern sich daran.[19]

Öfter wie Kinder zu sein, das wär's: Sie verlassen sich noch auf ihr Herz und Bauchgefühl, denken nicht in aus- und abgren-

---

[19] Aus: Antoine de Saint-Exupéry, Der kleine Prinz

zenden Kategorien wie Nationen, Religionen und Kulturen, sondern beurteilen ihr Gegenüber direkt und spontan anhand seiner Handlungen und Äußerungen.

Kinder scheuen sich nicht vor Fehlern. Sie lachen sie weg und beginnen einfach von vorn. Sie haben Durst auf das Leben, sind Entdecker. Also gehen sie nach draußen und stampfen dort mit ihren arabischen, türkischen, sudanesischen und russischen Freunden in ihren quietschgelben Gummistiefeln im Matsch und haben einfach Spaß, denn sie wissen: Die Sprache der Menschlichkeit braucht mehr Menschlichkeit als Sprache.

Alles klar? Ein persönlicher Exkurs

Vor meinem allerersten Telefonat bei der »Hotline für besorgte Bürger« war ich sehr aufgeregt, weil ich befürchtete, es könnte ein ostdeutscher Mitbürger anrufen, den ich aufgrund seines Dialekts gar nicht richtig verstehe. Die Vorurteile lassen grüßen! Da spreche ich in meinen Seminaren über interkulturelle Kompetenzen und Vorurteile, bin aber selbst voll davon. Es ist eben ein langer Weg der permanenten Selbstreflexion, bis die eigenen Schubladen und Kurzschlussreaktionen sich aufgelöst haben.

Auf der Suche nach einer geeigneten Methode, selbst-bewusster zu werden und die eigenen Gedanken besser zu reflektieren, stieß ich auf Meditation.

Bei dem Gedanken an Meditierende ging ich – apropos Bilder im Kopf – bisher von Mönchen in orangefarbenen Gewändern aus, die im Schneidersitz mit geschlossenen Augen »Om« sagen.

Doch zwei gute Freunde von mir, Stephan und Karl-Ludwig, haben mir gezeigt, dass man auch ohne religiösen Bezug und mit wenig Aufwand im Alltag meditieren beziehungsweise »sitzen« kann. Sie erzählten mir, dass sie durch die Praxis der Meditation achtsamer sich selbst, ihrem Körper und ihrer Umwelt gegenüber geworden seien. Das Sitzen erde sie und bringe immer wieder den Boden unter die Füße zurück, der im Trubel des Alltags so leicht verschwindet. Das hörte sich spannend an …

Also nahm ich, neugierig wie ich bin, an einem Meditationswochenende teil, zu dem Karl-Ludwig mich eingeladen hatte.

Im Grunde meint Meditieren nichts anderes als gepflegt und anständig nichts machen. Darum habe ich mich in den ersten zwei Stunden auch sehr gelangweilt. Wir mussten uns ja nur einen bequemen Platz aussuchen, aufrecht sitzen und bewusst ein- und ausatmen … Ab und an gab es Anweisungen wie »Wenn ihr feststellt, dass ihr denkt, etikettiert den Gedanken als Gedanken und kehrt wieder zurück zum Atem« und »Beim Ausatmen löst ihr euch auf; der Einatem ist natürlich und kommt von selbst.«

Im Laufe des Wochenendes habe ich festgestellt, dass Meditieren alles andere als langweilig ist. Vielmehr ist es eine ziemlich mutige Angelegenheit, weil man sich dabei verletzlich macht. In dieser aufrechten, offenen Haltung sitzend, bin ich bereit für alles, was mir in den Sinn kommt, ohne mich vor negativen Gedanken schützen zu können. Deshalb empfinden es gerade Anfänger oft als leichter, gemeinsam mit anderen zu meditieren.

Schon am zweiten Tag merkte ich, dass ich meine Aufmerksamkeit besser auf meinen Atem lenken konnte. Trotzdem dachte ich natürlich zwischendurch immer wieder an Dinge, die mir unangenehm waren oder wichtig erschienen. E-Mails, Rechnungen, Aufgaben, Politik … Mal wurde ich aggressiv, mal kam Müdigkeit auf, mal innere Unruhe, mal wurde ich traurig – dann zog sich mein Bauch kurz zusammen, und beim Ausatmen versuchte ich, den Gedanken loszulassen.

Das ist für mich einer der interessantesten Aspekte der Meditation: dass wir das Denken beim Meditieren nicht bewerten sollen. Es geht also nicht darum, das Denken abzuschalten, sondern das Bewerten. Beim Sitzen gibt es keine guten oder bösen Gedanken. Wenn sie aufkreuzen, schaue ich sie mir an und stelle fest, dass der Geist aktiv ist: »Aha, ich habe gerade wieder gedacht.« Damit ist aber nicht automatisch der Inhalt des Gedankens Realität, sondern der Gedanke selbst – und den kann ich vorüberziehen lassen wie eine Wolke am Himmel.

Im Alltag ist Denken eigentlich automatisch Bewertung und immer abhängig von unserer augenblicklichen Befindlichkeit. An dem Meditationswochenende hieß es dann: »Nehmt einfach einen neuen Atemzug.« Was, so fragte ich mich, mag wohl dabei herauskommen, wenn wir lange genug meditieren? Aber Meditieren hat nichts mit Produktivität und Effektivität im herkömmlichen Sinne zu tun. Noch so ein Aha-Erlebnis für mich, denn eigentlich dachte ich, alles, was man im Leben macht, müsse etwas bringen, zu etwas führen, ein Ergebnis haben. Insofern hatte ich mir bis zu diesem Wochenende nicht vorstellen können, dass ich eines Tages bewusst nichts tue und mich dabei trotzdem persönlich weiterentwickeln kann.

Wir sind oft rastlos, weil wir großen Arbeits- und Leistungsdruck spüren und einem enormen medialen Einfluss ausgesetzt sind. Wir sind aufgewühlt, besorgt, ängstlich … Die Gedanken, die dann in uns kreisen, sind wie die vielen Wellen im Ozean, die unaufhörlich kommen und gehen, kommen und gehen. Wenn wir uns Zeit für uns selbst nehmen, innehalten und meditieren, machen wir uns das Wasser klar, einzelne Wellen werden sichtbar, und wir können verfolgen, wohin sie gehen. Wir erkennen, woher der Wind weht und die Wellen kommen. Oder man stelle sich einen fahrenden Zug vor. Die Waggons sind Gedanken, die im Alltag durch unsere Köpfe sausen und die wir, weil sie so schnell dahinfahren, gar nicht richtig wahrnehmen. Im Laufe der Jahre sind feste Strecken entstanden, die unsere Gedankenzüge im Kopf abfahren. Beim gelassenen Sitzen entschleunigen wir diesen Zug. Die einzelnen Waggons werden sichtbar, sogar die Lücken zwischen ihnen. Plötzlich ist da eine ebenso ungewohnte wie beruhigende Klarheit … Von Zeit zu Zeit zu meditieren halte ich deshalb für so wertvoll, weil wir Klarheit in unser Gedankenchaos bringen.

Nach dem Meditationswochenende war ich regelrecht berauscht von der Erkenntnis, dass ich wie von außen auf meine eigenen Gedanken schauen kann. Ich verabschiedete mich am Sonntagabend von den anderen Teilnehmern, zog meine Schuhe an und ging hinaus auf die Straße. Wie ein kleines Kind, das neugierig die Welt entdeckt, fühlte ich mich. Ein kleines Kind, das nicht an der Vergangenheit hängt und sich nicht den Kopf über seine Zukunft zerbricht, sondern im Moment, im Hier und Jetzt lebt. Die Welt, die es zu entdecken galt, war mein Geist …

Im Grunde ist Meditieren gar nicht so außergewöhnlich. Redensarten wie »Abwarten und Tee trinken«, »Neuen Atem schöpfen« oder »Erst mal eine Nacht drüber schlafen« bedeuten letztlich auch nichts anderes als »Innehalten, um Klarheit zu gewinnen«. Wenn uns etwas aufregt, können wir uns in Rage reden und einfach drauflos handeln, sprich, den Gedankenzug mit Höchstgeschwindigkeit ungebremst dahinrasen lassen. Oder wir üben uns in der Kunst, langsam bis 10 zu zählen und dann lange auszuatmen. Sofort sinkt die Wahrscheinlichkeit, dass uns brodelnde Emotionen überschwemmen und zu Dummheiten hinreißen – stattdessen steigt die Chance, dass wir überlegt und sachlich reagieren.

So wie es Körperhygiene gibt, gibt es auch eine Hygiene des Geistes. Wir waschen uns die Hände und achten darauf, was wir essen. Mindestens genauso wichtig ist es, pfleglich mit den eigenen Gedanken umzugehen ... Durch das gelegentliche Sitzen ist mir klar geworden: Gedanken sind erst mal nur Gedanken und nicht Wirklichkeit.

Und indem ich auf meine Gedanken mit etwas Distanz schauen kann, habe ich die Gelegenheit, meine Sicht auf Menschen und Geschehnisse zu beeinflussen.

Was wertschätzende Kommunikation wert ist

»Jeder Mensch geht uns als Mensch etwas an.«[20]

Da in unserer demokratischen Gesellschaft unterschiedlichste Standpunkte in brisanten Grundsatzfragen aufeinandertreffen, drängt sich mir die Frage auf: Wie muss eine Kultur öffentlicher Auseinandersetzung aussehen? Immerhin wollen wir ja weiterkommen – und das geht weder, indem wir uns gegenseitig die Köppe einhauen, noch, indem wir Händchen haltend Süßholz raspeln. Meine Gedanken zu einer fruchtbaren Gesprächs- und Streitkultur möchte ich mit einer Erfahrung beginnen, die ich als Sechstklässler gemacht habe. An unserer Realschule gab es die Wahlfächer evangelische Religion, katholische Religion und praktische Philosophie. Ich war zwölf, als ich zum ersten Mal Philosophie-Unterricht hatte –

---

[20] Albert Schweitzer (1875–1965)

und mich Hals über Kopf in dieses Fach verliebte. Fragen über Moral, Logik, gutes Handeln … Ich war hin und weg, über so etwas öffentlich nachdenken zu dürfen. Im Ethik-Unterricht der Oberstufe habe ich dann am eigenen Leibe gemerkt, wie wichtig die Haltung der Philosophie treibenden Menschen in hitzigen Diskussionen ist. Unsere Ethik-Lehrerin legte glücklicherweise viel Wert darauf, auch bei konträren Meinungen sachlich zu bleiben und nicht davon auszugehen, es gebe nur eine richtige Meinung. Und in der Auseinandersetzung mit dem »Dilemma« wurde mir klar, dass es bisweilen nicht *die* Lösung für ein Problem gibt, sondern verschiedene Blickwinkel auf ein und dieselbe Sache mit jeweils unterschiedlichen Ansätzen.

So gelang es unserer Lehrerin, uns Schüler für die Meinungen der anderen zu sensibilisieren. Ihr war es wichtig, dass wir uns beim Diskutieren auf wertschätzende Art und Weise der Komplexität des Themas nähern und versuchen, die Perspektive der anderen besser zu verstehen. Daraus habe ich sehr viel für mich mitgenommen. Und trotz des verstaubt anmutenden Namens und der Komplexität des Faches, merke ich immer wieder, welch bedeutsame Rolle die Philosophie für das zwischenmenschliche Miteinander spielt. Der typische Philosoph – Achtung, Schublade – würde zum Beispiel nie behaupten, dass er die einzig richtige Antwort auf eine bestimmte Frage gefunden hat. Philosophen betrachten sich eher als Suchende zu Fragen des Lebens und zu der Stellung des Menschen in der Welt. Schließlich heißt Philosophie wörtlich übersetzt »Liebe zur Weisheit«. Wenn ich mir also ein Gespräch auf Augenhöhe vorstelle, so denke ich da an ein gemeinsames Gespräch auf der Suche nach einer weisen Antwort. Der Weg dahin ist dadurch gekennzeichnet, dass wir die Standpunkte unseres Gesprächspartners auf wertschätzende Art infrage stellen, selbst schlüssige Argumente einsetzen und möglichst nicht persönlich werden. Wichtig ist, sich stets um Sachlichkeit zu bemühen, auch bei emotionalen Themen.

Eine gute Diskussionskultur basiert also zu allererst auf der wertschätzenden Haltung eines Philosophen. Wo, wenn nicht in Deutschland, dem Land der Dichter und Denker, sollte das zu schaffen sein?

Philosophen der griechischen Antike wie Sokrates haben auf eine Weise Gespräche geführt, von der wir uns eine Scheibe abschneiden können. Die Gespräche dauerten oft sehr lange. Damals gab es eben noch keine Handys, die dazwischenfunken konnten. Ein Gespräch war es wert, sich dafür Zeit zu nehmen – und ist es immer noch. Das Gespräch to go? Das funktioniert nicht.

Idealerweise beginnt ein Gespräch auf Augenhöhe also damit, dass wir uns Zeit dafür nehmen, womit wir auch unsere wohlwollende Haltung zum Ausdruck bringen. Schließlich suchen wir ja gute Antworten auf eine bestimmte Frage. Ein Freund hat mir mal gestanden, dass er das Gefühl hat, sich verletzlich zu machen, wenn er einem Diskutanten gegenüber freundlich ist. »Und was passiert, wenn der andere grimmig oder gar nicht auf die freundliche Geste zu Beginn reagiert?« Ganz einfach: »Sei du selbst die Veränderung, die du dir von der Welt [in diesem Fall von deinem Gegenüber] wünschst.«[21] Also weitermachen. Denn wenn ein Gesprächspartner merkt, dass er wie ein Feind oder von oben herab behandelt wird, wird er sich erst recht verschließen und schützen. Geht man jedoch mit einer freundlichen Geste voran, stehen die Chancen gut, das Eis zu brechen oder sein Gegenüber zumindest zu irritieren.

Ziel des Gesprächs sollte aber natürlich ein fruchtbarer Austausch sein, was meiner Erfahrung nach am besten ge-

---

[21] Mahatma Gandhi (1869–1948)

lingt, wenn beide Gesprächspartner das Gefühl haben, dass sie wohlwollend über eine gemeinsame Herausforderung diskutieren. Immerhin hat man sich ja an den Tisch, ins Gras oder vor den Ofen gesetzt, weil beide von dem Thema betroffen sind. Warum dann also nicht freundlich die Zeit miteinander verbringen? Immer wenn ich mich mit Andersdenkenden zu einer Diskussion getroffen habe, haben noch nie Kekse oder Gummibärchen gefehlt. Denn es gilt: Wer Süßes isst, der spricht auch süß. Wahrscheinlich haben Sokrates und Co. kiloweise Feigen verspeist. Für eine gute Gesprächsatmosphäre zu sorgen ist jedenfalls ein wichtiges Zeichen der Wertschätzung …

Wenn zwei Menschen miteinander diskutieren, bleibt es nicht aus, dass bestimmte Begriffe unterschiedlich verstanden und verwendet werden. Deshalb sollten sich beide stets um Transparenz bemühen. Immerhin können Missverständnisse jedes noch so gut gemeinte Gespräch in die Sackgasse führen. Zudem ist mir aufgefallen, dass wir in Diskussionen mit Andersdenkenden oft regelrecht vorpreschen, so dass beide Gesprächspartner bereits erschöpft sind, noch bevor ein Austausch möglich war. Ein bereicherndes Gespräch muss nicht auf Teufel komm raus und sofort Ergebnisse liefern. Genauso wie wir uns in Bekanntschaften langsam herantasten, tut es dem Austausch gut, sachte zu beginnen.

»Und wenn ich dem Argument des anderen nicht zustimme?« Statt vehement zu widersprechen, die aufgestellte These unmittelbar zu verneinen und sofort den eigenen Standpunkt dagegenzuhalten, lohnt es sich, die Argumente des Gegenübers erst mal unter die Lupe zu nehmen. Denn wer nur ständig Öl ins Feuer gießt, wird sich irgendwann verbrennen. Argumente sind nämlich elementare Gesprächsbausteine und Werkzeuge. Hatte ein Schüler im Ethik-Unterricht ein Argument für eine bestimmte These eingebracht, hakte die Lehrerin stets wertschätzend nach: Sind die genannten Zahlen, Statistiken und Aussagen nachprüfbar? Auf welche Sachverhalte stützt er sich? Sind seine Ausführungen logisch? Gespräche, die auf Augenhöhe stattfinden, verlaufen deshalb nicht immer kurzweilig und spannend. Meist kommt irgendwann ein Punkt, an dem es anstrengend wird. Schließlich wird vieles hinterfragt und detailliert beleuchtet. Darum ist es so wichtig, sich Zeit für das Gespräch zu nehmen und es mit einer konstruktiven Haltung zu beginnen.

Vergewissern Sie sich ruhig zwischendurch, dass Sie nicht diskutieren, um den anderen bloßzustellen. Wer auf Augenhöhe diskutiert, begibt sich auf eine Reise und erwartet kein bestimmtes Ergebnis. Auch Philosophen ließen sich nicht auf ein Gespräch ein, um einen Streit, sondern um Erkenntnis zu gewinnen.

Insofern sollten wir bei einer Diskussion offen für neue Perspektiven sein und nicht krampfhaft versuchen, unsere Meinung durchzuboxen. Ich tausche mich sogar am liebsten mit Andersdenkenden aus, weil ich den Meinungswechsel als einen Prozess gemeinsamer Entwicklung betrachte. Vielleicht kann ich etwas Interessantes aus der Diskussion mitnehmen … Vielleicht ist mir eine bestimmte Perspektive auf einen Sachverhalt bislang verborgen geblieben … Wer im Austausch der verschiedenen Positionen einer Antwort näherkommen möchte, macht es seinem Gesprächspartner leichter, sich ebenfalls für Input zu öffnen.

So mancher, dem ich von der »Hotline für besorgte Bürger« erzähle, betrachtet meine Gespräche mit rechtstendierenden Menschen als sinnlos. »Wieso hörst du dir die Parolen überhaupt an?«, werde ich gefragt. Eine Diskussionskultur auf Augenhöhe geht jedoch davon aus, dass Sprüche und Forderungen in den Hintergrund rücken, wenn in dem Gespräch erörtert werden kann, wie es zu bestimmten Standpunkten kommt und was hinter dieser oder jener Parole steckt. Auch wenn ich erst beleidigt werde oder mit einem rassistischen Kommentar konfrontiert werde, so bleibe ich bei meiner inneren Haltung: Der andere hat eine für mich unangenehme Verpackung für ein Bedürfnis gewählt. Nun würde ich gerne mehr über seine persönlichen Gesprächsannahmen erfahren. Eine solche Haltung bedarf natürlich einer gehörigen Portion Neugier auf die Mitmenschen. Von an sich toleranten und aufgeschlossenen Menschen höre ich immer wieder, dass sie der Anblick von Pegida-Protesten, Neonazi-Märschen und AfD-Veranstaltungen anwidert und sie dafür einfach kein Verständnis aufbringen können. Der Dialog mit Befürwortern einer Obergrenze für Flüchtlinge sei zwar wichtig, aber ein Gespräch mit diesen Leuten hielten sie nicht aus. Wenn wir jedoch anfangen, uns als *eine* Gesellschaft zu begreifen und somit Verantwortung für die Sorgen *aller* Bürger zu übernehmen, werden wir eher dazu bereit sein, aufeinander zuzugehen, selbst wenn der andere sich in gehässigem Ton über Asylbewerber äußert. Denn dessen Schwierigkeiten und Erwartungen hängen mit unseren eigenen Schwierigkeiten und Erwartungen in einem komplexen System zusammen und sind entsprechend ernst zu nehmen.

Oft resultiert ein grober Ton aus der Annahme, man befinde sich in einem verbalen Kampf oder stehe in Konkurrenz zueinander. Schauen wir uns doch mal Talkshows und Podiumsdiskussionen an: Meistens geht es darum, als der Gewinner oder zumindest besser als die anderen Gäste dazustehen. Mitunter habe ich das Gefühl, dass der Applaus des Publikums darüber entscheidet, wer nun Sieger und wer Verlierer ist. Doch genau dieser Wettbewerbsgedanke verhindert erkenntnisreiche Gespräche auf Augenhöhe.

Auch durch sensiblen Gebrauch der Sprache können wir die Distanz zwischen dem Gesprächspartner und uns verringern. Dazu müssen wir uns allerdings erst mal der eigenen Alltagssprache bewusst werden:

So verwenden wir zum Beispiel für viele Sachverhalte, insbesondere beim Diskutieren, eine sehr bildhafte Sprache. Sie springt mir ins Auge, wir brennen füreinander und verlieren den Boden unter den Füssen. Damit lassen sich Dinge veranschaulichen. Sprachbilder können aber auch unbeabsichtigte (oder beabsichtigte) Assoziationen bei unserem Gegenüber hervorrufen. Bei meinen vielen Gesprächen mit Pegida- und AfD-Anhängern habe ich gemerkt, wie häufig wir Formulierungen mit Kriegsvokabular einsetzen: »Sein Argument traf ins Schwarze«, »Ich schmetterte seine Meinung ab«, »Dann schießen Sie mal los.« Solange wir solche Redewendungen nicht vermeiden, die das Gegenüber »niedermachen«, hat das Gespräch immer einen kriegerischen Unterton, der die Kluft zwischen den Gesprächspartnern verstärkt, statt jener Vertrautheit den Weg zu ebnen, die nötig ist, um kritische Gedankenprozesse in Gang zu setzen.

In einer wertschätzenden Diskussionskultur ist sich jeder bewusst, dass er selbst falschliegen kann. Irren ist schließlich menschlich oder, um es mit Sokrates zu sagen: Ich weiß, dass ich nichts weiß. Wie schön wäre es, wenn wir manchmal Stempel wie richtig und falsch einfach wegließen … (Deshalb ja auch mein gedanklicher Ausflug in die Meditation.) Von Rumi[22] (1207–1273), einem meiner Lieblingsdenker, sollen folgende Zeilen stammen: »Jenseits von richtig und falsch liegt ein Ort. Dort treffen wir uns.« Wäre dieser weise Spruch der Leitgedanke jeder Diskussion, so ginge es nicht mehr darum, auf den anderen sauer zu sein oder ihn dafür zu bestrafen, weil er »völlig falsch« liegt. Stattdessen tauschen wir uns über individuelle Standpunkte aus, geben einander zu denken und erweitern unseren Horizont. Das klappt übrigens besonders gut, wenn jeder einfach *sein* darf.

---

[22] Dschalal ad-Din ar-Rumi, auch als Mevlana bekannt.

Checkliste: 5 Punkte für ein Gespräch auf Augenhöhe

In meinen Workshops über interkulturelle Kompetenzen werde ich oft gefragt was ich zu Beginn eines Gesprächs sage. Meine Antwort – lautet: »Nichts.« Danach schaue ich in der Regel in fragende Gesichter. Doch tatsächlich möchte ich dem anderen zunächst Gelegenheit geben, sein Anliegen zu äußern … Hier meine persönliche Checkliste für ein »Gespräch unter Philosophen«.

- Höre zu!
  Gib dem anderen Raum und höre erst einmal nur zu. Vielleicht hörst du unangenehme Dinge, aber lass alles zu. Sei die Projektionsfläche.

- Zeige Wertschätzung!
  Sei deinem Gegenüber dafür dankbar, dass er mit dir über dieses Thema spricht und sich mit wichtigen Fragen beschäftigt. Greife dabei den kleinsten gemeinsamen Nenner auf, den ihr bis dahin habt, und sprich positiv darüber.

- Stelle Fragen!
  Fragen sind manchmal die besseren Antworten. Lass dein Gegenüber erklären und nachdenken. Er ist der Lehrer und darf sich in dieser Rolle wohlfühlen. Du kannst dich – mehr oder weniger – in die Rolle des neugierigen Schülers begeben. Frage mehr, als du Antworten gibst. Mit Fragen bewegst du dein Gegenüber, sich selbst zu reflektieren. Stell dir vor, du wärst ein Schüler, der etwas nicht verstanden hat und freundlich nachfragt. So verringerst du die Wahrscheinlichkeit, belehrend oder bevormundend rüberzukommen.

- Erzähle persönliche Anekdoten!
  Schau, ob dich etwas von dem, das der andere berichtet, an eigene Erlebnisse erinnert, und erzähle entsprechend auch von dir selbst. Damit weist du auf Gemeinsamkeiten hin und schaffst eine gewisse Vertrautheit.

- Führe zusammen!
  Bedanke dich für das Gespräch und dafür, dass sich dein Gegenüber zusammen mit dir Gedanken gemacht hat. Hebe die positiven Aspekte der gemeinsamen Auseinandersetzung hervor. Beende das Gespräch, indem du am Schluss auf ein »leichtes« Thema zu sprechen kommst. Auch Interesse an einem weiteren Gespräch zu signalisieren kann nicht schaden …

Und die Moral von der Geschicht': Ohne Wertschätzung klappt es eben nicht.

Danke!

Zunächst möchte ich Ihnen danken, liebe Leserin, lieber Leser. Wenn Sie Fragen oder Feedback haben, so schreiben Sie mir gerne an info@ali-can.de. Wenn Sie auch Interesse an meinen Vorträgen, Workshops und Schulungen im Umgang mit kultureller Vielfalt haben, besuchen Sie gerne meine Internetseite: www.ali-can.de.

Es ist gar keine leichte Aufgabe, sich angemessen zu bedanken. Es gibt so viele Menschen, die mehr oder weniger Anteil daran haben, dass ich dieses Buch schreiben konnte. Alle Menschen, die mich haben spüren lassen, was Wertschätzung ist, würde ich einfach gerne drücken. Vor allem aber bedanke ich mich hier bei jenen von Herzen, die mich bei meinem Buch auf unterschiedliche Weise unterstützt haben.

Zunächst ist da meine Lektorin Swantje Steinbrink, der ich einen lieben Dank aussprechen möchte. Sie war die ganze Zeit so geduldig mit mir, freundlich und motiviert – das hat gut getan! Die Zusammenarbeit mit dem Lübbe Verlag war mehr als hervorragend. Ich danke allen Verlagsmitarbeitern und insbesondere der lieben Cindy Witt, die mich wunderbar begleitet hat. Das Buch wäre ein ganz anderes geworden, wenn mich gewisse Personen beim Schreibprozess nicht begleitet und unterstützt hätten: Katja Mandler, Pedro Hafermann, Dominic Zoehrer – euch dreien, ihr Lieben, möchte ich herzlich danken. Ihr seid wundervoll!

Auch die folgenden Menschen sind zum Glück in mein Leben getreten und haben auf ihre Weise an dem Buch mitgewirkt. Danke vielmals, dass ihr da wart, während ich an dem Buch gearbeitet habe: Christian Wilke, Sabrina Mau, Stephan Bierling, Karl-Ludwig Leiter, Justus-Liebig-Universität in Gießen, Mehmet Kirisik, Darius Küller, Teresa Klingelhöfer, Patrick Fillies, UPF-Gemeinde Gießen, Ugur Can, Zilan Can, Gamze Can.

Am meisten aber danke ich natürlich meiner gesamten Familie – sowohl meinen Verwandten in Pazarcik als auch hier in Europa: den Kirisiks, Derbents, Zorbas …

Und zu allerbester Letzt: Anne ve Baba, her şey için teşekkür ederim.[23] Ohne eure unermüdliche Kraft und Zuversicht, dass eines Tages alles gut werden würde, hätten wir dieses wundervolle Land nicht erreicht. Ich küsse eure Hand und bin sehr dankbar, dass ich euch habe.

---

[23] Türkisch: Mama und Papa, ich danke euch für alles.

Quellen

Kraft, Kathrin et al.: Engagement als Schlüsselfaktor im ländlichen Raum. Eigenverlag, Gießen 2017

Osman, Nabil: Kleines Lexikon deutscher Wörter arabischer Herkunft, München 2010

»15.000 marschieren in Dresden«. In: Spiegel Online, 15.12.2014

»Pegida missbraucht den Ruf ›Wir sind das Volk‹«. In: Sächsische Zeitung Online, 11.12.2015

»Rechter Mob bepöbelt Flüchtlinge«. In: Spiegel Online, 19.02.2016

»Zahl der rechtsextremen Straftaten steigt massiv an«. In: Frankfurter Allgemeine Zeitung Online, 23.05.2016